经世济民
诚信服务
德法兼修

“十四五”职业教育国家规划教材

数字商贸“岗课赛证”融通新形态一体化教材

数字营销技术应用 1+X 证书制度系列教材

数字互动营销

——数字营销技术应用（初级）（第二版）

- 中教畅享科技股份有限公司 组织编写
- 主 编 李宇红 颜 青
- 副主编 王 磊 黄挺顺 张 涛 平建恒

中国教育出版传媒集团

高等教育出版社·北京

内容提要

本书是“十四五”职业教育国家规划教材，是数字商贸“岗课赛证”融通新形态一体化教材，也是数字营销技术应用1+X证书制度系列教材。

本书依据《数字营销技术应用职业技能等级标准》（初级）编写，以党的二十大与二十届三中全会精神为指导，以企业的数字互动营销需求为背景，以提高企业私域客户增长和品牌认同为核心，聚焦先进行业企业数字互动营销关键工作内容，采用项目引领、任务驱动的方式，构建数字互动营销知识体系和技能体系。全书共六个项目，包括数字互动营销策划、数字化客户开发、数字化留存营销、数字化营销转化、数字化裂变营销和数字互动营销效果分析。全书结构清晰、内容新颖，“课岗赛证”融通特色鲜明，具有较强的实用性、创新性和前瞻性。

本书配有教学课件、习题答案等丰富的数字化教学资源，精选其中具有典型性和实用性的优质资源以二维码形式标注在教材边白处，供读者即扫即学。授课教师如需获取资源，请登录“高等教育出版社产品信息检索系统”（xuanshu.hep.com.cn）免费下载。

本书可以作为高等职业教育专科、本科院校，中等职业院校和应用型本科院校市场营销、网络营销与直播电商、电子商务、连锁经营与管理等相关专业的教材，也可以作为数字营销技术应用职业技能等级证书的培训教材，还可以作为数字营销相关从业人员和社会人士的自学参考用书。

图书在版编目（CIP）数据

数字互动营销 : 数字营销技术应用 : 初级 / 中教畅享科技股份有限公司组织编写 ; 李宇红，颜青主编. 2版. -- 北京 : 高等教育出版社，2025. 8. -- ISBN 978-7-04-065388-5

Ⅰ. F713.50

中国国家版本馆CIP数据核字第2025QC8767号

数字互动营销——数字营销技术应用（初级）（第二版）
SHUZI HUDONG YINGXIAO——SHUZI YINGXIAO JISHU YINGYONG（CHUJI）

策划编辑 康 蓉　　责任编辑 康 蓉　　封面设计 赵 阳　　版式设计 马 云
责任绘图 马天驰　　责任校对 马鑫蕊　　责任印制 存 怡

出版发行	高等教育出版社	网　址	http://www.hep.edu.cn
社　址	北京市西城区德外大街4号		http://www.hep.com.cn
邮政编码	100120	网上订购	http://www.hepmall.com.cn
印　刷	中煤（北京）印务有限公司		http://www.hepmall.com
开　本	787mm×1092mm 1/16		http://www.hepmall.cn
印　张	20.25	版　次	2021年11月第1版
字　数	440千字		2025年8月第2版
购书热线	010-58581118	印　次	2025年8月第1次印刷
咨询电话	400-810-0598	定　价	66.00元

物 料 号　65388-00

总序

2023 年 2 月，中共中央、国务院印发《数字中国建设整体布局规划》，明确了未来数字中国的建设目标和关键工作任务，并指出“建设数字中国是数字时代推进中国式现代化的重要引擎，是构筑国家竞争新优势的有力支撑。加快数字中国建设，对全面建设社会主义现代化国家、全面推进中华民族伟大复兴具有重要意义和深远影响。”

2024 年 7 月，党的二十届三中全会通过的《中共中央关于进一步全面深化改革、推进中国式现代化的决定》将“健全因地制宜发展新质生产力体制机制”和“健全促进实体经济和数字经济深度融合制度”作为“健全推动经济高质量发展体制机制”的前两项任务。发展新质生产力和实数深度融合成为推动经济高质量发展的新动能。

2025 年 4 月，习近平总书记在中共中央政治局第二十次集体学习时指出：“人工智能作为引领新一轮科技革命和产业变革的战略性技术，深刻改变人类生产生活方式”“要推动人工智能科技创新与产业创新深度融合，构建企业主导的产学研用协同创新体系，助力传统产业改造升级，开辟战略性新兴产业和未来产业发展新赛道”。新一代人工智能技术的快速演进为经济发展注入了更加鲜活的力量，同时也为产业优化升级、生产力整体跃升提供了重要的战略资源。

2024 年 4 月，商务部印发的《数字商务三年行动计划（2024—2026 年）》提出了发展目标：“到 2026 年底，商务各领域数字化、网络化、智能化、融合化水平显著提升，数字商务规模效益稳步增长，产业生态更加完善，应用场景不断丰富，国际合作持续拓展，支撑体系日益健全。”数字商务成为数字经济和新质生产力发展最迅速、创新最活跃、应用最丰富的重要组成。数字营销成为企业市场营销发展的最新趋势和必然选择。数字营销具有更快的传播速度、更精准的营销方式、更高的营销转化率。品牌通过数字营销，可以更精准地捕捉消费者行为，以更高的效率满足消费者需求，实现“品效双赢”。“针对数字化目标受众分析用户画像，进行人群洞察；针对品牌未知受众传播广告，塑造品牌认知；针对已知受众开展互动营销，形成品牌认同；针对交易人群激发行动，促成品牌认购”是数字经济时代营销人才的新定位，企业需要“善策划、会传播、精互动”的新型数字营销人才。

新的技术衍生出更复杂多变的营销策略，从而加剧了市场竞争的激烈程度，也蕴含了新的政策法规风险，这些变化对于数字营销人员而言既是机遇又是挑战。生成式人工智能技术发展日新月异，对包括数字营销在内的诸多行业产生了深刻影响。虽然许多数字营销操作已经可以被人工智能取代，但营销渠道的选择、营销策略的制定、创意内容的确定等核心环节依然离不开“人”的决策。因此，数字化、智能化的高速发展对营销人员提出了更高的要求——要具备更加扎实的营销知识，并保持持续学习的能力，强化职业判断力，能够充分利用智能化工具创造更具有营销优势的内容，为企业提供更精准、更智能、更高效的营销支持。

职业教育作为教育强国建设中的“铜腰”，发挥着为现代化产业体系培育高技能人才、为新质生产力培养新型劳动者的重要作用。为了应对新技术、新产业、新业态和新模式下对营销人才的新要求，负责开发第四批职业技能等级证书“数字营销技术应用”的职业教育培训评价组织中教畅享科技股份有限公司依据行业发展情况，以实际岗位需求为导向，联合行业、企业、院校，组织有关专家在开发《数字营销技术应用职业技能等级标准》的基础上开发并将持续更新数字营销技术应用 1 + X 证书制度系列教材。本系列教材依据《数字营销技术应用职业技能等级标准》和《职业教育专业教学标准》（2025 年）编写，落实“X”证书对“1”的“强化、补充、拓展”的作用，有效实现了数字商贸“岗课赛证”融通综合育人。本系列教材共 3 本，《数字营销基础》及升版教材注重数字营销核心知识技能体系横向单元的构建；《数字互动营销——数字营销技术应用（初级）》《数字广告营销——数字营销技术应用（中级）》及升版教材的内容聚焦关键工作领域的典型工作任务，注重纵向单元的深入。本系列教材采用校企双元合作开发、项目导向、任务驱动、场景构建的方式，引导学习者解决不同场景下的数字营销实际问题，体现产教融合特色。

本系列教材自 2021 年 11 月出版以来，不仅推动了数字营销技术应用职业技能等级证书制度的落地实施，而且随着《职业教育专业简介（2022 年修订）》的发布，“数字营销基础”“数字互动营销”“数字广告营销”广泛进入中高职财经商贸类专业的专业核心课并深入课堂，受到广大职业院校的高度认可。为了保持教材的与时俱进，体现新技术、新工艺、新规范和新要求，编写团队融入大数据、人工智能、新质生产力等新要素，对本系列教材进行了全面修订。

数字营销领域的技术发展日新月异，行业标准与规范也在发展中不断完善。本系列教材在编写过程中力求准确、完善，但书中难免存在疏漏与不足之处，恳请广大读者批评指正。本项目建设委员会将努力做好相关支撑服务工作，与广大院校一同努力，培养合格且与时俱进的数字营销人才。

数字营销技术应用职业技能等级证书
项目建设委员会
2025 年 5 月

第二版前言

国家发展改革委、国家数据局按照中央经济工作会议和 2025 年政府工作报告部署，在全面贯彻党的二十大和二十届二中、三中全会精神的基础上，印发《2025 年数字经济发展工作要点》，加快构建促进数字经济发展体制机制。数字营销是实体经济和数字经济深度融合的重要途径之一，通过精准的数据分析和创新的营销手段为企业提供强大的市场推广动力，不仅提升了企业的市场竞争力，也推动了整个经济体系的数字化转型。

人工智能作为引领新一轮科技革命和产业变革的战略性技术，深刻改变着人类生产生活方式。习近平总书记在 2025 年 4 月的中共中央政治局第二次集体学习时强调“坚持自立自强，突出应用导向，推动我国人工智能朝着有益、安全、公平方向健康有序发展”。数字营销与人工智能等新一轮科技革命和产业变革的战略性技术相结合，实现更加精准的市场定位、更加高效的客户互动，以及更加智能化的数据分析，不仅提升了营销效率和效果，而且为商业活动的全面数字化和智能化转型提供了强大的推动力。

政策支持、经济驱动、社会需求、技术赋能等多重因素推动商业环境和模式不断改变，使得人与人、人与产品、人与信息之间可以实现“瞬联”和“续联”，也颠覆了企业与客户的交互方式。作为数字时代新营销的重要形式，数字互动营销已成为企业追求高增长的必然选择。对于品牌来说，要用数据驱动的策略讲好故事，与客户共创内容，设计并提高客户体验，进而将客户与品牌的关系从单次的“交易”变成长久的“共生”，促成客户对企业品牌的“认同感”。

本书聚焦企业数字互动营销的人才培养需求，按照数字经济时代客户数字化互动中“拉新、留存、促活、转化、传播”的全新逻辑，构建科学的核心知识技能体系。

本书在修订过程中，调研了行业龙头企业主要岗位的职业技能要求，搜集并查阅了大量国内外文献资料，还融入具有时代特色的大数据、人工智能、新质生产力、数字经济等要素，旨在培养与时俱进、掌握数字经济时代营销工具的综合性营销人才。修订后的教材具有以下鲜明特色：

1. 落实立德树人根本任务，培养德技并修的数字经济时代高技能人才

本书以习近平新时代中国特色社会主义思想为指导，落实立德树人根本任务，突出诚

信、守法、爱岗、敬业等职业精神，每个项目的学习目标在提炼核心素养、知识、技能的基础上，进一步充实了新质生产力对新型劳动者的新要求。本次修订更新了第一版教材中的全部案例。紧扣科技变革赋能产业升级的核心逻辑，精选数智时代互动营销进化中体现新商业模式、范式变革和典型应用场景的案例作为引导案例，深度剖析智能技术重构营销生态的典型路径，辅以“引思明理”进行评析，阐释数字经济对商业模式的创新逻辑及其商业模式与数字经济发展战略的耦合关系，助力学习者精准把握时代发展脉搏，强化对新质生产力发展背景下新型劳动力要求的认知适配。同时，本书设置了“博文约礼”栏目，充分挖掘数字互动营销领域的育人元素，使学习者在学习数字互动营销核心知识与技能的同时，实现思想道德素养和职业修养的系统提升，成为社会主义核心价值观的践行者和传播者，切实履行新时代数字营销人才的社会责任与使命。

2. 整合数字经济前沿技术，激活产教融合中的教学元素，培养与时俱进的创新型复合营销人才

本书立足于数字营销领域的前沿技术与行业发展新趋势，紧跟数字经济时代科技发展的步伐，系统整合了大数据、新质生产力、人工智能、AIGC 等前沿要素，构建了产教融合特色鲜明的教学内容框架。在任务演练环节强化了利用智能体、AIGC 等新型数字化劳动工具进行营销工作的实操训练，帮助学生了解数字营销的前沿技术动态和操作方法。为了进一步深化读者对数字经济背景下企业用人需求、行业发展新趋势及新职业的理解，设置了“行业洞察”“职场透视”等特色栏目，深度解析行业前沿技术应用场景与职场发展新要求，助力学习者快速适应数字经济新业态下的职业转型新要求。

3. 校企双元合作开发，体现数字经济新职业，“岗课赛证”融通育人特色突出

为了贯彻落实党中央、国务院关于发展数字经济的决策部署，发挥数字人才支撑数字经济的基础性作用，人力资源社会保障部等九部门印发了《加快数字人才培育支撑数字经济发展行动方案（2024—2026 年）》，旨在通过开展数字人才育、引、留、用等专项行动打造高水平数字人才队伍，以更好地支撑数字经济高质量发展。本书紧跟数字经济、人工智能背景下企业数字互动营销人才需求，结合《职业教育专业教学标准》（2025 年）和《数字营销技术应用职业技能等级标准（初级）》，对接教育部世界职业院校技能大赛高职组市场营销赛项、人社部互联网营销赛项及“用户增长运营师”“商务数据分析师”等数字经济新职业的能力要求，由企业和院校共同组成产教融合、校企合作特色鲜明的编写团队，经过多次研讨、论证，从庞杂而碎片化的内容中，科学梳理出本教材的核心知识点和

技能点，并按照学生的认知规律设计教学体系与内容，助力学习者解决不同场景下的数字营销实际问题。

4. 采用新型活页式设计，建设了类型丰富的数字化教学资源，服务教育数字化

本书基于典型工作任务构建内容，每个项目、任务、任务演练、任务拓展、1＋X 证书知识训练均为活页式设计，院校可根据教学需要灵活拆分重组内容，满足个性化教学需求。编写团队同步建设了课件、动画、习题答案等类型丰富的数字化教学资源，并选择其中具有典型性和实用性的优质资源在教材中以二维码方式标注，供读者即扫即学，在提高学习便利性的同时，助力教学的智能化升级，服务教育数字化。

本书由中教畅享科技股份有限公司组织编写，李宇红、颜青担任主编，王磊、黄挺顺、张涛、平建恒担任副主编。在本书的编写及修订过程中，编写团队参阅了大量文献和报告，并得到了高等教育出版社的精心指导和大力支持，在此对各位专家、教师的辛勤工作表示衷心感谢！

由于数字互动营销内容具有较强的前瞻性和时效性，加之编写时间及作者水平有限，书中难免存在不足之处，恳请广大读者批评指正，以使本书日臻完善。

编者

2025 年 6 月

第一版前言

在数字中国的战略背景下，数字经济成为实现传统行业转型升级、推动产业高质量发展的重要引擎。政策支持、经济驱动、社会需求、技术赋能等多重宏观环境因素推动商业环境和规则不断改变，使得人与人、人与产品、人与信息可以实现“瞬联”和“续联”。作为数字时代新营销的重要形式，数字互动营销已成为企业追求高增长的必然选择。数字营销技术丰富了广告创意的表现形态，也颠覆了消费者的交互方式。对于品牌来说，要用数据驱动的策略讲好故事，与用户共创内容，设计用户体验，进而影响受众、感染用户，使用户和品牌之间产生正面的关系。这不仅需要平衡营销策略，更需要选择营销方法，营销者需要在每一次与消费者的互动中快速理解、推断与学习消费者行为，通过数据分析发掘新机会。这也是数字互动营销完成从“概念思维”到“营销新渠道”的转变之后，向“商业新模式”发展的着力点。

《数字互动营销——数字营销技术应用（初级）》结合《数字营销技术应用职业技能等级标准》（初级）进行“岗课赛证”融通的一体化开发，为相关课程和对应职业技能等级证书的学习和考核提供系统性的内容支撑。本书承接《数字营销基础》中“数字互动营销”章节，采用项目导向、任务驱动的方式，通过构建仿真的工作场景来解析工作任务中所需要的理论知识和技能要点。

在本书创作过程中，编写团队调研了许多数字营销行业龙头企业主要岗位的职业技能要求，搜集并查阅了大量国内外文献资料，形成了如下鲜明特色。

1. 职业技能等级标准与专业教学标准和课程标准相衔接，实现“三标准覆盖”

本书立足于《数字营销技术应用职业技能等级标准》（初级）、专业教学标准和课程标准，以专业教学标准、课程标准中明确规定的主要教学内容和职业技能等级标准中的工作领域与工作任务为基础，由院校与企业共同组成创作团队，经过多次研讨、论证，最终编写而成。全书按照数字营销时代客户互动的“拉新、留存、促活、转化、传播”的全新逻辑，构建符合行业现状的数字营销场景，以学生为中心，将进行数字互动营销所需要的知识、技能和素养融会贯通，实现“做中学”和“学中做”。

2. 寓价值观引导于知识传授和能力培养之中

本书紧密围绕实践项目内容，设置知识、技能、素养三维学习目标，合理穿插“行业洞察”“职场透视”“博文约礼”三个特色栏目，将价值观引导融入各任务的知识传授和能力培养之中，帮助学生塑造正确的世界观、人生观、价值观。“行业洞察”主要聚焦数字互动营销技术前沿、行业动态和典型案例，以激发学习者的家国情怀和民族自豪感，提升职业素养；“职场透视”主要聚焦岗位要求、职业技能和职业发展，培养学习者的职业道德和职业认同感，践行工匠精神；“博文约礼”意指“君子博学于文，约之以礼”，主要聚焦数字互动营销相关法律法规和行业政策，以提升学习者的法制素养和职业道德，培养其遵纪守法和诚实守信的正确价值观。

3. 理实一体化设计，“岗课赛证”融通，职业教育类型特色鲜明

本书采用校企双元合作开发、项目导向、任务驱动、场景构建的方式进行理实一体化的“岗课赛证”融通设计。每个任务按照知识准备（基本知识）—任务演练（技能培养）—任务拓展（技能应用和提升）的逻辑进行整体设计。其中，任务演练又按照任务描述—任务分析—任务操作—任务评价的方式设计具体实施步骤。本书将解决实践问题的相关知识融入具体任务场景中，以理论知识指导具体实践，以实践操作强化理论认知。

同时，本书探索了“岗课赛证”融通的系统化实现方案。“岗”：紧跟数字营销产业发展趋势和岗位人才需求，通过“职场透视”栏目介绍 App 营销、社群营销、小程序营销等相关岗位职责及任职要求；“课”：立足数字营销课程教学内容，进行理实一体化教学设计，强化立体教学功能；“赛”：对接高职市场营销职业技能大赛的数字营销模块，为职业技能大赛提供一定的理论内容支撑；“证”：依托《数字营销技术应用职业技能等级标准》（初级）定向开发，服务于数字营销技术应用（初级）证书的培训和考核。

4. 创新教材表现形式，构建新型活页式教材，配套开发数字化教学资源

本书基于典型工作任务，采用新型活页式设计，坚持以职业能力为本位，以应用为目的，以必需、够用为度，按照工作过程的顺序和学生自主学习的要求进行教学内容设计，满足职业岗位的需要。每个项目、任务、任务演练、任务拓展、1 + X 证书知识训练均为活页式设计，相关院校可根据教学需要灵活拆分重组，满足个性化教学需求。

同时，本书配套开发有在线开放课程、教学课件、微课、动画、习题答案等类型丰富的数字化教学资源，精选其中具有典型性和实用性的优质资源，在教材中以二维码方式进行了标注，供读者即扫即学，实现了教学内容的数字化、知识呈现的立体化、信息传输的

网络化、信息处理的智能化、学习方式的互动化，拓展了自主学习的空间。

本书由中教畅享科技股份有限公司组织编写，李宇红、颜青担任主编，王磊、黄挺顺、张涛、平建恒担任副主编。在本书的编写过程中，编写团队参阅了大量文献和报告，并得到了高等教育出版社的精心指导和大力支持，在此对各位专家、老师的辛勤工作表示衷心感谢！

由于数字互动营销内容具有较强的前瞻性和时效性，加之编写时间及作者水平有限，书中难免存在不足之处，恳请广大读者批评指正，以使本书日臻完善。

编者

2021 年 11 月

目录

项目 1

数字互动营销策划

学习目标

素养目标

- 把握客户互动技术的发展新趋势，培养具备终身学习能力，能够利用大数据、人工智能等新型劳动工具推动商业活动向数字化、智能化转型的新型劳动者
- 培养数据采集、存储、使用的合法合规意识，恪守数据伦理规范，切实保护客户隐私安全
- 培养维护社会公序良俗的意识，树立守护公众情感健康的社会责任感

知识目标

- 了解目标客户洞察的含义
- 熟悉目标客户洞察的内容
- 掌握目标客户识别的方法
- 了解数字互动营销的主要渠道
- 掌握数字互动营销渠道策划的方法
- 了解数字互动营销的主要方式
- 掌握数字互动营销方式策划的技巧

技能目标

- 能够根据产品特征，结合品牌定位，完成目标客户洞察
- 能够根据目标客户特征，结合数字互动营销渠道的特点，完成数字互动营销渠道策划
- 能够根据目标客户特征，结合数字互动营销方式的特点，完成数字互动营销方式策划

思维导图

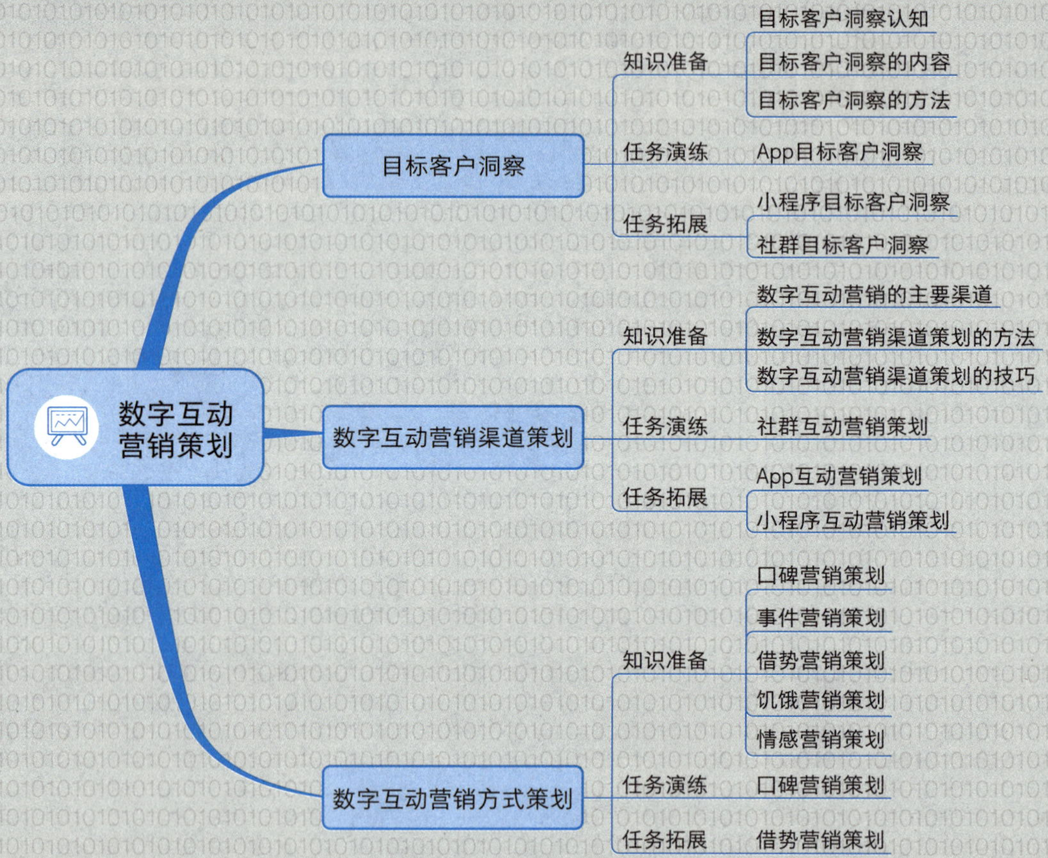

学习计划

素养提升计划

知识学习计划

技能训练计划

引导案例

从平面交互到立体共情，数智时代的客户互动场景进化逻辑

在实体经济与数字经济深度融合的时代背景下，消费场景不断升级，企业与客户沟通的渠道及方式也在经历着深刻变革。

1. 政策层面的战略引领与制度创新为客户互动的变革奠定了坚实基础

《2025 年数字经济发展工作要点》明确要求：实施数字消费提升行动、品质电商培育行动，打造数智化消费新场景。《关于打造消费新场景培育消费新增长点的措施》则进一步细化了政策路径，鼓励人工智能与消费场景的深度融合。这些政策举措与新型基础设施建设的加速推进协同发力，为客户互动生态的演进提供了坚实的制度保障与清晰的发展方向。

2. 前沿技术的突破性进展成为客户互动变革的核心驱动力，重塑着消费新场景，进而延伸出新形态的客户互动逻辑

5G 网络与算力基础设施的协同完善，为沉浸式互动场景提供了底层技术支撑，促使客户互动从单纯的信息传递向场景建构的范式转变。在此基础上，物联网技术与数字孪生技术在物理空间的深度渗透，推动线上线下交互体系的有机融合，催生出“线上决策 - 线下体验”的新型消费模式，实现了消费场景从平面交互到立体共情的迭代升级（例如，远程试衣间、VR 全景漫游等新型消费场景），从而推动客户互动场景的深刻变革。

3. 数字技术的进步重塑了企业与客户的互动方式，赋予了客户互动以情感温度

例如，人工智能技术的进阶应用，使企业能够通过实时情绪识别算法动态调整服务策略，推动人机交互从功能导向转向体验导向。这种技术赋能的沟通模式，打破了传统人机交互的机械性壁垒，构建起更具人文关怀的互动场景。除此之外，在数据要素市场化配置的框架下，企业依托多维度数据采集与分析，构建了精细化的客户画像体系，并据此提供精准化的产品推荐与服务定制，从而实现了从规模化服务向个性化服务的价值跃迁。

面对这一变革趋势，企业需要从战略视角重构数字沟通体系，通过推进全渠道数据融合，实施智能化服务升级，开展场景化体验创新等多维举措，打造贯穿客户生命周期的数字化互动体系，构建以客户为中心的更有温度、更有价值的客户互动网络。

引思明理：

新一轮科技革命和产业变革孕育带动了数字技术的强势崛起，以数据为关键生产要素的数字经济成为构建新发展格局的重要支撑和推动经济高质量发展

的新动能和新引擎。我国政府高度重视数字经济发展，将其上升为国家战略并做出总体部署。5G 基站建设、工业互联网、人工智能、大数据中心等新基建为数字经济发展提供了坚实的硬件保障，同时也培育了新型消费场景，拓展了购物消费体验，这一变革提升了传统商贸流通企业的数字化水平，推动了消费新业态、新模式、新产品的不断涌现，不断激发消费市场活力和企业潜能，成为推动经济增长的关键引擎。

任务 1.1

目标客户洞察

目标客户洞察是数字营销中的核心要素之一，它揭示了客户认知和行为的独特之处，其范畴大于传统营销认知中的客户调查与研究。深刻的目标客户洞察就像灯塔，指引企业在开放无边界的数字信息海洋中找到正确的方向，从而制定适合的数字互动营销策略。

目标客户洞察的内容包括认知洞察、行为洞察、需求洞察和感知洞察，通过本任务的知识准备、任务演练和任务拓展，能够正确理解目标客户洞察的含义和内容，掌握目标客户洞察的方法，为企业深入开展数字互动营销奠定基础。

◆ 知识准备

1.1.1 目标客户洞察认知

1. 目标客户洞察的含义

目标客户指企业提供产品和服务的对象。随着经济的发展和市场的日益成熟，市场的划分越来越细，以至于每项服务都要面对不同的需求。企业应当根据每一项产品和服务选择不同的目标客户。只有确定了消费群体中的某类目标客户，企业才能有针对性地开展营销活动并获得成效。

目标客户并不完全等同于潜在客户。潜在客户是指对某类产品（或服务）存在需求且具备购买能力的待开发客户。这类客户与企业存在着销售合作机会，经过企业及销售人员的努力，可以把潜在客户转变为现实客户。目标客户则是企业主动寻找定位的尚未有购买行动的客户，与潜在客户的定义方式不同。潜在客户和目标客户可以完全重叠或部分重叠。

基于此，目标客户洞察可以理解为对目标客户的持续、深入理解，涉及目标客户认知洞察、目标客户行为洞察、目标客户需求洞察，以及目标客户感知洞察四个方面。

2. 目标客户洞察的必要性

目标客户洞察不仅有助于营销人员为企业品牌赋予更多的品牌价值，也有助于企业产品传播、营销、沟通等方面工作的开展。

（1）不是所有的购买者都是企业的客户。每个客户由于其自身年龄、性别、职业、学历、收入等因素的差异，导致其需求具有明显的个性差别。对于企业而言，其资源是有限的，只能满足一部分客户的需求。因此，由于客户需求的差异性和企业资源的有限性，企业必须在购买者中进行选择。

（2）不是所有的客户都能给企业带来收益。事实上，不是每个客户都能给企业带来同样的收益及正面价值。有的客户可能是“麻烦制造者”，他们会提出不合理的要求，造成负面的口碑效应，不管企业做了多大的努力，都不能令他们满意。还有的客户甚至会给企业带来信用、资金、违约等风险。一般来说，优质客户带来较大价值，普通客户带来较小价值，劣质客户则会带来负价值。

（3）没有进行目标客户洞察，可能造成企业定位模糊。未洞察目标客户不利于企业树立鲜明的企业形象，也不利于品牌的塑造。例如，时尚女装品牌拉夏贝尔（La Chapelle）曾经深受消费者喜爱，在全国一度拥有近万个直营零售网点。2014 年，拉夏贝尔宣布战略转型，但定位模糊的多元化、多品牌战略并未使其成功，摇摆定位的背后是拉夏贝尔并不清晰的目标客户洞察。最终，作为“青春记忆”的拉夏贝尔于 2021 年 11 月申请破产清算。

（4）正确的目标客户洞察是企业成功开发客户的前提。对于企业而言，目标客户洞察非常重要，有助于企业进行客户开发和维护。但如果企业没有选对客户，那么建立客户关系的难度就会增大，成本就会提高；即使一时建立了客户关系，但由于企业不能持续为客户提供满足其需求的产品和服务，最终也会导致客户流失。

1.1.2 目标客户洞察的内容

动画：目标客户洞察的内容

在目标客户洞察过程中，虽然企业收集的信息会因客户不同而各具差异，但基本上以客户的“认知”“行为”“需求”和“感知”这 4 个内容维度为主。其中，客户需求洞察是核心。

1. 目标客户认知洞察

目标客户洞察的第一个内容维度是认知。认知洞察主要包括了解客户对企业品牌（品类）以及与企业品牌相近的其他品牌（品类）的认知。只有掌握客户的认知情况，才能有效改进企业的品牌价值。

除了既有品牌（品类），对计划推出的品牌（品类）也应该进行目标客户认知洞察，了解他们对于企业和其他品牌（品类）的认知。另外，在进行目标客户认知洞察时，不能局限于客户对产品功能的认知，还要特别注意他们对品牌（品类）的各种“感觉”。除了关注目标客户的正面认知，其负面认知也需要高度关注。

2. 目标客户行为洞察

目标客户洞察的第二个内容维度是“行为”。研究客户行为的基本逻辑在于，人们对品牌的认知和需求总是会如实地反映在他们的行为当中。根据“5W1H”分析法，企业可以从由谁购买（Who）、购买什么（What）、为何购买（Why）、何时购买（When）、何处购买（Where）、如何购买（How）等方面洞察目标客户行为。

（1）由谁购买（Who）。“由谁购买”是对目标客户自身进行研究。目标客户包括在购买行为中起不同作用的五种角色：发起者（首先提议去购买某产品的人）、影响者（对最终购买商品有直接或间接影响的人）、决策者（最后决定整个购买意向的人）、购买者（实际购买商品的人）和使用者（实际使用商品的人）。

一般情况下，决策者的地位最重要，购买者对所需购买的商品有临场决定的权力。

（2）购买什么（What）。“购买什么”是对目标客户购买对象的分析。企业可以通过市场调查，研究目标客户的需求，提供在质量、性能、款式、价格等方面能满足客户需要的产品。

（3）为何购买（Why）。“为何购买”是针对目标客户的购买动机进行研究。购买动机是直接驱使客户实施某种购买活动的内部动力。没有动机的购买行为是不存在的，因此，企业通过对目标客户的调研，准确把握目标客户的购买动机，是企业制定营销策略的重要依据。

（4）何时购买（When）。“何时购买”是对目标客户购买时间的研究。目标客户的购买行为在时间上往往表现出一定的规律。例如，节假日往往是日常消费品的购买高峰期。企业准确把握目标客户购买的时间规律，有利于在合适的时间集中力量开展促销工作，以达到最佳效果。

（5）何处购买（Where）。“何处购买”是对目标客户购买地点进行的研究。对于生活便利品，目标客户通常会选择网购或就近购买；对于价值较高的商品，目标客户一般会选择到大型商店或权威平台购买。企业应该根据目标客户的购买特征，合理布置销售网点并设置销售渠道，方便目标客户购买。

（6）如何购买（How）。“如何购买”是对目标客户购买方式和付款形式的研究。购买方式包括现场购买、网上购买等；支付方式包括全款支付、分期付款等。企业应该根据目标客户的特点，提供灵活多样的支付方式。

3. 目标客户需求洞察

目标客户洞察的第三个内容维度是客户需求，这是整个洞察活动的核心。

（1）目标客户需求洞察的内容。

① 需求类别识别。客户需求从类别上可以分为对产品的需求和对服务的需求。客户对产品的需求有很多种，基本都与最终产品的“有用性”和“有效性”相关。目标客户需求洞察需要企业客观、具体地描述出客户对产品的需求。

② 需求目的识别。按客户购买目的的不同，客户需求可以分为生产性需求和生活性需求。生产性需求是满足生产活动的需求，如企业对生产厂房、机器设备、原材料等的需求；生活性需求是满足个人或家庭生活的需求，如人们对衣食住行等物质产品的需求等。

③ 需求实质识别。需求可分为物质需求和精神需求。物质需求是人们对物质生活用品的需求，如对电视、冰箱等家电的需求；精神需求是人们对心理和精神活动的需求，如对音乐、电影等娱乐活动的需求。

④ 需求层次识别。按需求层次不同，客户需求可分为现实需求和潜在需求。现实

需求是客户目前具有明确消费意识和足够支付能力的需求。潜在需求是客户虽然有明确的欲望，但由于购买力不足或对产品（或服务）不熟悉等原因还没有明确显示出来的需求。一旦条件成熟，这种潜在需求就有可能转化为现实需求。

⑤ 需求属性识别。按客户需求属性不同，客户需求可分为功能需求、体验需求、审美需求、社会需求等。功能需求是指一个产品可以帮助客户实现其认为必要的或想要的愿望，功能需求与产品性能直接相关；体验需求是客户在拥有、使用或消费一个产品时所体验到的心理感受，体验需求会驱动客户购买产品；审美需求是指客户对产品外观、风格、色彩等方面的审美偏好；社会需求是指客户对社交、身份认同、文化归属等方面的需求。

（2）目标客户需求洞察的方法。

① 体验中心法。设立体验中心是洞察目标客户需求的有效方法，可以全方位展示品牌价值，通过客户体验来说明产品的功能或性能并获取客户反馈。高科技产品和时尚类产品更适合这种方法。

② 深度访谈法。这种方法是指专业访谈人员和被调查者之间针对某一主题进行的一对一谈话。深度访谈法可用于采集被调查者对企业产品或服务的看法，如了解客户如何做出购买决策，产品或服务如何被使用，以及客户需求个人倾向等。

③ 竞争对手研究法。竞争迫使企业不断寻找新的、更有效的方法来使企业得到长久的发展。通过研究竞争对手的产品或服务，企业可以了解客户的基本需求，推动对目标客户需求的识别。

④ 数据挖掘法。企业可以利用数据挖掘技术找出大数据背后隐藏的规则和模式，从而预测未来的发展趋势。基于人工智能、机器学习、智能统计等前沿技术的数据挖掘方法，企业可以高度自动化地分析目标客户的需求信息，从中挖掘目标客户的需求模式，预测目标客户的需求趋势，帮助企业调整市场策略，减少经营风险。

博文约礼

国务院新举措　培育壮大新型消费

为了更好地满足人民群众个性化、多样化、品质化服务的消费需求，2024 年 8 月，《国务院关于促进服务消费高质量发展的意见》（简称《意见》）发布。《意见》提出了 6 方面 20 项重点任务，包括挖掘基础型消费潜力、激发改善型消费活力、培育壮大新型消费、增强服务消费动能、优化服务消费环境、强化政策保障等。

《意见》从数字消费、绿色消费、健康消费等方面对培育壮大新型消费提出了具体要求，并提出研制数字消费、绿色消费、健康消费等新型消费标准。

在数字消费方面，《意见》提出：加快生活服务数字化赋能，构建智慧商圈、智慧街区、智慧门店等消费新场景，发展‘互联网 +’医疗服务、数字教育等新模式，加快无人零售店、自提柜、云柜等新业态布局，支持电子竞技、社交电商、直播电商等发展。加快建设和升级信息消费体验中心，推出一批新型信息消费项目。开展数字家庭建设试点，更好满足居民家居产品智能化服务和线上社会化服务需求。

在绿色消费方面，《意见》明确提出：建立健全绿色低碳服务标准、认证、标识体系，完善绿色设计标准，提升绿色服务市场认可度和企业效益。

在健康消费方面，《意见》明确提出：推进“互联网 + 医疗健康”发展，尽快实现医疗数据互联互通，逐步完善“互联网 +”医疗服务医保支付政策。

4. 目标客户感知洞察

目标客户感知洞察是从外在角度关注内容表达方式、信息表现形式和传播沟通策略，更有效地激发需求、构建认知，是主要服务于传播，处于相对从属地位的洞察维度。目标客户感知洞察一方面需要尽可能收集、了解客户的心智规律与认知机制；另一方面需要了解什么样的核心信息与创意最能打动消费者。通过科学的方式获取目标客户的心理诉求，挖掘打动目标客户的“痛点”，以此确定品牌的定位和创意信息的呈现方式；此外，目标客户如何向身边的人推荐和表达自身的感受，在目标客户感知洞察中也非常重要。

除了上述内容外，目标客户感知洞察还可以分析客户会对哪些信息渠道、信息介质、沟通方式更“易感”的问题。随着网络媒体的发展，目标客户获取信息的渠道越来越多，方式越来越便捷，关注目标客户从哪些渠道获取信息有助于对目标客户施行全面洞察。

1.1.3　目标客户洞察的方法

1. MAN 法则

企业在洞察目标客户时必须遵循一定的条件，即 MAN 法则。MAN 法则认为，作为客户的人（Man）是由购买能力（Money）、购买决策权（Authority）及购买需求（Need）三个要素构成的。

（1）购买能力。企业营销人员要寻找的目标客户必须具有一定的购买能力，即该目标客户是否有购买资金，是否具有消费此产品或服务的经济能力。

（2）购买决策权。目标客户是否具有购买决策权，即是否有决定购买的权利。在营销过程中，能否准确地了解真正的购买决策人是营销能否成功的关键。

（3）购买需求。一方面，购买需求是指存在于人们内心对某种目标的渴求或欲望，它由内在的或外在的、精神的或物质的刺激引发。另一方面，购买需求具有层次性、复杂性、无限性、多样性和动态性等特点，能够反复地激发客户每一次的购买决策，而且具有接受信息和重组客户需求结构并修正下一次购买决策的功能。

根据 MAN 法则，只有同时具备购买能力、购买决策权和购买需求这三个要素的客户，才是合格的目标客户。MAN 法则应用矩阵如表 1–1 所示。在实际操作中，企业洞察目标客户应根据具体情况采取不同的策略。

表 1–1　MAN 法则应用矩阵

要素	购买能力	购买决策权	购买需求
状态	M（有）	A（有）	N（有）
	m（无）	a（无）	n（无）

在表 1–1 中，M+A+N 代表标准目标客户，是企业理想的营销对象；对于 M+A+n 所代表的客户类别，应进行客户跟踪，一旦客户有需求，就要及时进行营销；对于 M+a+N 所代表的客户类别，应与客户深入沟通，设法找到具有购买决策权的人；对于 m+A+N 所代表的客户类别，应与客户深入沟通，调查客户企业状况，可以根据信用条件给予其消费融资；对于 m+a+N、M+a+n 和 m+A+n 所代表的客户类别，应进行客户跟踪，长期观察、培养，直至其具备条件；m+a+n 代表非客户人群，对其可采取放弃策略。

2. 客户生命周期价值模型

客户生命周期价值（Customer Lifetime Value，CLV）是用来衡量一个客户在一段时间内对企业有多大贡献的价值尺度，也称为终身价值（Lifetime Value，LTV）。影响客户生命周期价值的因素主要有客户生命周期、客户平均每次消费金额和客户平均消费周期，据此可以建立客户生命周期价值模型：

$$\mathrm{CLV}=\frac{s}{t}\cdot T$$

上式中，CLV 为从核定期开始计算的客户生命周期价值；T 为从核定期开始计算的客户生命周期长度；s 为根据客户消费数据计算的客户平均每次消费金额；t 为根据客户消费数据计算的客户平均消费周期。

这种目标客户洞察方法适合易于收集客户数据的行业，如零售业等。零售业通常都会使用会员卡，以便记录客户的消费信息，从而挖掘客户消费偏好，并对客户进行营销，如邮寄产品册、积分奖励、消费折扣等。

◆ 任务演练

App 目标客户洞察

1. 任务描述

安华集团 App 自发布以来，凭借较高的产品品质积累了丰富的客户资源。为进一步促进企业品牌成长，安华集团经过大量市场调研，决定推出一款儿童平衡车，以此填补母婴市场的产品空缺，抢占市场份额。为了更好地利用新品上市活动提高产品销量，扩大品牌影响力，营销人员准备对儿童平衡车进行目标客户洞察。

根据 MAN 法则，结合目标客户数据，分别从购买能力（Money）、购买决策权（Authority）及购买需求（Need）这三个维度识别目标客户，最后完成目标客户洞察，为接下来与目标客户进行互动营销做好准备。

2. 任务分析

对企业品牌而言，做好目标客户洞察是非常重要的，它能够赋予品牌更多的价值，有利于各个方面工作的开展。通过 MAN 法则识别目标客户是进行目标客户洞察的第一步，是开发潜在目标客户、培养忠诚客户的前提。

企业在进行目标客户洞察时，通常需要对企业和产品本身进行通盘考虑，结合具体情况采取不同的对策。只满足“用得着”或“买得起”条件的客户并不是目标客户，同时具备“用得着”“买得起”和“说了算”的客户才是企业真正的目标客户。因此，企业在选择目标客户时，必须遵循一定的条件，即 MAN 法则。

例如，对于儿童服装来说，M 对应的对象多是孩子的父母，即具有一定支付能力的成人；N 对应的对象多是孩子，孩子是产品使用者，对产品有需求；而 A 对应的可能是孩子，也可能是父母，他们都可能对购买行为有决定、建议或反对的权力。因此，可按照 MAN 法则应用矩阵具体情况具体分析，以更好地完成目标客户洞察。

根据所掌握的产品和客户数据，企业可以对客户的购买能力、购买决定权，以及购买需求这三个因素进行分析，然后对客户进行分类，根据不同的因素组合制定下一步营销策略。

3. 任务操作

（1）识别儿童平衡车的购买能力、购买决定权，以及购买需求这三个因素对应的目标人群，完成表 1–2。

表 1–2　儿童平衡车目标人群识别

产品	儿童平衡车
对产品具有购买能力的人	
对产品具有购买决策权的人	
对产品具有购买需求的人	

（2）结合安华集团 App 目前的客户资源，根据 MAN 法则应用矩阵进行客户资源分析，完成表 1–3。

表 1–3　客户资源分析

客户资源	购买能力	购买决策权	购买需求
客户 A			
客户 B			
客户 C			
……			

（3）根据 MAN 法则应用矩阵对客户资源进行分类并洞察目标客户，完成表 1–4。

表 1–4　不同类别的客户数量及典型特征

序号	类别	典型特征	客户数量
1	理想目标客户		
2	无购买需求的客户		
3	无购买决策权的客户		
4	无购买能力的客户		
5	无购买能力和购买决策权的客户		
6	无购买决策权和购买需求的客户		
7	无购买能力和购买需求的客户		
8	非客户		

4. 任务评价

本任务评价具体内容见表 1–5。

表 1–5　App 目标客户洞察任务评价

序号	评分项	评分标准
1	产品目标人群筛选	（1）筛选出的具有购买能力的人群数据准确合理 （2）筛选出的具有购买决策权的人群数据准确合理 （3）筛选出的具有购买需求的人群数据准确合理
2	客户资源分析	（1）客户购买能力分析准确 （2）客户购买决策权分析准确 （3）客户购买需求分析准确
3	目标客户分类	（1）不同类别客户的典型特征描述准确 （2）不同类别客户数量筛选正确

◆ 任务拓展

1. 小程序目标客户洞察

安华集团不仅使用 App 渠道开展营销活动，为了方便客户，还开发了安华集团小程序。安华集团小程序的使用者以及企业所维系的客户与 App 的客户略有不同，为了更好地在小程序上开拓儿童平衡车市场，现结合其小程序的客户数据，利用客户生命周期价值模型，完成小程序目标客户洞察。

请参考安华集团 App 目标客户洞察的操作流程，结合小程序营销的特性和客户特点，完成安华集团小程序渠道的目标客户洞察。

2. 社群目标客户洞察

随着社区团购的兴起，安华集团抓住机遇，基于微信、QQ 等社交平台创建了若干名为“安华集团购物群”的社群，并打算在社群中推广新上市的儿童平衡车产品，为此，营销人员对社群目标客户进行洞察，以便邀请更多的精准客户入群。

请参考安华集团 App 目标客户洞察的操作流程，结合社群营销的特性和客户特点，完成安华集团社群渠道的目标客户洞察。

任务 1.2
数字互动营销渠道策划

在数字互动营销中，主要存在品牌商和目标客户两方，品牌商要找到合适的沟通时机和方法将双方紧密结合起来，以使品牌足以吸引目标客户，从而实现数字营销的目标。数字营销技术的快速发展让数字互动营销原有的媒体平台和营销工具更加智能化，不仅丰富了广告创意的表现形态，还颠覆了传统的交互方式，使得人与人、人与产品、人与信息之间可以实现“瞬联”和“续联”。数字互动营销的渠道也越来越多样化。目前，大多数企业会选择 App、小程序、社群等主流渠道与客户进行多维互动。

通过本任务的知识准备、任务演练和任务拓展，能够了解主流数字互动营销渠道的策划方法，掌握数字互动营销渠道策划技巧，提升数字互动营销渠道策划能力，从而有效提升数字互动营销效果，扩大目标客户的触达范围。

◆ 知识准备

1.2.1 数字互动营销的主要渠道

数字互动营销的主要渠道有：App 营销、小程序营销、社群营销。

1. App 营销

App 营销是指企业利用 App 将产品、服务等相关信息展现在消费者面前，利用移动互联网平台开展营销活动。App 营销主要具有以下特点：

（1）成本低廉。与网络、电视和报刊相比，App 营销费用和成本较低，企业只需要设法开发属于自己的品牌应用即可，前期可能需要一定的费用，但 App 营销相对于网络、电视和报刊来说，成本更低，推广效果也更好。

（2）信息全面。App 可以将产品信息完全展示出来，在客户心中树立起较好的品牌形象，因此也更容易激起客户的购买欲望。

（3）回馈及时。客户可以通过 App 直接进行产品订购，而营销人员则可以与客户进行即时交流与反馈。App 使客户与营销人员之间的交流变得更加通畅，有助于营销人员掌握客户对产品的喜爱与厌恶程度，对产品未来的规划和设计有一定的促进作用。

（4）精准性高。运营者可以通过市场定位技术、数据库技术和网络通信技术与 App 客户进行个性化沟通，这样的营销效果更加精准可控。

（5）客户黏性高。在进行专业的互动设计后，App 本身的实用价值比较高，一旦客户下载了 App，通常就会在互动引导下形成习惯，定期使用、浏览，因此使用经过互动设计的 App 形成的客户黏性比较高。

2. 小程序营销

在小程序上线之前，App是许多运营者的营销主战场。小程序的上线，凸显出不一样的数字互动营销优势。

（1）转化率高。企业借助小程序能够实现营销闭环，从而实现更高的营销转化率。

（2）数据准确。小程序有助于实现企业内部数据与外部推广数据的高效连接，通过对客户数据的分析，企业可以实现精准营销。小程序具备一定的客户画像能力，可以从性别、年龄、区域、设备等维度分析小程序客户的状况，为下一步营销做铺垫。

（3）门槛更低。相较于App，小程序开发与维护的成本更低，时间更短，上线速度更快，有助于企业不断试错并优化产品。

（4）合理裂变。常见的社交营销最关键的就是裂变。只有产生了良性的裂变，企业的营销目标才能圆满完成。小程序既可以通过分享行为带来粉丝裂变，也可以基于关联公众号的内容不断激活来自公众号的粉丝。

3. 社群营销

社群营销是基于社群而形成的一种新的营销模式。它通过互联网的传播效应，借助社群成员对社群的归属感和认可度开展营销活动，通过良好的互动体验，增强社群成员之间的黏合度，使社群成员能够自觉传播品牌，甚至直接购买产品，从而达到企业营销的目的。社群营销的优势主要表现在以下几个方面：

（1）多向互动。社群营销是通过社群成员之间的互动交流开展的，包括信息和数据的平等互换。它使每一个成员都成为信息的发布者、传播者和分享者。这种多向的互动为企业营销创造了良好的机会。

（2）去中心化。社群营销呈扁平化的网状结构，人们可以一对多、多对多地实现互动，进行传播。这使传播主体从单一走向多元，从集中走向分散，是一个去中心化的过程。社群营销从三个方面体现去中心化的特点。

① 社群生态健康。社群里的互动交流不再局限于热点话题，交流的内容分散到成员的各个兴趣点上。

② 社群分类精准。企业应对用户进行精准分类，了解不同用户的兴趣爱好，以更好地实现互动。

③ 蒲公英式效应。对于单个社群来说，要根据用户的具体位置对其进行细分，以更好地增强用户黏性。

（3）具有情感优势。社群大多是基于共同的兴趣爱好而聚集在一起的，因此，社群成员彼此之间不仅很容易建立起情感关联，而且还能协同叠加，合力创造出更大的价值，使企业从中获得营销利益及有价值的情感信息。

（4）自行运转。由于社群的特性，社群营销在一定程度上可以自我运作、创造、分享，甚至进行各种产品和价值的生产与再生产。在这个过程中，社群成员的参与和创造能催生出多种有关企业产品的创新理念或针对服务功能的有效建议，使企业的交易成本大幅度下降。

（5）碎片化。社群资源的多样性特点，使社群营销在定位上呈现出信息发布方式松散、多样化的特点，这就意味着社群在产品设计、内容、服务上呈现出碎片化的趋势。虽然碎片化使社群缺乏统一性，为企业的社群营销带来很多不确定性因素，但只要企业善于挖掘、整理，就能从中挖掘出社群营销的价值。

博文约礼

从数据粗放采集到合规驱动：个人信息保护专项行动倒逼企业数据合规转型

为了深入贯彻落实《中华人民共和国个人信息保护法》，中央网信办、工业和信息化部、公安部、市场监管总局发布 2025 年个人信息保护系列专项行动的公告。此次行动聚焦数字经济快速发展背景下个人信息保护面临的新挑战，通过系统化治理，切实维护人民群众网络空间的合法权益。此次专项行动主要针对六大重点领域开展治理工作：App（含小程序、公众号、快应用）违法违规收集使用个人信息、SDK 违法违规收集使用个人信息、智能终端违法违规收集使用个人信息、公共场所违法违规收集使用人脸识别信息、线下消费场景违法违规收集使用个人信息、个人信息相关违法犯罪案件。

此次专项行动的开展直接关联数字营销的用户数据获取、分析及应用链路，以更广的治理范围（首次纳入智能终端和线下消费场景）、更细的监管要求（明确具体场景数据收集规则）、更大的惩处力度（从严处理拒不整改行为），倒逼企业在数据收集环节落实“最小必要”原则。例如，智能设备不得超范围采集用户健康或位置数据用于精准营销，线下扫码点餐场景禁止强制获取手机号注册会员；在技术层面，需要加强对广告 SDK 的合规审查，采用隐私增强技术实现数据去标识化处理，避免因第三方合作导致的违规风险；在用户交互上，须提供清晰的隐私授权选项和便捷的个性化推荐关闭渠道，以应对消费者日益提升的隐私保护诉求。

随着监管趋严，数字营销行业正从依赖数据粗放采集转向合规驱动的精细化运营，企业需将隐私保护嵌入营销全流程，通过建立数据合规管理体系、升级技术工具、强化行业自律，在保障用户权益的前提下探索透明化、可持续化的增长路径，推动形成“合规获客、安全运营”的新生态。

1.2.2 数字互动营销渠道策划的方法

数字互动营销渠道策划的方法主要分为 App 营销的策划及推广、小程序营销的策划及推广、社群营销的策划及推广。

1. App 营销的策划及推广

（1）App 营销模式。

① 广告营销模式。即将企业 App 的广告以硬性广告的方式直接植入第三方平台

从而开展的营销推广。该营销模式下常见的App营销广告形式有开屏广告、页内轮播广告、封底广告、封面广告等，计费方式通常为CPC模式，即按照点击次数收费。

② App植入模式。App植入模式是指将产品或服务的信息转化为某一个应用程序的情景植入该应用中。当客户下载该应用后，可以通过它看到投放广告的产品或服务信息。App植入模式主要包括内容植入、道具植入及背景植入三种形式。

③ 客户参与模式。客户参与模式主要是指通过开发具有趣味性或使用价值的App，吸引目标客户参与使用，从而潜移默化地提升品牌知名度，塑造企业的良好形象，提升顾客满意度。

④ 购物网站模式。购物网站模式是指将传统购物网站延伸至智能手机、平板电脑等移动端的营销模式。客户通过移动端可以随时随地浏览网站获取商品信息，并直接支付下单。相对于PC端购物网站来说，该模式的优势是操作快速便捷，内容丰富。

⑤ 内容营销模式。在移动互联网时代，手机已成为客户获取信息的重要渠道。客户的需求就是企业的市场。因此，给客户提供优质的内容成为企业开展App营销的重要盈利点。内容营销模式以解决客户的实际需求和问题为核心，通过提供优质的内容服务帮助客户解决生活和学习中的实际问题，吸引目标客户，达到App营销的目的。

（2）App营销活动策划。企业开展App营销，首先要有自己的App，然后才能开展相关活动。随着网络技术的快速发展，如今的App功能变得更加强大，表现形式也更加丰富多样，可以满足企业不同的业务和营销需求。常见的App营销活动形式有以下几种:

① 页面游戏活动。页面游戏活动的趣味性较强，再加上较为丰厚的活动奖品，对客户有着极大的吸引力。这种活动形式适用于企业举办的大型活动上线的前期，目的是在短时间内吸引大量的人气，引导客户关注和参与，从而起到预热、引流的作用。常见的页面游戏活动形式有砸金蛋、摇一摇、猜价格、玩拼图等，这些活动都可以起到良好的营销效果。

② 刮卡刮奖。刮卡刮奖活动的参与难度较低，客户可以随时参与，这样能刺激客户注册或登录账号，从而为App带来新客户并能提高App客户的活跃度。需要注意的是，尽管形式比较简单，但中奖率的设置、奖品的设置、每人中奖的额度和限制都需要在策划活动时仔细考虑并设置好。

③ 抽奖活动。抽奖活动也是企业用来吸引客户的常用App营销手段。需要注意的是，这种活动方式成本较高，只有企业在短期内为了提高App下载量，获得大量潜在客户时，才会采用这种方式。

④ 充值有奖。充值有奖通常是为了鼓励客户在App应用上注册并绑定支付账号、开通支付功能、充值并下单购买而策划的活动。该类活动通过奖品的方式引导客户充值。常见的方式有低价秒杀红包、充值送红包等。

⑤ 定向支付有奖。企业除了策划单独的App营销活动外，还可以结合时下主流的移动支付平台以合作的方式推广品牌。例如，以抽奖的方式鼓励客户使用企业指定

的第三方支付应用，从而达到良好的营销效果。这样一方面可以增加第三方支付平台的客户数量，促进第三方支付平台的发展；另一方面可以以定向支付有奖的方式促使客户下单，提升企业的收益。

（3）App 推广。企业 App 上线后的首要任务就是将其推广出去，吸引新客户使用。App 的推广方式多种多样，目前主流的有应用商店推广、应用内推广、社交媒体推广、网络广告推广，以及线下预装等。

① 应用商店推广。应用商店推广作为当前 App 推广的主要方式，是指企业将 App 发布到各大手机应用商店，供手机客户在应用商店里直接搜索下载。国内主流的手机应用商店类型有手机厂商应用商店、手机运营商应用商店、手机系统商应用商店，以及第三方应用商店等。

② 应用内推广。应用内推广是指将企业 App 植入其他应用中进行推广的一种方式。这种方式在其他应用中出现的位置包括开屏广告、底部旗帜（banner）广告、焦点图广告等，展现企业 App 广告信息，以业务合作或者企业付费的方式开展推广。这种类型的推广方式有消息通知推广、应用内互推、广告弹窗推广、开放平台推广等。

③ 社交媒体推广。社交媒体是当下主流的信息传播方式，越来越多的客户通过社交媒体接受信息和分享内容，因此，利用社交媒体进行 App 推广自然会受到推广人员的青睐。利用这种方式推广通常采用软性广告植入的方法，需要有较好的创意才能带来较高的流量。社交媒体推广的方式多种多样，主要有论坛推广、贴吧推广、微博推广、微信推广等。

④ 网络广告推广。企业利用网络广告推广 App 也是一种有效的方式，常见的方式有积分墙推广、移动广告推广等。

⑤ 线下预装。线下预装属于传统的商务拓展合作推广方式，对于线下资源较丰富的企业来说，也是一种不错的推广方式。常见的线下预装有两种方式，一种方式是与手机厂商合作，在其生产的手机上预装企业 App；另一种方式是与线下售卖手机的实体店铺合作推广企业 App。

这种推广方式的最大优点是可以在短期内快速提升 App 的下载量和注册量，客户的转化率也较高。但是这种粗犷的推广方式往往并不利于企业 App 营销的长远发展。

2. 小程序营销的策划及推广

（1）小程序建立。

① 注册小程序。注册小程序有两种方法，已通过认证的公众号，可以直接在后台注册小程序，不需要再次认证；没有完成公众号认证的企业可以先进行公众号认证，再选择小程序类别，完成小程序注册。

② 小程序开发。企业要根据需求及自身能力进行小程序开发；如果企业没有开发能力，可以通过第三方平台生成小程序。

③ 小程序审核与上架。小程序开发结束后，要提交至微信官方进行审核，审核通

过后才能上架，供客户访问、使用。

（2）小程序命名。小程序命名至关重要，是影响其推广的重要因素。好的名字容易被记住，同时也会自带流量。所以，企业在给小程序命名时，要确保其简单易记，使客户看到名字就知道其功能，这样的小程序才有利于企业日后的推广与引流。

① 要善用同主体同名特性。如果已有名字不错的公众号，而且流量很大，那么建议小程序直接使用公众号的名字；后面再加一些后缀，可以更方便推广。

② 要善用改名功能。在正式发布前，小程序有三次确定名字的机会。如果第一次起得不好，一定要慎用第二次、第三次机会。

③ 符合搜索习惯。小程序的名称越符合客户的搜索习惯，被搜索到的机会就越大，这样不仅可以让小程序获得很高的曝光率，也可以提高小程序的展现量，从而提高成交的概率。

④ 利用关键词。在利用行业关键词的时候，小程序注册得越早，名字起得越好，就意味着曝光度越高。与其他平台相比，小程序最特别的地方在于可以布置 10 个附近的小程序并且可以设置 10 个关键词，这使得它有非常大的机会获得自然流量。

⑤ 小程序的定位。小程序的命名要符合其定位，小程序的定位与企业的定位本质上是一样的。

⑥ 简短原则。在给小程序命名时，应将小程序的名字取得精炼一点，保持在 5 个字以内为宜，2~3 个字最佳。

（3）小程序的推广。小程序可以借助线上微信朋友圈、线下经营门店、优惠促销活动等方式吸引客户扫描二维码添加，也可以通过第三方来推广，降低推广成本。常用的小程序推广方式主要有以下几种：

① 线上推广。线上推广主要有公众号关联推广、朋友圈和好友分享、附近的小程序推荐，以及关键词推广等。

a. 公众号关联推广。通过“微信公众号—小程序—管理小程序—添加”，即可实现公众号与小程序关联。关联小程序后系统将自动向公众号粉丝推送关联成功消息，点击消息即可跳转至对应小程序。

b. 朋友圈和好友分享。小程序的应用场景非常广泛且多元，建立在微信基础上的小程序能为客户提供更便捷的服务。小程序可以通过朋友圈进行推广，客户点击链接或者识别二维码就可以直接进入小程序。

c. 附近的小程序推荐。附近的小程序基于门店位置进行推广，能够吸引线上客户，为门店带来有效客户。有小程序的企业可以将门店小程序展示在“附近”。客户走到某个地点，打开“发现—小程序—附近的小程序”，就能查看自己附近的小程序，从而成为企业的潜在客户。

d. 关键词推广。客户常通过关键词搜索小程序。小程序开发者可以在小程序的“推广”模块中，配置与小程序业务相关的关键词，以便于客户搜索。关键词搜索的排名会受小程序的客户使用次数、服务质量、关键词相关性等因素的影响。开发者可以在小程序后台的“推广”模块中查看通过关键词搜索带来的访问次数。

② 线下推广。随着小程序的广泛应用，越来越多的实体店也开始使用小程序。除了线上推广以外，线下推广方式还有许多，主要介绍以下两种：

a. 通过实体店进行线下推广。对于实体店来说，客户在实体店进行消费时，一般会耗费更多的时间和精力，通过在实体店使用小程序，能够极大地节约客户的时间，减少排队现象，改善客户体验，从而提升店内的服务质量。

b. 通过促销活动等方式进行线下推广。企业在固定场所（如学校、商场等地方）有针对性地策划地面推广活动，让客户参与活动并扫码关注小程序，吸引潜在客户，有助于小程序快速积累客户资源。

③ 第三方推广。即利用小程序商店、新媒体软文、运营公司等第三方力量来实现小程序的推广。第三方推广往往是收费的，如第三方小程序商店会根据企业所付费用决定将该小程序放置在前面还是后面。以软文的形式进行推广，可将软文投放到粉丝较多的自媒体上。企业还可以缴付一定的费用，将小程序委托给第三方运营公司，让运营公司在旗下的微信社群中进行转发推广。

3. 社群营销的策划及推广

（1）社群构建。要想构建社群，需要详细考虑多个步骤，才能持续运营下去；要形成一个健康的、生命周期比较长的社群，需要从社群名称、社群口号，以及视觉设计的角度出发进行构思。

① 社群名称。名称是最为重要的符号，是所有品牌的第一标签和第一印象，所以要特别重视。一般社群命名的方法有以下几种：

a. 从现有的核心源头延伸出来，特点是与核心源头息息相关，如“米粉群”“华为粉丝群”。

b. 从目标客户着手，想吸引什么样的客户群体，就垂直地取与这个群体相关的名称，如读书会、爱跑团。

c. 以上两种方法的结合，如罗辑思维书友会、秋叶 PPT 社群。

② 社群口号。口号作为浓缩的精华，是社群构建的重中之重。社群口号一般有以下几类：

a. 功能型。阐述自己的特点或做法，用具体、直白的信息让所有人第一时间知道社群的目的，如“以书会友，有书共读”。

b. 利益型。阐述能够带给客户的直接利益，或能够为客户完成某个目标做出的贡献，如秋叶 PPT 社群的“每天 3 分钟，进步一点点”。

c. 三观型。阐述情感、态度、情怀及升华后的价值观、人生观、世界观，如趁早社群的“女性自己的活法”。

③ 视觉设计。对于社群来说，要有凸显仪式感、统一感的视觉设计，这是最基本

的表现手法，其核心是logo设计。目前常见的社群logo有两类：一是已经非常成熟的企业或品牌在做社群的时候直接沿用自己的原logo；二是一般情况下的普通社群，主要是用文字做logo，也可以用一些核心人物或理念延伸的卡通形象。

（2）社群营销活动策划。策划社群营销活动是保持社群活力和生命力的有效途径，也是加强社群成员感情联系，培养社群成员黏性和忠诚度的有效方式。常见的社群营销活动有以下几种：

① 社群分享。社群分享是指分享者向社群成员分享一些知识、心得、体会、感悟等，也可以是针对某个话题进行的交流讨论。专业的分享通常需要邀请专业的分享者，也可以邀请社群中表现突出的成员，激发其他成员的参与度和积极性。一般来说，在进行社群分享时，需要提前做好相应准备，包括事先确定分享内容，提前通知社群成员，营造暖场气氛，进行活跃社群的互动，提供福利吸引成员参与，宣传分享活动等。

② 社群交流。社群交流是发动社群成员共同参与讨论的一种活动形式，组织者可以挑选一个有价值的主题，让社群的每一位成员都参与交流，通过交流输出高质量的内容。与社群分享一样，社群交流也需要进行相似的组织和准备。

③ 社群福利。社群福利是激发社群活跃度的有效工具。一般来说，不同的社群通常会制定不同的福利制度，或者是将多种福利形式结合起来使用。常见的福利方式有：

a. 物质福利。对表现优异的社群成员提供物质奖励，一般为实用物品，或者具有社群个性化特色的代表性物品，如社群定制纪念品等。

b. 现金福利。对表现优异的社群成员提供现金奖励。

c. 优惠福利。对表现优异的社群成员在其再次购买时予以优惠，如减少费用，赠送额外的物品等。

d. 荣誉福利。对表现优异的社群成员提供相应的荣誉奖励，如奖杯、奖牌、特定头衔等，合理的荣誉福利能大幅度提高社群成员的积极性。

e. 虚拟福利。对表现优异的社群成员提供虚拟福利，如积分。当社群成员的积分积累到一定额度的时候，就可以兑换相应的奖励。

④ 社群打卡。社群打卡是指社群成员为了养成一种良好的习惯，或培养一种良好的行为而采取的一种活动方式，它可以监督并激励社群成员完成某项计划，因此打卡型社群通常具有激励成员不断进步的作用。一个积极健康的打卡社群，必定拥有良好的打卡氛围。常用的营造社群打卡氛围的主要方法有树立榜样、同伴鼓励、设置竞争机制、制造惊喜或奖励、建立情感连接等。

⑤ 线下活动。根据规模的大小，社群的线下活动具有不同的组织难度。为了保证活动的顺利开展，在活动开始之前必须有一个清晰完整的活动计划和团队分工方式，方便组织者更好地把控活动全局，确保活动有计划、有目的、有质量。

（3）社群营销的推广。在进行社群营销之前，营销人员需要确定社群的主体。社群的主体不同，其营销的推广方式也不同，可以分为以下几种。

① 核心人物营销。通过核心人物在某一领域的影响力，吸引感兴趣的客户加入社群。核心人物是指社群中占据主导地位的人，是整个社群的灵魂，一般为具有人格魅力、专业技能、出众能力的人，能够吸引客户加入社群，对社群的定位、发展、成长等拥有长远的影响。

② 价值营销。价值是指社群中能够给社群成员提供知识和经验，帮助社群成员学习、解决相关问题的内容。利用价值进行社群营销，就是通过向客户展示其在社群中能够获得的知识等价值，吸引客户加入社群。在进行价值内容输出时，一般有讨论输出、活动输出、公众号输出、直播课输出等方式。

③ 社群文化营销。社群文化是社群中包括目标、规则、福利、口号，以及 logo 等在内的一种综合的社群精神。在社群营销中，依靠社群文化进行营销，就是通过社群文化所表达出来的氛围，使客户对社群产生好奇心理，吸引客户自发地了解社群，加入社群。营销人员可以从加强社群成员对社群的信任、明确社群标签、树立社群价值观和提高社群成员归属感四个方面建立社群文化。

行业洞察

从“物理叠加”到“化学融合”：数据与营销双轮驱动实体经济向数字化转型

在实体经济与数字经济深度融合的时代浪潮中，实体经济数字化转型已从“物理叠加”的浅层阶段迈向“化学融合”的深层阶段。在这一过程中，数据作为核心纽带，贯穿全产业链；营销作为先锋领域，率先实现突破，二者共同推动实体经济完成从量变到质变的跨越。

数据已成为数字经济时代的新型生产要素。财政部发布的《企业数据资源相关会计处理暂行规定》的出台，标志着数据资产正式纳入财务报表，推动数据从资源向资产跃迁。在传统模式下，生产、供应、营销、消费等环节以物理流程为轴线，数据仅作为流程记录存在，而数字化技术让数据通过 IoT、区块链、AI 等载体穿透全链条，形成从需求数据到消费数据的闭环。例如，海尔通过卡奥斯工业互联网平台，整合设计、采购、生产、销售等全链条数据，实现生产过程的智能化管理，通过数据分析精准预测市场需求，降低生产成本，提高产品质量，大大提高了年营业收入，数据要素的乘数效应显著。

营销被视作数字化转型的先锋，源于其直面用户的天然属性让数字化成效反馈最为直接。相较于生产、供应链等后端环节，品牌传播、渠道触达等营销场景能快速应用私域流量、精准广告等数字化工具。如服装品牌通过小程序社群与 AI 穿搭推荐提升会员复购率，这种“短平快”的成效更易推动企业持续投入；而当营销端实现用户数据全链路追踪，必然会倒逼生产端同步数字化，如美妆品牌借 DTC 模式收集的用户肤质数据，就能推动工厂实现“小单快反”生产。此外，营销场景还是数据价值的“显性化试验田”。某茶饮品牌将门店点单数据与外卖平台数据融合形成消费热力图，不仅优化了新品策略，而且推动了总部建立数据中台，为后端转型奠定基础。

企业的数字化转型需实现从“物理叠加”到“化学融合”的跨越。从“物理叠加”迈向“化学融合”，关键在于突破工具堆砌、部门壁垒与效率思维的局限。在技术整合层面，许多企业曾陷入“上系统即转型”的误区，如某零售企业部署了8套营销工具，却因为数据孤岛导致用户画像碎片化。真正的融合需以数据中台为基座，通过统一标准重构底层架构，使前端营销、中台分析、后台供应链实现数据“无损流通”。正如海尔卡奥斯平台整合设计、采购、生产全链条数据，让每一笔订单都能反向驱动柔性生产。在组织协同层面，部门壁垒的突破绝非采用“联席会议”或“项目小组”等形式所能达成，而要将研发、生产、销售等人员嵌入同一作战单元，通过数字化看板实现需求动态捕捉与生产实时调整，让部门间从“接力跑”变为“团体操”。

从数据要素化到营销场景化，从流程优化到生态共建，实体经济的数字化转型已超越技术叠加层面，演变为涵盖战略、文化、技术的系统性变革。唯有实现全要素协同，才能释放数字经济的深层价值，推动实体经济在数字浪潮中重塑竞争力，迈向高质量发展新阶段。

1.2.3 数字互动营销渠道策划的技巧

数字互动营销渠道策划的技巧分为：App 营销策划技巧、小程序营销策划技巧、社群营销策划技巧。

1. App 营销策划技巧

（1）明确 App 营销的核心目标。策划 App 营销活动时，首先要明确活动的目标，做到有的放矢，围绕主要目标策划活动。例如，将活动目标定为提高新客户数量或 App 下载量等。

（2）降低客户参与门槛。策划 App 营销活动时，要尽可能地吸引最大数量目标客户的关注和参与。因此，企业要降低活动参与门槛和要求，方便客户参与。例如，设计活动时应尽量避免将客户登录的页面放置在活动页面后，不然客户刚进入活动页面就被提示需要登录，客户可能会因此感觉烦琐而直接离开，不再参与活动。

（3）明确视觉导向。客户通常是在自己的闲暇时间参与企业的 App 营销活动，大多是为了放松娱乐或出于好奇，在这种心理状态下，客户在活动中是比较随意的。这就要求营销人员在策划活动时能够给客户明确的视觉引导，避免让客户过度思考，以清晰明了的视觉提醒，一步一步引导客户参与活动。

（4）吸引客户分享。一个创意较好的 App 营销活动通常会吸引客户进行分享转发，从而达到更好的传播效果。所以，营销人员在策划 App 营销活动时，应注意引导客户分享转发，激励客户分享活动。常见的分享激励方式有转发有奖、体验分享、限时免费服务等。

（5）营造活动氛围。App 拥有强大的功能，表现方式更是多种多样，集文字、图片、音频、视频、动画等多媒体于一体，可以给客户震撼的视觉和听觉刺激。因此，营销人员在策划 App 营销活动时，可以考虑植入与活动有关的动画或音乐，营造良好的活动氛围，让客户以愉悦的心情置身于活动中。

2. 小程序营销策划技巧

（1）找到合适的场景。根据客户需求，小程序场景可以分成4类，如图1-1所示。企业可结合自己的产品特征选择合适的场景进行小程序营销。

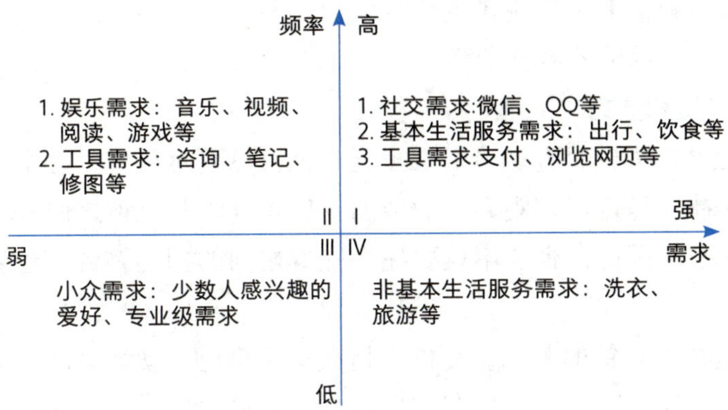

图1-1　客户需求小程序场景划分

① 高频强需求场景。第I象限是客户使用频率非常高的场景，因此要求产品性能、流畅度都要非常好，否则会导致客户体验不佳，容易导致客户流失。一般情况下，小程序是不适合在这类场景中使用的，由于小程序的成本以及容量等问题，这类产品的性能以及流畅度目前尚不及App。

② 高频弱需求场景。第II象限的使用场景涉及的产品种类较多，有娱乐类、工具类等。在这一象限内，企业产品如果需要深度阅读并且实现高互动，可以通过公众号进行导流及营销；企业产品如果对交流互动、视觉体验等没有十分严格的要求，则会在小程序中有着不错的发展潜力，微信天然的传播能力能够帮助其造势。

③ 低频弱需求场景。第III象限的场景较为少见，企业选择这类场景，可能是由于自身的兴趣爱好，或者是面向某一领域提供精而专的内容。

④ 低频强需求场景。第IV象限是小程序中最常见，也是企业选择最多的场景。这一象限的场景囊括了大量生活服务需求，衣食住行等都包括其中，但人们却不经常需要，如旅游服务、美容服务等。

通过以上4个象限的内容可知，低频强需求的场景是最适合通过小程序进行营销的。企业也可以根据自己的产品特性，结合以上内容，判断自己的产品是否适合通过小程序进行营销，并且为自己的产品选择最佳的小程序场景。

（2）主推小程序分享。小程序营销中最关键、最有价值的是流量裂变，并且只有良性的流量裂变才能带来理想的营销效果。而小程序由于其极强的分享性，如微信群分享、微信好友分享等，能够让客户之间产生良性裂变，更能不断吸引公众号粉丝。企业借助小程序一方面可以不断从各个渠道吸引新的粉丝加入，另一方面可以通过合理的引导分享来扩大整个用户群体，实现最大程度的口碑良性裂变。

（3）快速实现交易转化。小程序作为一个快速成交平台，通过活动或其他媒介的方式，可以引导客户进行消费，从而达到快速转化的效果。当客户下次再想去购买产品时，能通过微信快速找到小程序，在微信中即可完成二次营销转化。

（4）注重对二维码的投放。注重对二维码的投放并制定完整的规划方案，需要先分析在哪些地方投放能够吸引更多的目标客户参与。企业要充分认识投放二维码的重要性，并将其纳入关键绩效考核指标。

3. 社群营销策划技巧

（1）注重社群之间的相互融合。在多元化的互联网世界中，社群也应该是多元化的。虽然互联网社群是以价值观聚合而成的，但是社群与社群之间并非封闭存在，而是相互融合的状态。因此，企业不仅要注重社群之间的相互融合，还要注重与不同社群的合作。

（2）情感是社群营销的基础。社群一旦充满了情感，就能将客户的思维提升到情感和价值追求的层次。这样就能加深客户对品牌的忠诚度。一方面，这需要将情感融入产品中，定制产品或设定主题；另一方面，要善于用情感做广告，以情定位，以情动人，把情感和内容联系在一起，这样才能引起粉丝的共鸣，使其自然而然地接受产品。

（3）社群需要有文化底蕴。文化是社群的灵魂，对文化的认同是一切关系的开始。在建立社群时，要注重以客户为主体，建立社群文化，形成彼此的信任。社群文化能起到对内凝聚人心、对外彰显品牌的功能。除此之外，社群还需要有利他文化。

职场透视

用户增长运营师：数字经济时代的新职业与未来展望

人力资源和社会保障部于 2024 年 7 月正式将“用户增长运营师”列为国家新职业，纳入《中华人民共和国职业分类大典》，并标注为数字职业。这一职业的设立标志着互联网行业用户增长领域的专业化发展进入新阶段。

根据官方定义，用户增长运营师是运用数字化工具，从事企业或机构用户增长、管理及运营等工作的人员。工作内容包括为所在企业或机构设定用户增长目标、建立及精细化运营社群、为用户提供咨询和交易服务等。

本书中的数字互动营销就是用户增长运营师的重要工作内容。随着数字技术的普及，用户成为企业的核心资产，用户增长运营师通过数字化工具精准触达用户，优化体验，助力企业构建竞争优势。

用户增长运营师数字新职业的设立，不仅是对数字经济时代人才需求的回应，更是推动就业增长、促进产业升级的重要举措。对于从业者而言，这一职业既是挑战也是机遇，需要不断提升数字化技能与战略思维，以适应快速变化的市场环境。未来，随着职业体系的持续完善，用户增长运营师将成为数字经济领域不可或缺的重要力量。

◆ 任务演练

社群互动营销策划

1. 任务描述

悦读书屋是一家位于某一线城市的实体书店，通过大量的市场调研之后，它将店铺定位于提供休闲阅读的书店，以内容较为轻松、具有娱乐性的图书报刊吸引客户驻足，如散文、小说、杂志等。读者到店以后，可以根据自己的兴趣爱好，选择阅读内容、数量和时间，寻求心理上的满足，受到感情上的陶冶，获得精神上的享受。

为了增加读者的黏性，挖掘其价值增长点，悦读书屋运营者打算开展社群互动营销。首先创建微信社群，确定社群口号，完成社群视觉设计；其次，开展相应的社群互动营销活动，创新服务体验；最后与读者形成有效的日常化互动，实现网络书店的差异化经营。

2. 任务分析

社群互动营销已成为互联网时代营销行业的新兴力量，基于客户相同或相似的兴趣爱好聚集人气。社群互动营销不局限平台，线上线下的平台和社区都可以进行营销。无论面向怎样的客户群体，社群营销都是重要的营销渠道。

在进行社群营销时，首先要明确社群的目的，并围绕此目的创建社群。其次，根据社群目标群体的实际需求提出解决方案，以此吸引社群成员的加入，不断壮大社群成员队伍。最后通过价值输出或活动策划，增加社群成员的黏性，建立社群成员的信任关系，同时吸引其到书店中来，方便进行下一步的客户价值转化。

社群营销要围绕社群的价值开展，通常来说社群存在的价值就是要能够解决社群成员的痛点，如交流读书心得，提升个人修养等。另外要能够高质量地输出内容，通过巧妙的设计和引导，企业可以提高和保持社群的活跃度，深度拓展客户，增加客户黏性，并且交叉覆盖其他关联社群，增加关系链接维度，强化社群成员之间的关系。

3. 任务操作

（1）根据任务描述中对社群互动营销的需要，分析社群创建的目的并完成社群创建基础信息的策划，填入表 1-6 中。

表 1-6 “悦读书屋”社群的基础信息

社群名称	
社群口号	
社群 logo	
社群公告	
社群输出价值	

（2）根据书店现有的读者信息，聚集核心种子成员，设置入群规则，不断壮大社群队伍并实现精准互动营销，完成表 1-7。

表 1-7 种子成员信息及入群规则设置

目标成员定位		
种子成员信息	来源	
	性别	
	年龄	
	职业	
	爱好	
	入群动机	
	……	
入群规则设置		

（3）为提升社群活跃度，增加与社群成员的互动，根据社群性质及人员构成，借助人工智能生成内容（Artificial Intelligence Generated Content，AIGC）工具，策划一场有意义的社群分享 / 社群交流活动，完成表 1-8。

表 1-8 社群营销活动策划

活动类型	社群分享 / 社群交流	
活动主题		
活动通知		
活动准备事项		
活动操作过程	暖场操作过程	
	互动操作过程	
	控场操作过程	
	……	
活动效果分析		

（4）请结合策划的社群分享 / 社群交流活动内容，借助 AIGC 工具，制作一段活动宣传文案，生成一张活动宣传图片，完成表 1-9。

表 1-9　活动宣传素材制作

素材类型	制作思路	成果展示
宣传文案		
宣传图片		

4. 任务评价

本任务具体评价内容见表 1-10。

表 1-10　社群营销策划任务评价

序号	评分项	评分标准
1	社群创建信息填写	（1）各项信息填写完整、合理 （2）各项信息内容统一，具有关联性
2	社群成员聚集	（1）目标成员定位准确 （2）成员数据采集正确 （3）入群规则设置合理
3	社群营销活动策划	（1）活动主题鲜明独特，突出亮点和特色 （2）活动通知撰写规范 （3）活动准备事项考虑周全 （4）活动过程详细，具有可操作性 （5）活动效果分析全面，评估合理

◆ 任务拓展

1. App 互动营销策划

悦读书屋除了不断布局线下门店以外，也在积极开拓线上市场，开发了名为“悦读每一天”的 App，为读者提供“有声悦读”“电子悦读”“悦读锦囊”，以及“每天悦读 15 分钟”等服务。现在，悦读书屋基于社群营销的经验，结合 App 营销的特点和推广方法，打算策划一场 App 互动营销的活动。

请参考社群互动营销策划操作流程，结合 App 营销渠道特性和客户特点，完成悦读书屋 App 互动营销策划。

2. 小程序互动营销策划

悦读书屋自成立以来，得到了大批读者的喜爱，为了引进更多流量，辐射更多客户，悦读书屋依托微信平台庞大的客户流量，开发“悦读一刻”小程序，为悦读书屋进行拓客引流。“悦读一刻”小程序针对读者的兴趣爱好，设置了 100 多个兴趣点，在每个兴趣点上设置了风格不同的小说、诗歌、杂志和文章，以满足不同读者的需求。为了提升“悦读一刻”小程序的知名度与影响力，增加读者黏性，管理者要结合小程序营销的特征和读者特点，策划一场小程序互动营销活动。

请参考社群互动营销策划操作流程，结合小程序营销渠道的特性和客户特点，完成悦读书屋小程序互动营销策划。

任务 1.3

数字互动营销方式策划

社交媒体的类型越来越丰富，企业能应用的数字互动营销方式也变得越来越多，这些数字互动营销方式不仅提高了数字互动营销的效率，也为客户带来了更好的营销体验。目前，在数字互动营销的实施过程中，主要有口碑营销、事件营销、借势营销、饥饿营销和情感营销等方式，这些营销方式都有各自的特点和适用的营销渠道。在选择营销方式时，企业营销人员要充分考虑商品特性和目标客户喜好，这样才能更好地与客户进行互动，实现营销目标。

通过本任务的知识准备、任务演练和任务拓展，能够了解不同数字互动营销方式的含义，熟悉它们的策划技巧和注意事项，培养数字互动营销的策划能力，提高目标客户的参与度。

◆ 知识准备

1.3.1 口碑营销策划

口碑是指客户对产品或品牌的评价，它在客户自主传播的过程中可以影响其他客户对产品或品牌的看法及态度，甚至改变其他客户的购买行为。口碑营销就是以口碑传播模式为核心的营销方式。利用口碑营销，企业可以树立良好的企业形象，提高产品或品牌的曝光度，增加客户忠诚度。

1. 口碑营销的特点

与传统口碑营销相比，数字互动营销环境下的口碑营销表现出以下特征：

（1）传播主体匿名。互联网为客户的评价提供了更大的便利，传播者可以选择匿名发布信息或参与相关讨论，更加自由地表达和分享自己对产品、品牌、服务的看法。同时匿名发布也为企业制造口碑营销事件提供了空间，让企业可以更加便捷地进行口碑引导和控制。

（2）传播形式多样。口碑营销具有非常丰富的表现形式，文字、图片、声音、视频都可以作为传播媒介，在进行口碑传播的过程中，这些形式还可以有效增加传播内容的趣味性。此外，网络传播形式更加方便客户获取和分享信息，进一步扩大口碑影响力。

（3）突破时空限制。传统的口碑营销大多是将信息传播给客户生活中身边的少数人，而网络口碑营销可以借助互联网将信息传播到各个地区的人群中，不受时间及空间限制。

（4）传播效率高。互联网让口碑传播不再局限于一对一传播，还可以进行一对多的大范围传播，各种社交平台、门户网站、贴吧、论坛等互联网平台让口碑信息的传递变得更加直接，效率更高。

（5）互动性强。在口碑信息传播的过程中，客户可以在第一时间进行交流和回应，同时，传播者和接受者之间良好的互动还可以增加两者之间的情感联系，为口碑传播赋予更多的情感价值，提高接受者对品牌的感知和印象。

（6）相对可控。网络口碑在很多时候都可以进行人为干预，互联网使传播方可以及时了解客户对口碑的实时反应，并及时回应反馈信息，引导口碑传播向更加积极的方向发展。

（7）传播成本低。与传统的口碑营销相比，新环境下的口碑营销只需要耗费更少的时间和成本，就可以实现更优质的传播效果。

2. 口碑营销的策划技巧

（1）打造口碑话题。口碑营销始于话题，具备公众讨论条件的话题才能催生出高效的传播效果，发挥更好的作用。一般来说，简洁易懂、便于传播、贴近生活的话题更容易引起公众的广泛谈论，为了保证话题质量，企业可以自主创造口碑话题。

（2）挖掘消费者的真实需求。洞察消费者的真实需求后，企业才能知道消费者对什么话题感兴趣，才能有针对性地制造话题，引爆话题，所以在网络口碑传播过程中，对消费者的心理、行为进行跟踪调查十分重要。在挖掘消费者的真实需求时，首先需要对目标消费者的言论、社交行为等进行分析，了解他们的网络行为，及时掌握他们的观念和动向；其次，可以进行有偿的客户反馈调查，刺激消费者对产品和品牌进行真实、积极地反馈；最后，还应建立完善的消费者互动平台，加强与消费者的互动，从互动中挖掘消费者的真实需求；也可以通过搜索引擎数据分析了解消费者的真实需求。

（3）测试和培养口碑。企业在选择口碑话题时，通常会选择自己具有优势或便于打造的话题。很多时候口碑话题的选择并不是单一的，企业可以挑选多个比较有竞争力的口碑话题分别进行测试，然后选择效果最好的话题进行重点培养。例如，围绕某款营养食品，可以提炼温情、家庭、方便、美味、健康等多个话题，经过测试发现目标客户对家庭这个话题更感兴趣，那么企业就可以从感情的角度出发，重点培养家庭这个话题。

（4）媒体资源的选择和整合。合适的媒体资源和媒体平台可以让网络口碑的传播效果更好，对于不同的话题方向可以选择与之相适应的不同媒体平台。其中，社交平台的操作比较简单，并且传播速度快、覆盖面广、交互性强，没有时间和空间的限制。同时，社交平台的客户彼此之间都有一定的感情基础和信任基础，能够最大限度地互相影响，为口碑传播创造更好的环境。根据实际的口碑营销策略和营销需求，企业也可以采取传统媒体和新媒体相结合的方式，扩大影响范围。

（5）提高客户互动质量。提高客户互动质量可以保持客户对品牌口碑的传播热情，消费者接触品牌和产品的时间越长，参与品牌口碑正面传播的积极性就会越高，所以保持与客户的高质量互动，可以保证品牌在客户群众中持续保持较高的曝光率，深化品牌口碑在客户心中的形象。

（6）挖掘和培养KOL。KOL通常代表着一个领域、一个行业或一个团体中的权威声音。KOL的观点更容易被大众所接受和信任，KOL的行为也会对大众的行为产生重大影响，所以挖掘或培养一个有影响力的KOL，可以对网络口碑传播起到十分积极的作用。在口碑营销过程中，企业可以寻找个人口碑较好的KOL进行合作，获得他们的支持，充分发挥他们的引导作用，向客户传递品牌理念，培养广泛的品牌口碑基础。

3. 口碑营销策划注意事项

（1）保证品质或服务。与事件营销不同，口碑营销不应依靠创意或娱乐新闻取胜，而是要依靠良好的产品品质和品牌服务建立正面的、持久的口碑效应。例如，海尔执行官怒砸不合格冰箱的经典故事，体现了海尔重视产品质量的决心，加上后续的产品品质和服务也得到了保证，才有了客户对海尔产品质量的认可，使一场投诉事件转变成了能有效提升品牌知名度的口碑营销事件。

（2）口碑与品牌相结合。口碑营销是为了宣传品牌，树立良好的品牌形象，保持企业的良好发展。因此，口碑营销策划的引爆点或话题一定要与品牌相结合。例如，小米的口碑营销传递了其超高的性价比。

（3）口碑策划要严谨。口碑营销是一种需要客户、时间检验的营销方式，因此，营销策划人员在策划口碑营销时要注意口碑营销的细节，确保口碑内容的严谨性。

（4）防范口碑风险。确保口碑营销最终引发的效应一定是正面的，不能适得其反，带来负面影响。这不仅需要营销策划人员随时监测营销效果，还要在策划时多准备几套应急方案，以降低产生负面口碑的风险。

1.3.2 事件营销策划

事件营销是企业通过策划、组织和利用具有名人效应、新闻价值，以及社会影响的人物或事件，引起媒体、社会团体和消费者的兴趣与关注，以求提高企业或产品的知名度和美誉度，树立良好的品牌形象并最终达成产品或服务的销售目的的一种手段和方式。

1. 事件营销的特点

事件营销具有目的性、风险性、低成本性、多样性、新颖性和效果明显性的特点。

（1）目的性。目的性是指事件营销具有一定的目的，如营销推广产品、宣传活动等。

（2）风险性。风险性是指在事件营销中，由于媒体的不可控制和事件接受者对新闻的理解程度不同，会造成评论风向的不同，稍有不慎就有可能产生负面影响。

（3）低成本性。低成本性是指相对于传统媒体广告而言，事件营销的成本相对较低。

（4）多样性。多样性是指事件营销具有集新闻效应、广告效应、公共关系、形象传播、客户关系于一体的多样化特征。

（5）新颖性。新颖性是指事件营销展现给客户的信息往往是客户感兴趣的、能使客户耳目一新的信息。

（6）效果明显性。效果明显性是指事件营销可以聚集许多客户，且被不同媒体平台转载，能达到较为明显的营销效果。

2. 事件营销策划技巧

（1）借势策划。借势策划是指营销者及时抓住广受关注的社会新闻、事件以及人物等，结合企业或产品在传播上想要达到的效果而采用的一系列营销手段。这种方式可以让企业花费最少的人力、物力成本，成功地将产品或品牌推进目标客户的视野，甚至引起裂变式的传播效应。借势进行事件营销策划时，需要掌握以下几点：

① 借势时机。在借势策划事件营销时，“势”可以分为可预期和不可预期两类。可预期的“势”有节假日活动、重大体育赛事、热门电影上映、热门剧播放等具有预见性特点的事件，对此营销策划人员可以提前准备素材，以便更好地开展营销策划。不可预期的事件则考验营销人员的综合业务素养，应谨慎操作。

② 内容关联。内容关联是指找准营销内容与借势事件的关联点，以此快速切入产品或品牌，从而进行关联性营销。要将事件核心点、产品或品牌诉求点、客户关注点三者结合起来，让借助的“势”与产品或品牌所倡导的价值导向或文化相融合，以得到客户的认可，这样才能引发客户的自主传播行为，为营销信息的广泛传播提供基础。

③ 营销创意。营销创意是指在制订营销计划的过程中，不仅能够避免与竞争对手同质化，而且还可以侧面增强自身竞争力的一种营销策略。营销创意的实施范围非常广泛，可作用于产品、品牌、广告宣传、企业形象等对象，通过将创意与这些对象的融合，策划出更具吸引力的营销方案。

（2）自主策划。如果没有合适的借势时机，营销策划人员可以自主策划事件开展营销。在自主策划的过程中，要注意以下几点：

① 事件的价值。一般来说，事件主要由客观事实与网络客户的需求决定。客户与该事件在心理上或利益上的关联越紧密，事件营销的价值就越大。因为客户一般对新奇、有趣事件比较感兴趣，所以营销人员可以从这些角度出发进行策划，提升事件营销的价值。

② 事件的独立性。自主策划事件时，营销策划人员要注意保持事件的独立性，不要单纯地为了进行事件营销而制造新闻，或忽略该事件与企业形象的关系，否则会引发企业危机。

③ 事件的传播。自主策划事件时，营销策划人员应该尽量将与该事件有关的议题向社会热点话题靠拢，引导客户将自己的关注从热点话题转向营销人员策划的事件，从而扩大事件的传播范围。

3. 事件营销策划的注意事项

（1）对事件的敏锐性。首先必须有具体的事件可供企业“借势”，而企业必须敏锐地抓住这些具有高关注度和高传播度的事件。事件营销的本质，就是借助合适的事件帮助品牌造势。

动画：事件营销策划的注意事项

（2）学会创造事件。事件营销除了打出热点牌“借势”之外，还可以利用提出新概念、企业自身公关宣传活动等方式来“造势”。企业可以发布新产品、新思想、新做法、新方式，引发群体关注和追捧，有了创新才能更好地引起广大网民的关注。

（3）抓住时机。当企业找到一个适合的热点做事件营销时，应该乘胜追击，就当时事件的火爆程度展开营销活动，不要等热点冷却之后再进行营销推广。企业只有及时准确判断出社会热点事件，才具备利用该事件进行事件营销的前提。企业在有效时间内进行决策并合理实施，才能抓住并把握机会。

（4）抓住事件的切入点。在数字互动营销中，事件营销的方式普遍被企业所采用，而事件营销的关键是将最为关键的信息准确地传达给受众。企业在进行事件营销时，一定要抓住事件的切入点并与大众心理契合，这样才能有效提高品牌知名度、产品销量，以及企业信誉度。更重要的是，能让企业营销活动不那么刻意，让大众无意识地接受企业的产品，这种事件营销的传播效应会持续比较久，效果也会比较好。

1.3.3 借势营销策划

与事件营销相似，借势营销是一种借助其他活动、事件提高产品或品牌知名度、美誉度，树立品牌形象，促成产品或服务销售的营销策略，可以起到广告效应、品牌传播和聚集“粉丝”的作用。

1. 借势营销的特点

（1）广告效应。营销的最终目的是达到广告效应，而借势营销则是借助热门事件等人们共同关注的话题发布营销信息，使其随事件一起进入客户视线，让客户能够记住事件背后的品牌和产品。

（2）品牌传播。借势营销可以帮助企业快速树立良好的品牌形象，提高知名度。由于借势营销的成本很低，因此它普遍适用于市场上的大多数企业。一次成功的借势营销可以帮助企业在短时间内，利用较低的成本将品牌传播给更多的客户。

（3）聚集“粉丝”。随着品牌的传播，企业运营账号也会进入客户的视线，成功的借势营销往往意味着精妙的构思和精彩的营销内容，这使得企业运营的账号能够更容易获得客户的好感，吸引客户成为企业运营账号的“粉丝”，达到快速聚集“粉丝”的目的，一些“粉丝”还会主动转发营销信息，扩大企业运营账号的影响力。

2. 借势营销策划的技巧

（1）借势节日。策划借势节日的营销活动是较为常见的借势营销方法，因为节日是人们日常生活中的一部分，且大部分节日期间人们都会休假，此时客户往往拥有更多时间与精力浏览新媒体平台的内容，因此借势节日开展营销活动，可以达到更好的营销效果。一般而言，借势营销常用的节日包括元旦、春节、元宵节、清明节、端午节、中秋节和国庆节，以及由电商行业发展形成的“618 年中购物节”“双 11 购物狂欢节”“双 12 购物节”等。需要注意的是，借势节日营销时应考虑好品牌与节日之间的共同点，结合节日元素进行营销。

（2）借势节气习俗。节气是指我国的 24 个节气，包括立春、雨水、惊蛰、春分、立夏、小满、夏至、立秋、秋分、立冬、冬至等节气，每个节气都有其独特的习俗及文化。现如今，越来越多的企业开始重视节气，而借助节气策划营销活动也是一种十分容易拉近与客户距离的营销方式。不过，在进行借势营销前，企业的营销人员应该先查阅相关资料，了解节气的风俗习惯，避开忌讳，结合产品或品牌的特点正确地进行营销。

（3）借势社会重点事件。重点事件一般指产生重大影响，能够引起众多客户关注的新闻事件。重点事件本身具有很强的传播性，能引起客户的广泛关注。企业若是运用得当，就可以增长本企业运营账号的粉丝数，提高产品销量，树立良好的企业形象。

（4）借势热点。热点是指某一时间段内，在社会上引起广泛讨论的事件，其点击率较高，话题排名靠前，并且各大新媒体平台上都能够看到关于此事件的话题。

行业洞察

“新中式”营销：中华优秀传统文化与时代潮流撞击的营销创新

穿马面裙，画远山眉，吃中式改良糕点、喝新中式茶饮……如今的年轻人“东方血脉”已然觉醒，“新中式”正逐渐成为概念“顶流”，新中式营销也开始登上品牌竞技场。新中式营销，是将中华优秀传统文化元素与现代营销理念相结合的一种营销方式。它不仅局限于使用中华优秀传统文化符号，更多的是在理解中华优秀传统文化内涵的基础上，通过创新手段，将其融入产品、品牌、场景体验等多个方面，从而打造出具有独特文化魅力的营销活动。

例如，某知名茶品牌就是新中式营销的一个典型案例。该品牌在产品设计上融入了传统的茶文化元素，如采用陶瓷罐包装，配以典雅的书法字体，使产品本身成为一种文化载体。同时，该品牌还通过举办茶文化讲座、茶艺表演等活动，为消费者提供了沉浸式文化体验，成功地将传统茶文化与现代营销相结合。

新中式营销作为一种新兴的营销方式，正逐渐成为品牌营销的新趋势。它不仅能够满足消费者对于中华优秀传统文化的需求，而且能够通过创新手段实现品牌的差异化竞争。但是在选择新中式营销的同时，也会存在文化理解深度不足、创新难度与风险大、目标受众局限性强，以及营销成本较高等缺点。因此，在运用新中式营销策略时，品牌需要综合考虑自身实际情况和市场环境，做出明智决策。

3. 借势营销策划的注意事项

（1）创造差异化。在某个时间段内，用于借势营销的节日、热点等都具有相似性，企业想要在众多营销信息中脱颖而出，吸引更多客户的注意，就必须注意与其他产品或品牌形成差异化，让客户能够对品牌产生印象，提高产品或品牌的竞争力。

（2）以客户为核心。在进行营销时，必须以客户为核心，只有让借势营销的内容打动客户，才能保持品牌与客户之间的互动交流，进而扩大营销范围，增强营销效果。

（3）拥有品牌战略。借势营销要以提高品牌名誉度和忠诚度为目的，而不是将眼光局限于当下，满足于短期内获得的营销效果。

1.3.4 饥饿营销策划

饥饿营销是很多企业惯用的营销手段，是指商品提供者有意调低产量，通过调控供求关系，制造供不应求的“假象”，以维护产品形象并维持商品较高售价和利润率的营销策略。饥饿营销的本质是运用经济学的效用理论，这里的效用不同于物品的使用价值，而是一种心理概念，具有主观性。

饥饿营销建立在消费者对产品的主观期望效用较高的基础之上，而消费者的心理及其变化又会影响企业饥饿营销策略的实施。企业要想更好地实施饥饿营销策略，了解消费者的心理及其变化至关重要，要实时抓住消费者的求新心理、好奇心理、求名心理、从众心理，以及逆反心理。

1. 饥饿营销的特点

饥饿营销主要具有以下几个特点：

（1）强化消费者的购买欲望。饥饿营销通过调控产品的供求关系，引发供不应求的假象，从而强化消费者的购买欲望。

（2）放大产品及品牌的号召力。当客户看到周围的人都在抢购某件商品、谈论某件事情的时候，产品及品牌的号召力就会放大，产生非常强的感染力。

（3）有利于企业获得稳定的收益。饥饿营销将产品分批分期地投放到市场，保证市场适度的“饥饿状态”，将消费者的购买欲望持续地转化为产品生命周期内的购买力，这样就可以使企业获得稳定的收益。

（4）实施难度高。饥饿营销对产品、品牌、市场竞争和整合营销等方面的综合要求很高，这决定了并非任何企业、产品都适合采取这种策略。如果实施不当，就有可能事与愿违。

2. 饥饿营销策划的技巧

（1）严控产品质量。进行饥饿营销的企业，必须严加把控产品质量。只有不断提高产品质量，让客户认可产品并期待产品的销售，才能扩大客户的需求，在产量一定的情况下，维持较高的利润率。

（2）增加营销形式。在进行饥饿营销时，营销人员可以通过综合运用文字、图片、视频、动画等不同的表达形式推广营销信息，扩大信息传播的范围，吸引更多客户的注意，增加产品的需求量。

（3）扩大推广渠道。为了更好、更快地进行传播推广，营销人员可以扩大推广渠道，吸引更多平台和客户转载，提高营销信息的曝光率，吸引客户产生消费需求，扩大市场对产品的需求量。

（4）优化文案内容。利用修辞、制造悬念等方式提高营销信息的可读性和趣味性，突出产品优势，吸引客户的兴趣，增加产品的需求量。

3. 饥饿营销策划的注意事项

（1）心理共鸣。产品能够满足消费者的需求点是开展饥饿营销的基础，消费者的认可与接收以及足够的市场潜力，使饥饿营销得以行之有效地实施。企业能够在整合产品功能、品牌形象、表现形式、沟通方式等方面与客户达成心理共鸣，使消费者认同品牌文化，响应品牌号召，这是饥饿营销运作的根本。

（2）量力而行。饥饿营销这把双刃剑使用恰当时，会进一步提升品牌价值和品牌影响力，但长时间的饥饿营销，一味地拔高客户的胃口，注定会消耗部分客户的耐心，一旦突破其心理底线，会适得其反，轻则客户转移目标至竞争对手，重则导致品牌价值拉低，失去品牌号召力。因此，把握好尺度是饥饿营销实施的重中之重。

（3）宣传造势。不同消费者的欲望阈值不同，从饥饿营销的实施到吸引更多客户的关注和行动，欲望的引导和激发是饥饿营销实施过程中非常重要的一条主线。从主要宣传点的制定到各平台根据不同性质延展出不同的宣传内容，各个媒介渠道在不同的宣传阶段中分别扮演什么角色，使用什么话术，都要做到选择有度，这样才能行之有效。

（4）审时度势。在市场经济环境下，消费者的目标并非单一品牌，在实施饥饿营销时，消费者的消费行为会受到竞争对手市场活动的影响，从而引发转移购买目标、品牌忠诚度降低等情况。因此，监测竞争对手的市场策略和动向，提前准备应急预案并提高反应速度，就显得尤为重要。

1.3.5 情感营销策划

情感营销是从消费者的情感需要出发，唤起和激起消费者的情感需求，诱导消费者心灵上的共鸣，寓情感于营销之中，让有情的营销赢得无情的竞争。在情感消费时代，客户购买商品时所看重的往往不是商品数量的多少、质量的好坏，以及价格的高低，而是为了获得一种情感上的满足，一种心理上的认同。

现如今，越来越多的企业开始在各大新媒体平台上打“感情牌”，有些很容易被客户接受，而有些却被客户所厌烦，导致客户对产品或品牌产生反感。这种“感情牌”就是情感营销，要想取得更好的效果，营销人员应充分了解并掌握情感营销的相关知识。

1. 情感营销的特点

情感营销主要具有以下三个特点：

（1）广泛性。情感营销具有广泛性，每个客户都有情感诉求，利用客户的情感诉求进行营销策略的制定，有利于提高营销效果。

（2）动态性。情感是不断变化的，企业需要引导客户明辨和分析情感对象，以确定哪些品质、特点、特性能够激发客户的情感。

（3）可引导性。企业可以通过适当的方法引导并影响客户情感，从而实现营销效果。

2. 情感营销策划技巧

情感营销可以从设计、包装、商标、广告语、价格、公关和服务等方面考虑其策略。

（1）设计。设计包括以下内容：

① 定制设计。定制设计指企业在制造、设计产品或提供服务时，考虑到不同客户的消费需求，为客户提供参与产品制造的权利，让客户能够在产品中表达自己的情感，以此吸引客户接受产品或服务的营销策略。

② 主题设计。主题设计指企业抓住客户在某一特定时间段的特殊情感需求，创造出能够表现情感的全新经营和服务主题，再根据这个主题，设计产品或提供服务，引起客户共鸣。例如，美妆品牌在七夕、情人节等节日推出的限定版产品等。

③ 环保设计。环保设计指企业在设计、制造产品、营销等过程中充分关注社会及环保问题，做到既不伤害客户情感，也不损害客户利益，还不破坏环境。例如，京东提供可循环利用的快递袋，并在包装上添加温馨的情感关怀话语。

（2）包装。在进行情感营销时，包装可以从美化产品、促进销售，以及赋予产品不同风格和丰富内涵等方面来设计，引起客户不同的情感感受，获得客户的好感及认同。例如，某美妆品牌的口红套装不仅套盒外观好看，还可以改造为手包。

（3）商标。设计商标时，需简洁明了，便于识别和记忆，使客户能够很快被其吸引；同时，还需要讲究艺术感，传达出企业的经营理念，使客户对其印象深刻，当客户看到相似事物时，就能够想起该企业的商标。

（4）广告语。进行情感营销时，企业应注意广告语的表达方式。一般而言，能够与客户产生情感共鸣的广告语，可以在一定程度上提升产品形象，消解客户对广告的抵触，引发客户现实或潜在的需求。

（5）价格。进行情感营销时，企业可根据客户的情感需要，推出情感价格。例如，针对会员客户可对此实行新品优先购买、享受折扣价格等权益策略。此外，企业还可以结合特定节日，针对不同人群，实施优惠策略。例如，元旦前在微博等新媒体平台通过抽奖等方式送出优惠券，中奖客户可在元旦当天使用优惠券购买产品。

（6）公关。公关是企业营销的重点，要求企业站在客户的角度思考，加强与客户的情感交流。良好的公关活动可以有效渲染企业及品牌的情感色彩，将积极的营销理念传递给社会，树立良好的形象，使客户感受到企业的亲和力，这样更容易赢得客户信任。

（7）服务。除了产品销售外，企业根据服务质量的好坏参与第二次市场竞争。良好的服务应做到严肃、真诚地处理问题，及时、高效地兑现承诺，随时为客户答疑解惑。只有这样，才能提高客户的忠诚度，加大企业与竞争者的服务差异，增强营销效果，获得差异化的竞争优势。

3. 情感营销策划的注意事项

（1）命名符合产品定位。产品名称是客户记住和传播的核心信息，产品名称需要与产品的属性相关联，需要被目标客户接受并能及时联想到名字带来的文化、思想、感情上的触动。因此产品的命名同时需要符合产品的目标人群定位和产品自身的价值定位，不恰当的产品名称不具备触发客户感情的效用。

（2）形象设计触达情感。形象设计包括商品 logo 设计、产品外观设计与颜色设计，商品 logo 需要与产品属性相结合，同时需要满足易看、易理解、易记忆等特点，根据产品属性及消费者偏爱所设计的产品更容易引起消费者的注意，不同的颜色搭配同样能引发消费者在接触产品时的情感变化。

（3）加大情感宣传力度。具有人情味以及宣扬某种情感文化的广告，通常能够提高产品形象，抵消客户对广告的本能抵触。同时企业要设身处地地为客户着想，加强与客户的情感交流，让客户对企业及其产品从认识阶段升华到情感阶段，最后达到购买行动阶段。

◆ 任务演练

口碑营销策划

1. 任务描述

某新式茶饮品牌是专为年轻人打造的新潮甜品与茶饮品牌。经过数年的发展，该品牌在线下布局了超过 5 000 家门店，覆盖了多个省市，并以高品质的产品和亲民的价位获得了消费者的青睐。近两年，随着互联网的发展，该品牌依托于美团、饿了么等平台，不断开拓 O2O（Online to Offline）市场。由于消费者的健康意识不断提高，产生了更加健康的饮品需求，该品牌快速抓住新的增长点，推出一款具有无糖、零卡特点的健康饮品。

为了快速、低成本地传播这款健康饮品的特点，使该品牌在消费者中快速获得认可，营销人员打算采用口碑营销的方式，策划一场口碑营销活动，让忠实的消费者成为口碑的传播者，在朋友、亲戚、同事、同学等关系较为密切的群体之间形成口碑传播效应，促进这款健康饮品迅速占领市场，并在消费者心智中对该品牌建立深远的影响。

2. 任务分析

口碑营销提供了一种低成本、高信任的传播方式，对于口碑营销，非常重要的三个点是产品定位、传播因子和传播渠道。产品定位是要树立产品在市场上的独特形象，塑造产品的鲜明个性和特点；传播因子是口碑营销的引爆点，具有很强的持续性和故事性，能够吸引消费者的持续关注，并且容易引申和扩散；传播渠道的选择主要由产品的目标客户群特征决定，包括传统媒体和网络媒体。

在开展口碑营销时，首先要依据产品的核心卖点及品牌调性，策划口碑营销的引爆点，可以利用客户的痛点制造相关的传播信息；其次，选择合适的传播途径，在恰当的时间、恰当的媒介上让客户看到；再次，挖掘忠实客户，使其成为口碑的传播者，在朋友、亲戚、同事、同学等关系较为密切的群体之间形成口碑传播效应；最后监控口碑传播数据及舆论导向，分析口碑营销的效果。

3. 任务操作

（1）根据任务描述中对该健康饮品的介绍，分析其核心卖点，策划口碑营销的引爆点，完成表 1-11。

表 1-11　健康饮品营销的引爆点

序号	项目	内容
1	品牌定位	
2	产品特征	
3	引爆点	

续表

序号	项目	内容
4	传播信息	
5	传播形式	

（2）分析各个传播渠道的优缺点，结合引爆点和传播信息的设置，选择口碑营销的渠道，完成表 1–12。

表 1–12　传播渠道分析

传播渠道分类	传播渠道	优点	缺点
传统传播渠道	电视		
	广播		
	……		
网络传播渠道	微信		
	微博		
	……		
口耳相传	口耳相传		

（3）分析该新式茶饮品牌的客户特征，挖掘忠诚客户，使其成为口碑的传播者，完成表 1–13。

表 1–13　忠诚客户分析

序号	客户名称	客户来源	客户特征	消费频次
1				
2				
……				

（4）经过一段时间的口碑传播，监控口碑传播的效果及舆论导向，完成表 1–14。

表 1-14　监控口碑传播的效果及舆论导向

时间	监控指标	监控数据	舆论正向 / 负向	应对措施

4. 任务评价

本任务具体评价内容见表 1-15。

表 1-15　社群营销策划任务评价

序号	评分项	评分标准
1	引爆点内容设置	（1）全面分析品牌及产品特征 （2）引爆点设置具有独特性和吸引力 （3）传播信息内容新颖奇特 （4）传播形式选取合理
2	传播渠道分析	（1）理性分析传播渠道的优缺点 （2）选择合适的传播渠道
3	忠诚客户分析	（1）全面分析客户特征 （2）传播者选取合适
4	监控传播效果	（1）监控指标选取合适 （2）收集有效的监控数据 （3）正确分析舆论导向 （4）制定有效的应对措施

任务拓展

借势营销策划

该新式茶饮品牌为了迎合广大消费者的需求，及时推出了无糖零卡健康饮品系列。恰逢一年一度的七夕佳节来临，营销人员计划将健康饮品与七夕浪漫元素、夏日清爽主题相结合，开展借势营销活动。为此，策划了“健康相伴，甜蜜相随”的借势营销活动，旨在通过节日热点快速提升新品的市场占有率。

请参考口碑营销的策划操作流程，结合借势营销的特点、策划技巧和策划注意事项，完成该无糖零卡健康饮品系列的借势营销策划。

1+X 证书知识训练

一、单项选择题

1. 目标客户洞察的核心是（　　）。

A. 客户行为　　B. 客户认知

C. 客户需求　　D. 客户感知

2. 利用 MAN 法则进行客户洞察时，“N”是指（　　）。

A. 购买能力　　B. 购买需求

C. 购买决定权　　D. 购买场景

3. 以下不属于 App 营销特点的是（　　）。

A. 成本低廉　　B. 信息全面

C. 回馈及时　　D. 精准性较低

4. 使用“5W1H”分析法进行目标客户洞察时，“为何购买”是针对目标客户的（　　）进行研究。

A. 付款方式　　B. 购买时间

C. 购买动机　　D. 购买地点

5. 按客户购买目的的不同，客户需求可以分为生产性需求和（　　）。

A. 生活性需求　　B. 服务性需求

C. 物质性需求　　D. 精神性需求

二、多项选择题

1. 按客户需求属性不同，客户需求可分为（　　）。

A. 功能需求　　B. 体验需求

C. 审美需求　　D. 社会需求

2. 以下（　　）属于社群营销的优势。

A. 多向互动　　B. 中心化

C. 碎片化　　D. 自行运转

3. 以下属于主要的互动营销方式的有（　　）。

A. 口碑营销　　B. 借势营销

C. 情感营销　　D. 饥饿营销

4. 以下场景中，属于高频强需求的有（　　）。

A. 社交　　B. 旅游

C. 出行　　D. 修图

5. 以下（　　）属于目标客户需求洞察的内容。

A. 需求类别识别　　B. 需求目的识别

C. 需求实质识别　　D. 需求层次识别

三、判断题

1. 企业的目标客户等同于企业的潜在客户。(　　)
2. 事件营销具有目的性、风险性、低成本性等特点。(　　)
3. 只有具备购买能力、购买决策权和购买需求三要素中的任意两个，才是合格的目标客户。(　　)
4. 小程序有助于实现企业内部数据与外部推广数据的高效连接。(　　)
5. 口碑营销的本质是运用了经济学的效用理论。(　　)

项目 2

数字化客户开发

学习目标

素养目标

- 树立学生的“科技强国”意识，助力产业数字化转型和高质量发展
- 强化终身学习与职业适应力，培养能够终身学习，不断探索数据驱动和技术赋能的客户开发创新模式的新型劳动者
- 树立以客户为中心的服务意识，培养具有“人工智能 + 消费”客户互动场景的创新性数字人才

知识目标

- 掌握客户开发的漏斗原理
- 了解客户开发的 PRAM 模式
- 了解潜在客户的含义及其核心特质
- 掌握潜在客户开发的方法
- 熟悉客户行为分析的方法
- 掌握客户二次激活的方法

技能目标

- 能够根据收集到的客户数据，结合客户开发策略，完成客户开发策略制定
- 能够根据潜在客户特征，结合潜在客户需求，完成潜在客户开发
- 能够根据行为客户特征，结合客户行为分析，完成行为客户开发
- 能够根据关系客户特征，结合客户二次开发的方法，完成关系客户开发

思维导图

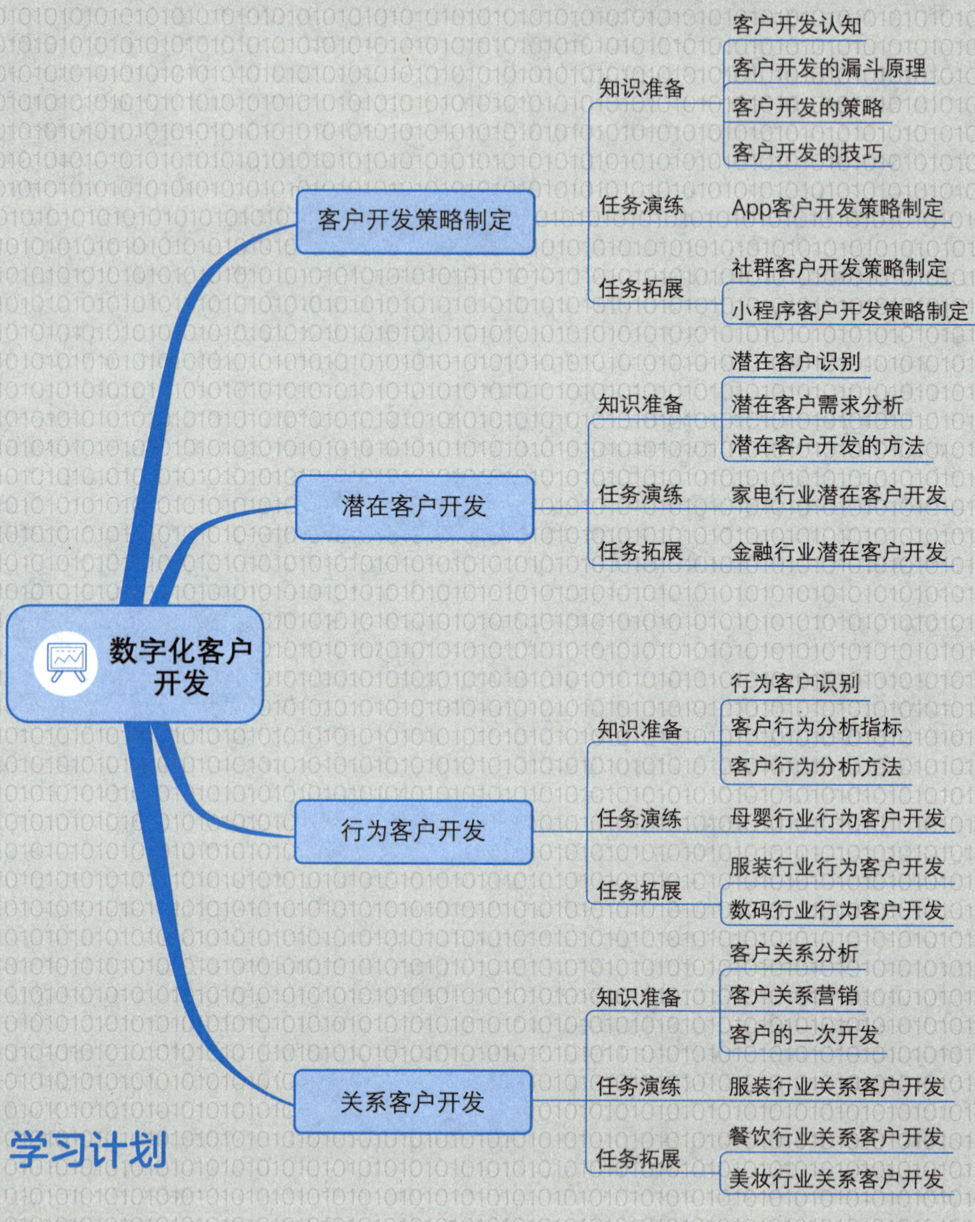

学习计划

素养提升计划

知识学习计划

技能训练计划

引导案例

从历史地标到流量地标，豫园商圈元宇宙探索虚实融合获客新范式

上海豫园商圈作为具有400余年历史的文化商业地标，面对传统文旅消费模式转型压力，以“全国示范智慧商圈”为基础，依托上海市“元宇宙新赛道”战略部署，通过“技术赋能文化、文化反哺商业”的创新实践，将历史文化资源转化为数字化客户开发的核心竞争力，实现了从传统流量获取到沉浸式用户价值挖掘的转型升级，完成了从传统文旅商圈向虚实融合体验中心的跨越。

2023年豫园灯会期间，商圈推出的“云游山海奇豫记”线上平台，运用AR技术打造了7×24小时慢直播与虚拟灯谜互动体验，累计吸引观看人次达1.4亿，有效构建了线上流量蓄水池。同步上线的“乐游豫园”小程序，凭借厘米级精度的AR导航功能，精准引导线上用户至线下消费场景，形成了从数字曝光到实体转化的闭环链路。

2024年，该超级场景迎来全面升级，核心项目“元宇宙奇幻世界”5D悬浮剧场正式开业，运用数字孪生技术构建深海、侏罗纪等沉浸式空间，结合区块链发行数字纪念徽章，单日最高接待量突破5 000人次；同期推出基于多模态大模型的AI电商虚拟导购“小豫”，显著提升了商品咨询效率40%。此外，“豫梦微缩世界·魔都四百年”主题乐园开放，借助微缩建筑与AR扫描技术，生动再现了上海城市历史变迁，年接待量超过80万人次，成为重要的青少年科普教育基地。数字人主播“豫园小锦鲤”在AR实景店铺中进行直播带货的创新模式，有效带动黄金饰品销售额激增120%，观看人次超过200万人。

凭借持续的创新实践，“大豫园元宇宙超级场景”连续两年入选上海市重大应用场景，并被纳入黄浦区“中央科创区元宇宙产业基地”规划。据悉，豫园商圈正在持续探索元宇宙与人工智能生成内容（AIGC）等前沿技术在商业领域的深度融合应用，旨在通过技术创新驱动，加速新技术的推广普及，赋能传统商圈转型升级，全方位提升用户服务体验、商户经营效能，以及商圈整体的数字化能力。

引思明理：

在国家政策顶层设计指引下，数字技术正在加速赋能传统商业转型。《数字中国建设整体布局规划》明确“推动数字技术和实体经济深度融合”，《关于促进消费扩容提质加快形成强大国内市场的实施意见》提出“加快构建

‘智能+’消费生态体系”，《“数据要素 ×”三年行动计划（2024—2026年）》提出要“打造 300 个以上示范性强、显示度高、带动性广的典型应用场景”，从国家层面构建了技术驱动商业创新的政策框架。

上海豫园商圈作为“全国示范智慧商圈”，依托 400 余年的文化积淀，以 AR 导航、数字孪生等技术实践了“技术赋能文化、文化反哺商业”的模式，既响应了培育新型消费场景的政策要求，又通过 AI 虚拟导购等应用落实数据要素赋能商业的部署，为传统商业载体的数字化跃迁提供了典型样本。随着《“数据要素 ×”三年行动计划（2024—2026 年）》的深入实施，以豫园为代表的标杆场景将推动消费场景从“物理空间”向“数字生态”深度跃迁。

任务 2.1
客户开发策略制定

客户开发是数字营销中的重要一环。利用数字互动营销技术，通过多种渠道不断进行客户开发是实现企业客户增长的关键步骤。

通过本任务的知识准备、任务演练和任务拓展，能够了解客户开发的模式和漏斗原理，熟悉客户开发策略，掌握客户开发的技巧和客户开发策略制定的能力；能够基于一定的客户开发目标，结合 App、小程序、社群等营销渠道功能和传播特性，制定合适的客户开发策略。

◆ 知识准备

2.1.1　客户开发认知

1. 客户开发的含义

企业在生产经营过程中，需要激发目标客户的购买欲望，使其做出购买行为，将其转变为现实客户，这一过程被称为客户开发。对新企业来说，营销的首要任务就是吸引和开发客户，对老企业来说，企业发展仍需要源源不断地吸引和开发新客户。相关研究数据表明，每年老客户的流失率约为 10%~30%，优质客户流失率虽然会低一些，但他们也会逐年流失。所以，企业在努力培养客户忠诚度的同时，还要不断寻求机会开发新客户，尤其是优质新客户。这样一方面可以缩小客户流失的缺口，另一方面可以壮大企业的客户队伍，提高企业的综合竞争力，增强企业的赢利能力，实现企业的可持续发展。

2. 客户开发的作用

客户开发是企业营销成功的关键因素，在整个营销流程中，如果没有客户开发，就不能实现企业营销的全面管理，也不会达到良好的营销效果。具体来看，客户开发的作用有以下几点：

（1）通过客户开发，营销部门和营销人员可以了解客户的需求和意见，了解市场情况、竞争状况、需求情况、发展趋势、产品结构、产品价格和产品性能等。

（2）客户开发是营销工作的基础，能够为企业建立起营销网络，并通过这个网络达到企业的营销目标。

（3）客户开发是其他营销环节的先决条件。如果不能有效地开发客户和拓展业务，就不可能在其他营销环节中取得成功。营销人员就不可能成功推销产品、完成销售指标，并提供优良的售后服务。

3. 客户开发的 PRAM 模式

客户开发的 PRAM 模式是一种企业与客户之间的双赢式开发战略，这种战略是按照计划（Plan）、关系（Relationship）、协议（Agreement）、维持（Maintenance）四个操作流程开展的，以使企业与客户之间达到双赢的目的，从而得到客户的认可，并产生深远的影响。

（1）制订计划。在与目标客户进行互动营销时，企业要实现的目标就是客户开发。因此，制订计划是客户开发的核心部分，对客户开发策略和行动方案的拟定具有指导作用。客户开发目标要建立在分析企业现状并预测未来机会和威胁的基础上，要具有针对性和可行性。

在企业自身目标确立后，营销人员要尽力理解客户的目标，同企业一样，客户也有希望通过交易实现的目标。如果客户没有要实现的目标，那么就难以促成目标客户的成交和转化。

在确定企业和客户的目标之后，营销人员应将二者的目标加以比较，找出完全一致的地方。双方对于完全一致的共同点很容易达成共识。对于不一致的地方，营销人员必须学会将企业的目标和客户的目标进行对比，将其作为制约条件，制订一个使双方目标都能得以实现的计划。

（2）建立关系。建立企业与客户之间相互作用、相互影响、相互联系的关系，需要依赖营销人员与客户的紧密沟通，从而在客户关系的发展中获取客户信任。客户信任能够使客户开发变得简单易行，如果企业赢得了客户的信任和好感，客户就会愿意产生购买行为。这样，双方不仅会融洽地进行协商，更会从内心期待交易的达成。

（3）实现双赢协议。双赢协议是指协调双方的目标，使买卖双方都能接受并获利的协议。因为涉及双方的利害关系，所以这种协议也确定了双方应承担的责任。在客户开发中，达成双赢协议就是顺利实现客户转化，让客户满意完成购买的过程。营销人员可以引导客户对自己的意见进行反复确认、修正，以确保实现双赢。

（4）维持关系。营销人员与客户仅仅达成协议是不够的，还要把协议的内容付诸实施，这也是对协议的履行与关系的维持。同样，要与客户进行长期交易，最好的办法就是保持、巩固和发展以往的关系。维持关系的目标就是要建立客户的忠诚度，特别是要避免优质客户的流失。

客户开发是个连续的过程，只有起点没有终点。营销人员要不断按照“计划—关系—协议—维持”的流程进行循环操作，如图 2-1 所示。

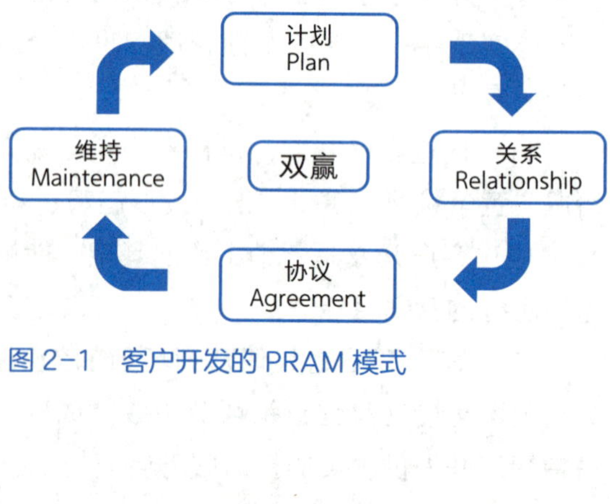

图 2-1　客户开发的 PRAM 模式

2.1.2 客户开发的漏斗原理

漏斗原理是指一种逐步筛选、淘汰、升级，最终实现高质量目标客户集中的运营思路，目前被广泛地应用于客户开发等营销工作中。漏斗原理是一种营销法则，其分析模型如图 2-2 所示。

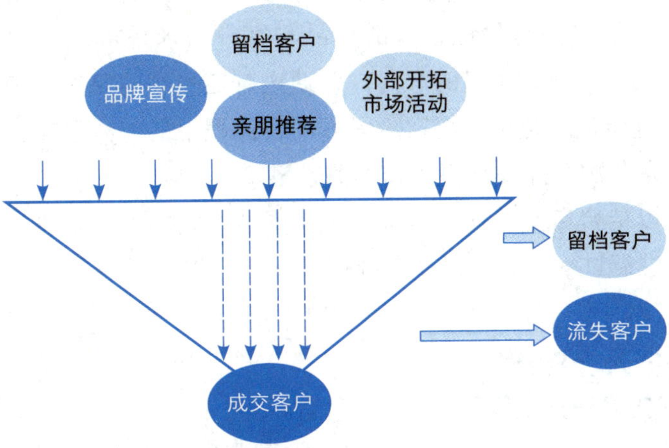

图 2-2 漏斗原理分析模型

1. 漏斗原理的意义与作用

漏斗原理展示了企业的客户开发管理在各个阶段的变化。在模型中，漏斗的顶部是目标客户和将产品列入候选清单的潜在客户，包括留档客户、重复消费的老客户、老客户介绍的新客户，以及通过市场活动、品牌宣传和外部开拓的新客户。如果漏斗不满，则表示缺少潜在客户，需要不断开发和增加新客户。

漏斗的中间部分为客户的维系与跟踪管理过程，即将潜在客户转化为成交客户，而在转化过程中有部分客户会成为留档客户，一部分则成为流失客户，最后剩下的是成交客户。如果成交客户量少则表示潜在客户的转化率低，如图 2-3 所示。转化率低则表示在客户的开发与过程控制环节中，存在一定问题。

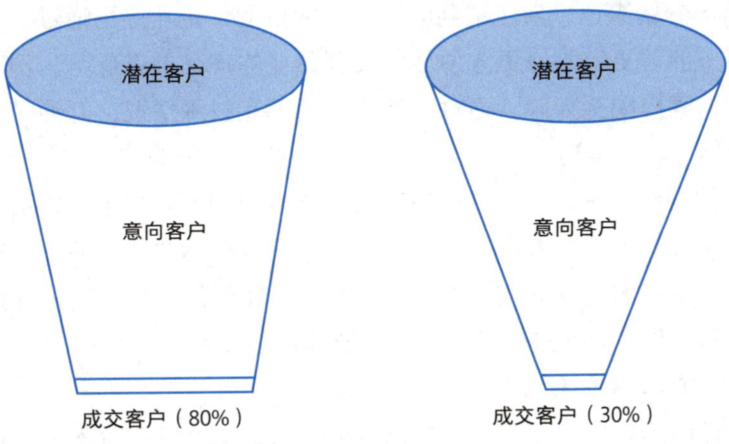

图 2-3 漏斗转化率对比

通常，位于漏斗上部的潜在客户的购买成功率为25%左右，位于漏斗中部的潜在客户的购买成功率为50%左右，而位于漏斗下部的潜在客户的购买成功率为75%左右。也就是说，越往下客户的成交意向越明确，营销人员越容易促成交易。

2. 漏斗模型的阶段管理

在运用漏斗原理开发和管理客户时，可以将其划分为验证、开发、提案和成交等阶段进行。验证阶段主要是验证企业的产品与客户需求是否一致，定位好目标客户群；开发阶段即进一步确认客户的意向，并通过制定不同的营销措施使产品和服务得到客户的认可，引导客户购买；提案阶段即准备流程上的待办手续，如落实资金来源等；成交阶段即完成购买并制定售后和维护方案。

不同企业可以结合自身的业务情况，定义漏斗模型的各个阶段，建立属于自己的客户管理模型并进行过程控制，以便实施标准化的工作流程。

2.1.3 客户开发的策略

1. 营销导向的客户开发策略

所谓营销导向的客户开发策略，就是企业通过适当的产品或服务、价格、分销渠道和促销手段来吸引目标客户和潜在客户，从而将目标客户和潜在客户开发为现实客户的过程。它是以市场营销学中的经典4P营销理论为基础，吸引目标客户和潜在客户产生购买欲望并付诸行动。

（1）适当的产品或服务。适当的产品或服务是指企业提供给客户的产品或服务非常恰当且合适，这些产品或服务能够满足客户的需要。它不仅包括产品或服务的功能效用、质量、外观、规格，还包括品牌、商标、包装，以及相关的服务和保证等。

（2）适当的价格。价格是指企业出售产品或者服务所追求的经济回报。但对客户而言，价格不是利益的载体，而是一种消耗。客户购买产品或服务时，一般都有一个期望价格，当市场价格高于期望价格时，就会有更多的客户放弃购买或减少购买量；而当市场价格低于期望价格时，企业利润可能受损。因此，适当的价格非常重要。

（3）适当的分销渠道。为了达到吸引客户的目的，企业应当通过适当的分销渠道或途径，使客户能够更容易、更方便地购买到企业的产品或者服务。例如，保险企业为了吸引和方便客户购买保险，面对新的市场情况和技术情况，开通了保险网店、保险App、保险小程序等渠道。

（4）适当的促销手段。适当的促销手段是指企业利用各种适当的信息载体，将企业及其产品信息传递给目标客户，并与目标客户进行沟通的传播活动。它旨在引起客户的注意，刺激客户的购买欲望和兴趣，使其产生实际的购买行动。促销的形式主要有广告、公关等，也可以通过会员制度或客户俱乐部吸引客户。

2. 推销导向的客户开发策略

所谓推销导向的客户开发策略，就是企业在自己的产品、价格、分销渠道和促销手段没有明显特色或者缺乏吸引力的情况下，通过积极的人员推销形式，引导或者劝说客户购买，从而将目标客户开发为企业的现实客户的过程。

（1）寻找目标客户。寻找目标客户是推销的起点，企业不能盲目地寻找客户，而应该先了解客户存在于哪些渠道。渠道的种类很多，通过对数字营销渠道的盘点，主要有以下三种常见渠道适用于目标客户开发：

① 付费流量渠道。付费流量渠道主要是指数字广告，它可快速提高品牌知名度并获取新客户，效果直接。常见的付费流量渠道有搜索引擎广告、信息流广告、需求方平台（Demand-Side Platform，DSP）广告等。

② 自有流量渠道。自有流量渠道是指品牌拥有完全控制权的渠道，可以非常有效地吸引新受众并将其转化为客户、粉丝等。在数字经济时代，自有流量渠道主要有官方网站、自媒体平台、企业 App、自主开发的小程序，以及企业运营的社区等。

③ 推荐流量渠道。推荐流量渠道是指第三方媒体推荐的流量渠道，主要利用第三方媒体、粉丝、资源等的影响为品牌导入流量，帮助品牌减少信任壁垒。推荐流量渠道主要有权威媒体、圈子社区、KOL 等。

（2）引导目标客户。引导目标客户购买企业的产品是客户开发需要达到的最终目的。在引导目标客户购买时，要从影响转化的角度出发，让目标客户产生兴趣和信任；之后促成信任转嫁，使目标客户将其对品牌、营销人员、KOL 等的信任转化为对产品的信任，最后对客户的痛点进行刺激，让目标客户产生需求并营造稀缺感，引导目标客户最终实现营销转化。

2.1.4 客户开发的技巧

1. 拓宽客户寻找渠道

客户开发中最常用的策略是企业主动行动，寻找目标客户，最终使其成为现实客户。

① 人际关系网寻找法。是指依靠人际关系网进行客户开发，通过口碑营销等方式寻找企业或产品的种子客户，然后围绕种子客户的关系网梳理其亲朋好友关系，并在其中寻找目标客户。

② 短信寻找法。是指通过发送短信的方式来寻找客户的方法。其优点是可以省去打电话的沟通成本，更加方便、快捷，能够打破地域限制，增进与客户的感情；缺点是受虚假诈骗短信的影响，客户对短信的信任度较低，反馈效果很差。

③ 信函寻找法。是指通过发送电子邮件或邮寄产品目录信函的方式寻找目标客户。其优点是成本较低，覆盖范围较广；缺点是花费时间较长，回复率比较低。发信函时，还要注意内容的完整性，要符合商务信函的基本要求。

④ 网络寻找法。是指利用企业网站或相关门户网站查找或发布消息，从而挖掘和开发客户。例如，可以利用阿里巴巴的商务通、贸易通发布产品供应信息，或是通过 BBS、论坛、博客或者社交媒体等网络公关空间发布信息寻找客户等。

⑤ KOL 寻找法。是指在某一特定的目标客户群中选择有影响的“中心”人物和组织（如知名企业等），先使其成为自己的客户，然后借助其影响力，将该目标客户群中的其他对象转化为现实客户。例如，请名人代言形成明星效应，或者邀请知名主播带货。

2. 强化客户沟通

客户开发离不开客户沟通，营销人员通过与客户沟通，可以把企业的产品或服务信息传递给客户，把企业的宗旨、理念介绍给客户，使客户知晓企业的经营意图，还可以向客户传达有关政策，并主动向客户征求对企业产品或服务及其他方面的意见和建议，理解他们的需求期望，从而加强与他们的情感交流。

（1）与客户建立信任关系。与客户建立信任关系的方法很多，其中常用的沟通策略如下：

- 创造良好的第一印象
- 提供微笑服务
- 赞美客户
- 使用礼貌用语
- 了解客户，记住客户的名字和头衔
- 注意电话约访的沟通技巧
- 学会倾听
- 能够准确、专业地介绍业务
- 用真诚与热情打动客户

（2）找到客户的需求点。客服人员应通过细节判断客户的需求点并积极聆听，然后做出合理应对。

（3）为客户提供诚信服务。良好的客户关系是建立在互惠互利、相互信任的基础上的。因此，对待客户要坚持“诚信为本、服务至上”的原则，做到对客户以礼相对、以诚相待，在保证企业盈利的前提下，充分考虑客户的利益，真正为客户办实事。

3. 重视市场活动策划

（1）核心定位。核心定位就是指定位产品能够满足客户的哪类最终需求，产品定位与客户的认知有一定关联。例如，一提起某品牌汽车，大部分客户都会觉得耐用、技术先进。只有掌握好客户的认知心理，才能做好市场营销活动。此外，核心定位应以客户的需求和品牌为主进行宣传，如某品牌牙膏定位的主要功效是美白，另一品牌牙膏定位的主要功效是防过敏等。总之，清晰的客户定位才能明确品牌内涵，体现客户的利益价值，很多品牌的核心产品打造都是先从品牌的核心定位开始的。

（2）鲜明主题。开展市场活动的主题要鲜明，让客户一目了然地知道要做什么，否则客户就无法识别，主题内容包括价格、产品和品牌等。要配合市场以推广主题，才能吸引客户参与活动。

（3）统一口径。统一口径是指企业各个环节的人员应对产品的价格、渠道和特点等客户关注的内容有统一的认识。

（4）惯性宣导。对于新客户开发所做的市场活动要有一个持续性的宣传过程，这样才会起到推广的效果。

（5）洞察市场。客户开发应以客户需求为主，这就需要先了解客户，熟悉市场行情。具体来说，企业要洞察市场上各厂家、经销商、竞品、媒体和客户等方面的市场信息。

◆ 任务演练

App 客户开发策略制定

1. 任务描述

芯贝集团刚开发了一款芯贝 App，此款 App 主要提供童装、童鞋、玩具、母婴用品等商品，是一款综合性的母婴类购物 App。但是，此款 App 刚研制出来，需要进行推广。首先需要进行客户开发，进行客户开发的第一步是制定客户开发策略。在数字营销时代，客户开发成本越来越高，对于像芯贝集团这样影响力不大的中小企业而言，如何在目前线上流量抢夺激烈的情况下，制定合适的客户开发策略呢？

2. 任务分析

制定客户开发策略，可以分为以下四个步骤：建立客户画像，选择客户开发渠道，制作优质内容，分发引流客户。

（1）建立客户画像是营销人员的必备技能之一，可以通过构建客户画像，了解并挖掘客户需求。在初创期，产品团队可以通过关注典型客户来积累数据，从而以较低的成本完成客户画像。客户画像体系的搭建其实就是为客户打标签，客户标签包括购买渠道、消费频率、年龄性别、家庭状况等。好的特征标签选择可以使客户画像变得更丰富，也能提升机器学习算法的效果。

（2）选择客户开发渠道，首先要了解客户开发渠道的类型（付费流量渠道、自有流量渠道和推荐流量渠道）。尽可能找到所有的渠道，然后对这些渠道分别进行评估和筛选，只有把渠道列得够全面，才能避免错失最佳渠道；再对渠道进行分析，选择其中相对有效的渠道，并进一步筛选出核心渠道。

（3）制作优质内容，要进行内容定位和内容策划。内容定位主要取决于客户群体和内容选题的定位。内容定位能够帮助企业吸引精准流量，有助于完成流量的流转。内容策划包括选择内容形式，确定内容框架，制作优质内容。

（4）分发引流客户的策略分为统一分发和垂直运营。统一分发是将统一的内容分发到多个平台上，有助于创作者专注于原平台内容的输出，不需要过多考虑其他平台的内容特点与阅读效果。垂直运营的重点在于选择一至两个平台进行“深耕”，并依据平台特点进行输出，直至摸索出可复制的经验，再实现规模化运作。

3. 任务操作

（1）根据任务描述，通过搜集客户信息，建立客户标签，对客户特征进行汇总整理，完成表 2-1。

表 2-1　客户画像

客户性别	客户年龄	职业	家庭情况	购买渠道	消费频率

续表

客户性别	客户年龄	职业	家庭情况	购买渠道	消费频率

（2）根据客户画像信息，分析客户购买渠道，选择最优渠道进行客户开发，完成表 2–2。

表 2–2　客户开发渠道

渠道	覆盖量	访问量	未注册量	新注册量	报名量	注册转化率
渠道 1						
渠道 2						
渠道 3						

（3）选择好获客渠道以后，依靠内容获取客户，分类进行内容筛选，借助 AIGC 工具生成针对不同目标客户、不同渠道的优质内容，完成表 2–3。

表 2–3　内容制作

目标客户	渠道	内容分析定位	内容标题	内容形式	具体内容

（4）想要通过优质内容吸引流量，先要进行客户的分发引流。把内容同步到其他渠道，并选择其中获客效果最好的平台，完成表 2–4。

表 2–4　平台投放

获客平台	App 下载数量	获客平台的内容特点

4. 任务评价

本任务评价具体内容见表 2-5。

表 2-5　App 客户开发

序号	评分项	评分标准
1	客户的建立	（1）客户数据获取质量高 （2）客户标签选取精确
2	客户渠道选择	（1）渠道数据准确 （2）渠道特点分析合理 （3）渠道选取质量高
3	优质内容的筛选	（1）内容定位合理 （2）内容策划步骤合理 （3）内容质量高
4	客户分发引流	（1）分发平台选取正确 （2）引流效果好 （3）垂直运营的维度选取正确

◆ 任务拓展

1. 社群客户开发策略制定

芯贝集团不仅拥有自己独立开发的母婴商城类 App，还有以销售童装和童鞋为主的“芯贝母婴”社群。芯贝集团计划通过社群开发客户。通过研究童装类客户的热门需求，建立客户画像，并结合社群的特点，制定相应的客户开发策略，学习多种渠道开发客户的方法。

请参考 App 客户开发的操作流程，结合社群渠道和目标客户的特点，完成社群客户开发策略制定。

2. 小程序客户开发策略制定

为了扩大引流渠道，芯贝集团创建了“芯贝母婴”小程序，并计划通过小程序开发客户，通过研究童装类客户的热门需求，建立客户画像，并结合小程序的特点，制定相应的客户开发策略，学习多种渠道开发客户的方法。

请参考 App 客户开发操作流程，结合小程序渠道和目标客户的特点，完成小程序客户开发策略制定。

任务 2.2

潜在客户开发

对于营销人员而言，开发潜在客户是日常工作的重中之重。对于潜在客户的界定，不同行业有不同的定义方法，需要具体问题具体分析。潜在客户开发的关键是分析客户需求，基于客户需求进行精准的客户开发，提高客户的留存和转化指标。

通过本任务的知识准备、任务演练和任务拓展，了解潜在客户的特质，熟悉潜在客户需求分析，掌握潜在客户开发的方法，提升潜在客户开发的能力，从而提高潜在客户开发的成功率。

◆ 知识准备

2.2.1 潜在客户识别

1. 潜在客户认知

潜在客户（Potential Customer）是指对某类产品（或服务）存在需求且具备购买能力但尚未发生购买行为的客户。由此可知，潜在客户必须具备两个要素：有需求和有购买力。

（1）有需求。有需求是指潜在客户需要用到该产品（或服务）。例如，大型中央空调的使用对象一般为集团、企业等组织，个人一般不会将其买来作为家用，很难成为其潜在客户。

（2）有购买力。有购买力是指有资金，能够买得起该产品（或服务）。在现实销售中，企业常常碰到这样的情况：客户有强烈的购买欲望，但缺乏足够的经济实力，因此无法形成现实的购买。在商品经济条件下，购买商品的关键就是购买力，缺乏购买力的准客户不能立即成为现实的营销对象。

2. 潜在客户的核心特质

企业的潜在客户同时具备可开发性和待开发性两大特点。可开发性意味着该潜在客户满足企业客户画像条件，可能在某种情况下成为企业的真实客户；待开发性意味着潜在客户当前对企业的需求、认知等尚不完善，需要进一步的外部刺激。潜在客户有两种不同的需求状态，如图 2-4 所示。

动画：
潜在客户的核心特质

（1）可开发性。潜在客户与企业之间的最大关联就是对产品、服务的需求。这些消费需求可以是当下就有的当前需求，也可以是在不久的将来会自动存在的未来需求，或者是可以通过品牌营销刺激的潜在需求。企业需要做的是通过更好的方式与客户产生正向互动，帮助客户树立“需要有”“有了会更好”的心智。

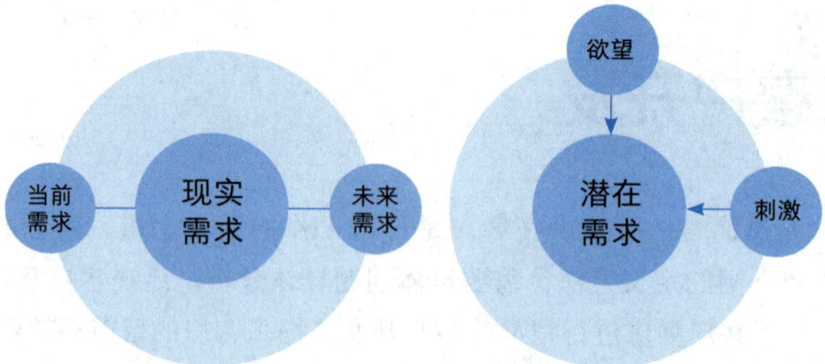

图 2-4　潜在客户的两种不同需求状态

（2）待开发性。客户对品牌的有限了解，促使企业只有通过系统地开发、培育、孵化、转化，才能真正将潜在客户转为现有客户。也可以将其理解为客户心智的占领过程。企业的核心需求是如何对处于认知初级阶段的客户展开高效合理的营销，迅速增强其对品牌的好感度与认可度，将潜在客户转化为真正客户。

3. 潜在客户开发的关键点

在潜在客户开发的工作中，有三个关键点应随时注意：

（1）潜在客户开发要补充流失的客户。在实际营销工作中，无论企业服务做得多么周到，都会面临客户流失。在这种情况下，企业必须不断开发客户，只有新资源补充进来，才会取得稳定的销售额。

（2）潜在客户开发要吸收新需求。随着市场的变化，随时都可能产生新的潜在客户或需求市场。潜在客户开发可以促使企业随时把握市场需求的变化，获得新的商机。

（3）潜在客户开发要更新客户结构，以拥有更多的优质客户资源。根据二八法则，企业 80% 的利润来源于 20% 优质客户的贡献，客户之间的质量差异很大，企业需要不断发现那些能给企业带来 80% 销售额的优质客户，优化企业的客户结构。

2.2.2　潜在客户需求分析

1. 潜在客户的需求

潜在客户的需求是促使客户购买产品或服务的动机，也是客户购买决策的驱动力。常见的潜在客户需求类型有以下几种：

（1）产品功能和性能。客户需要企业的产品或服务满足其需求，以解决他们的问题。

（2）产品价格。每位客户都有其预算价格，产品价格是否与其预算价格相匹配，是推动客户购买的重要因素。

（3）便利性。企业的产品或服务必须能带给客户便利性。

（4）体验。使用企业的产品或服务的体验需要简单舒适。

（5）设计。产品或服务的精巧设计，可以促进潜在客户的转化率。

（6）可靠性。产品或服务必须与其广告宣传的功能符合。

（7）性能。产品的性能决定客户的回购率。

（8）效率。产品或服务需要通过简化流程来提高转化效率。

（9）兼容性。产品或服务需要与客户正在使用的其他产品兼容。

（10）同理心。当客户接触到服务时，希望从服务人员那里得到理解。

（11）公平。从定价到服务条款再到合同期限，客户期望得到企业的公平对待。

（12）透明度。客户希望企业的业务透明。当服务中断、价格变化和有突发事件发生时，客户有权得知真相。

（13）交互性。客户需要从头到尾都与商家保持联系，客户的授权不应随着销售的结束而结束。在退货退款、更改服务、调整条款等方面，企业应该做到随时与客户保持联系。

（14）选项。企业应提供多种产品、订阅和付款选项。

（15）信息。从开始与企业的品牌互动到购买后的几天甚至几个月，客户都需要了解品牌信息。企业应该在教育性内容、知识指导性内容和定期交流方面投入，以确保客户掌握成功使用产品或服务所需的信息。

2. 潜在客户需求分析策略

（1）聚焦客户需求策略。聚焦客户需求策略是指利用网络环境收集和整理客户信息，了解、预测和创造客户需求。其特征是以了解客户为核心竞争力。消费是一个循序渐进的过程，在这期间客户不断重新评估自己的经济能力和需求，不停改变自己的消费行为。

对于企业而言，聚焦客户需求策略要求企业不再被动地生产产品，而是主动分析甚至预测客户将来的需求，生产出客户有需求的产品。

（2）聚焦客户需求策略的关键因素。

① 关注营销各环节需求，优化营销价值链。在营销环节中，产品和服务可通过多种渠道与客户连接，实现价值传递。无论是采用线上渠道还是线下渠道，营销价值链均会涉及除企业和客户以外的不同利益相关方。因此，企业需要同时管理好电子商务平台、团购网站、营销团队、直营商、代理商、经销商、重点零售商、专业门店等多种渠道价值链，带动利益各方将价值更好地传递给客户。

营销价值链的每一环都很重要，这直接决定了价值链终端的客户需求能否被满足。因此，企业不应该只关注客户需求，更应该兼顾价值链各环节中利益相关方的需求。

② 利用互联网工具掌握和预测客户需求。数字经济时代的一个明显特征是，企业能够收集以前无法想象的大量客户数据，并据此采取行动。企业能知道客户购买的内容、时间、地点及其他信息。通过数据分析，可以准确、及时地预测需求。互联网时代，消费者的部分购买行为转移到网上，如购买前通常会在网上进行信息搜索和浏览，通过社交平台关注感兴趣的企业或产品，购买后会在网上进行商品评价等。消费者的这些网上行为都与他们的真实需求关系密切。如果能提取这些网络记录中的有效

信息，将提高企业的需求预测能力，为市场参与者的决策提供更有效的信息支持。

③ 利用社交媒体平台获取和创造客户需求。一些企业利用从社交媒体服务企业拿到的数据，可以分析得知消费者最近搜索和关注的内容。推荐和实时社交搜索又进一步优化了传统的搜索引擎，它们发现了更多的客户特征：客户更可能与自己兴趣爱好相似的人产生同样的购买需求，更愿意关注他们所关注的人的意见。因此，基于社交媒体平台，企业能够通过某一个客户的需求来预测与其相似的其他客户的需求。

（3）通过数据分析洞悉客户需求。

① 用数据察言观色。是指使用数据对客户进行全方位的分析和定位，主要通过客户的环境信息和行为特点进行判断。环境信息是指客户的爱好、品味，以及周围的环境。行为特点是指客户特定行为背后的特殊意义。

②“听”数据告诉企业的信息。数据的信息量可以说明客户的行为规律，帮助企业深入了解客户。如果某超市的会员购买记录显示其 5 月 14 日、5 月 28 日、6 月 10 日和 6 月 22 日都购买了纸尿裤和奶粉，就可以分析预测该客户下次购买的时间，进而在其购买之前有针对性地进行促销推荐。

③ 挖掘数据的核心价值。深度挖掘数据的核心价值，是以大规模的数据分析为基础的。仍以该购买纸尿裤的客户为例，如果超市通过数据发现客户逐渐从 A 品牌转向 B 品牌，那么在进行针对性营销时，就应该避免向其推荐 A 品牌。

④ 为客人“私人定制”。分析与掌握数据后，可以将客户精准定位到某个坐标上，并围绕这一坐标点对客户进行针对性营销。例如，通过分析上述客户放弃 A 品牌纸尿裤的原因，可以找到 A 品牌纸尿裤的缺点，进而确定客户对纸尿裤的特定需求，帮助商家和客户推出更符合实际需求的商品。

博文约礼

技术赋能与多元共治体系共筑 AIGC 时代的数据安全屏障

在生成式人工智能（AIGC）技术加速落地的背景下，数据安全已成为贯穿技术创新、产业应用与社会治理的核心议题。当前行业面临三大关键挑战：其一，数据合规风险日益凸显，模型训练依赖互联网公开数据时，未经授权的版权内容及个人隐私信息存在混入数据池的风险。例如，绘画平台因使用侵权素材引发的诉讼已揭示系统性隐患。其二，数据安全隐患持续升级，算法偏见可能衍生歧视性内容输出，深度伪造技术生成的钓鱼邮件、隐写攻击等新型威胁突破了传统安全防护边界。其三，跨境数据流动监管趋严，企业在利用境外算力资源时，因各国法律差异面临显著的合规困境。

技术创新是化解数据合规挑战的关键驱动力。例如，在医疗、金融等敏感领域，可在保障隐私安全的前提下实现数据共享来训练模型；区块链与可信执行环境（Trusted Execution Environment，TEE）等技术可构建全链路可追溯机制，确保数据来源可验证、计算过程安全可控；基于人工智能的主动防御系统则能高效识别异常攻击行为，提升安全响应效能。

除技术路径外，治理层面需构建多方协同机制。政策层面应推动精细化监管落地，如《生成式人工智能服务管理暂行办法》明确要求提供者对使用者的输入信息和使用记录应当依法履行保护义务，不得收集非必要个人信息，不得非法留存能够识别使用者身份的输入信息和使用记录，不得非法向他人提供使用者的输入信息和使用记录。国家有关主管部门要依据各自的职责依法加强对生成式人工智能服务的管理。企业作为 AIGC 的应用主体，需将合规要求内嵌于技术流程，建立训练数据“准入清单”机制，通过版权数据库比对、个人信息去标识化等技术手段有效过滤风险数据。同时，行业协会应牵头制定数据合规自律标准，为企业提供操作性指引。从社会层面讲，公众在使用 AIGC 服务时，应提升数据安全意识，审阅平台隐私政策与用户协议，审慎授权个人信息访问权限；生成内容须恪守法律法规与伦理道德准则，杜绝传播不良信息；并应积极参与数据安全治理，发现问题及时反馈与举报，营造全社会共同监督的良好氛围。

2.2.3 潜在客户开发的方法

1. 广告覆盖投放

为了获取潜在客户，首先需要让客户注意到企业的产品或服务，这个阶段通常采用广告方式进行。一方面，企业可以直接对暴露在潜在客户视野内的渠道进行广告覆盖投放，引起客户注意，这是传统企业常见的做法；另一方面，拥有一定客户信息的企业可以通过市场分析技术细分出潜在客户，更精准地选择广告投放渠道，从而提升广告的有效性，这需要在客户关系管理信息技术的支持下实现。

需要注意的是，广告宣传虽然以刺激引诱为目的，但不能传播夸大甚至是虚假的信息，这会让潜在客户产生无法兑现的过高期望，势必会影响后续的产品使用体验，引发客户纠纷。

2. 制定促销策略

当潜在客户注意到企业的产品或服务后，企业还需要进一步采取促销策略，适度加大力度以吸引潜在客户尝试购买使用。企业所选择的促销方式可以多元化（如折扣、代金券等），以满足潜在客户的多方面选择。

3. 挖掘潜在客户需求的差异性

企业在进行潜在客户开发的过程中，应当基于潜在客户需求的差异性进行操作。这一过程主要包括促销、提供体验服务及与目标客户建立联系等内容。潜在客户开发的特点是企业应为潜在客户提供有效的接触方法和体验方法。因此，企业应当积极与潜在客户沟通，从而更好地挖掘其潜在的购买力，通过各种促销手段发现潜在客户的真正消费需求，从而更好地促进企业产品与服务的推广。

在广告和促销手段的施行过程中，企业应当注重对消费心理效果的应用，了解潜在客户的需求和兴趣，从而更好地增加广告和促销手段的说服力。企业的广告和促销手段应当时刻注意政策的变更、公共关系的维持和各种营销手段的组合应用，从而能够在对潜在客户进行差异性开发时更好地促进企业自身的发展。

4. 培养客户忠诚度

在潜在客户开发的整个过程中，企业要建立与潜在客户沟通的渠道，并保持沟通渠道的畅通，积极获取并处理潜在客户的意见和建议，鼓励潜在客户表达自己的意见和观点，以做到及时了解潜在客户的想法和要求，不断增进对潜在客户的关怀，培养企业与客户之间的感情，提高潜在客户的忠诚度。

◆ 任务演练

家电行业潜在客户开发

1. 任务描述

某新兴家电制造企业是近几年成立的创新电器品牌，目前在全国已开设200多家生产工厂，凭借性价比优势赢得了大量消费者的青睐，在全国销量领先。该企业的营销人员在开发客户的过程中发现，客户分为几种不同类型，针对不同类型的客户，开发侧重点不同，所需要的方法不同。只有找到客户，才能把产品推广出去，而寻找目标客户的首要工作就是找到潜在客户。工作人员决定，先针对潜在客户这一类型进行开发，识别潜在客户，精准分析潜在客户的需求，并根据其需求制定潜在客户开发策略，吸引潜在客户。

2. 任务分析

挖掘潜在客户的第一步就是正确识别客户。

找到潜在客户之后，需要根据潜在客户的需求制定开发策略。潜在客户的需求是促使客户购买产品或服务的动机，也是客户做出购买决定的驱动力。企业通常通过数据分析，了解潜在客户的需求类型，并精准把握客户需求。

挖掘潜在客户的需求之后，还要制定对应的潜在客户开发策略，优化企业的产品和服务。企业也要建立与潜在客户沟通的渠道并保持渠道畅通，积极获取并处理潜在客户的意见和建议。

3. 任务操作

（1）根据任务描述，分析商品需求情况和客户消费能力，通过分析识别潜在客户，完成表2-6。

表2-6　潜在客户识别

客户消费能力	商品需求情况（产品性能、价格、匹配度等）

（2）聚焦客户需求的关键因素，分析客户需求，完成表2-7。

表2-7　客户需求分析

产品需求量	客户需求要素	客户需求特点

（3）根据客户需求，制定吸引潜在客户的方法，完成表 2–8。

表 2–8 吸引潜在客户的方法

产品质量	促销策略	客户需求的差异性	客户忠诚度

4. 任务评价

本任务评价具体内容见表 2–9。

表 2–9 家电行业潜在客户开发

序号	评分项	评分标准
1	识别潜在客户	（1）客户消费能力分析准确 （2）商品需求情况分析全面 （3）潜在客户定位准确
2	客户需求分析	（1）商品需求量数据分析合理 （2）客户需求要素分析准确 （3）客户需求特点明确
3	开发潜在客户策略制定	（1）促销策略制定合理 （2）客户差异性识别准确 （3）客户忠诚度把握合理

◆ 任务拓展

金融行业潜在客户开发

某银行成立于1991年，经过30多年的发展，其业务已覆盖储蓄、借贷、理财等各项金融服务，服务网点已遍布全国各个城市。近日，银行新推出一款理财产品，面向个人高端客户提供综合理财服务。为此，营销人员需要进行目标客户洞察，分析客户需求，并在此基础上进行对潜在客户的开发。

请参考家电行业潜在客户开发的操作流程，结合金融行业及其潜在客户的特点，完成金融行业潜在客户的开发。

任务 2.3

行为客户开发

在大数据时代，数字营销人员可以利用各种数据对客户行为进行分析，基于客户行为，制定有效的客户开发策略。行为客户是与企业或品牌有过交集的客户，深入分析产生这些行为的客户心理，能够有效提高客户开发成功的概率。

通过本任务的知识准备、任务演练和任务拓展，了解客户行为轨迹的类型，熟悉客户行为分析指标，掌握客户行为分析的方法和行为客户开发的能力，提高行为客户开发的成功率。

◆ 知识准备

2.3.1 行为客户识别

1. 客户行为认知

客户行为是客户在产品上产生的行为，实际表现为相关的客户数据。例如，某客户关注企业的信息被记录了下来，当该企业再次发布信息时，就会通知该客户，这名客户关注企业的信息记录，就是行为数据。

通过对客户行为数据的分析和研究，可以还原客户使用产品的真实过程。只有详细、清楚地了解客户的行为习惯、真实的使用路径，才能找出产品使用、渠道推广等过程中存在的问题，提高企业互动营销过程中的转化率。

2. 客户行为轨迹类型

识别行为客户，首先要学会分析并发现客户的行为轨迹，通过客户的行为轨迹追寻客户。当企业发现客户的聚集地时，就可以在那里传播企业的产品与品牌信息，从而吸引客户关注，获得客户流量。

（1）搜索轨迹。获取信息是人们的天性，特别是互联网时代，为了获得更多的信息，人们会通过搜索的方式来寻找自己想要的信息。客户会在各个搜索引擎中输入要查找的关键词，并通过搜索结果来了解信息。客户在搜索引擎上搜索相关关键词时，已经带着明确的目的与期望。因此，搜索流量的客户精准度高、消费意图强。企业可以通过分析百度指数与淘宝指数等工具，分辨哪些关键词是客户曾经搜索留下的行为痕迹，从而推断客户的搜索行为规律。

（2）社交轨迹。人有着本能的社交欲望。在社交网络平台上或线下社交圈子中，客户会加入一些话题的讨论并表达自己的观点。比如关注子女教育的客户会加入教育话题讨论，关注皮肤保养的客户会加入皮肤话题讨论等。

所以，在实际营销活动中，企业可以通过在互联网上搜索与企业产品相关的话题，找到话题参与者，他们就是企业的潜在客户。企业可以积极融入话题讨论，成为话题讨论的活跃分子，从而在潜在客户心中留下专家的印象。与此同时，企业还可以在社交平台上精准发布客户感兴趣的话题与内容，吸引客户参与讨论，从而获得客户流量。

（3）生活轨迹。生活轨迹包含客户生活行为轨迹与兴趣爱好轨迹，它表明客户在日常生活中的行为规律与兴趣喜好。比如，有宝宝的妈妈会喜欢关注儿歌网站和早教网站。如果企业想把智能玩具卖给年轻的宝妈，就需要花时间分析这些宝妈们的行为轨迹。例如，企业发现宝妈们每天会打开某个 App 播放儿歌给宝宝听，那么企业就可以通过该 App 发放赠品，设计互动游戏，发起萌宝活动，从而吸引潜在的目标客户。

（4）消费轨迹。消费轨迹就是客户的历史购买记录，从客户的购买轨迹中可以清晰地看到客户购买的趋势与规律。客户的每一次购买行为之间都有相互的联系。通过分析客户最近购买了什么，以及正在购买什么，可以初步推断出客户接下来要购买的产品。

3. 客户行为事件分析模型

在客户行为领域，通过数据分析方法的科学应用，能够相对完整地揭示客户行为的内在规律，帮助企业建立快速反应、适应变化的敏捷商业智能决策。

（1）行为事件分析认知。行为事件分析研究某个行为事件的发生对企业组织价值的影响以及影响程度。企业可以借此来追踪或记录的客户行为或业务过程，如用户注册、浏览产品详情页、购买、提现等。通过研究与事件发生关联的所有因素来挖掘客户行为事件背后的原因和交互影响等。

（2）行为事件分析的应用。行为事件分析具有强大的筛选、分组和聚合能力，逻辑清晰且使用简单。行为事件分析一般经过事件定义与选择、多维度下钻分析、解释与结论等环节。

① 事件定义与选择。行为事件描述的是某个客户在某个时间点、某个地方、以某种方式完成了某个具体的事情。“谁、何时、何地、做了什么、如何做”（“Who、When、Where、What、How”）是定义一个事件的关键因素。

② 多维度下钻分析。最为高效的行为事件分析要支持任意下钻分析和精细化条件筛选。下钻分析是一种数据分析操作，指沿着特定属性维度的层次下降，以获取更详细的数据。当行为事件分析合理配置追踪事件和属性时，可以激发出事件分析的强大潜能，为企业回答关于变化趋势、维度对比等各种细分问题。同时，还可以通过添加筛选条件，精细化查看符合某些具体条件的事件数据。

③ 解释与结论。此环节要对分析结果进行合理解释，判断数据分析结果是否与预期相符，如判断产品的细节优化是否提升了触发客户数。如果与预期相悖，则应该针对不足的部分进行再分析与实证。

行业洞察

大数据背景下的消费者行为重构与商业逻辑升级

在数字经济向纵深发展的时代浪潮中，大数据技术的迭代创新正引发消费者行为模式的结构性变革，这种变革既体现在消费行为的显性特征层面，更深刻影响着商业决策的底层逻辑，形成数据要素驱动的新型市场生态。

消费者行为轨迹的数字化重构成为最显著的特征。传统线性消费路径被打破，取而代之的是跨平台、多触点的网状交互模式，综合线下门店、电商平台、短视频平台与内容社区形成多元共生的消费触点格局。这种全域化行为特征要求企业构建覆盖公域流量与私域流量、线上流量与线下流量相结合的立体监测体系，通过数据中台实现用户行为轨迹的完整拼接。

消费者决策逻辑的情感化转变，构成了消费者行为的深层变革。当前，越来越多的消费者更愿意为自己的情绪消费，消费者决策开始从功能价值主导的理性决策模式逐渐转变为情感价值驱动的感性决策模式。这种转变促使企业将情感计算技术嵌入运营体系，通过自然语言处理与计算机视觉捕捉消费者的微表情、评论情绪等非结构化数据。

消费者行为的实时性特征对企业的数据分析及响应能力提出了更为严格的要求。在消费者每个碎片化的购物时段内，企业必须建立毫秒级决策体系。领先电商平台已实现用户浏览行为发生后 800 毫秒内完成相似用户聚类，并动态生成个性化优惠的策略。这种即时反馈能力的背后，是流式计算框架与强化学习模型的深度融合，标志着消费场景与消费者行为分析正式进入“实时经济”时代。

在技术红利持续释放的同时，数据伦理问题日益成为发展瓶颈。消费者隐私保护与技术创新的天平需要企业谨慎权衡，通过联邦学习、差分隐私等前沿技术构建可信的数字环境，已成为构建可持续数字化营销生态的必由之路。这场由大数据引发的消费革命，本质上是数据要素与商业逻辑的深度融合，唯有把握行为变迁规律、突破技术边界并恪守伦理底线，企业方能在智能经济时代占据价值链制高点。

行为事件分析方法是多种数据分析模型之一，它与其他分析模型存在无法割裂的关系。只有各分析模型实现科学互动和配合，才能够科学揭示出个人/群体行为的内部规律，并据此进行理论推导，不断在工作实践中优化商业决策和产品性能。

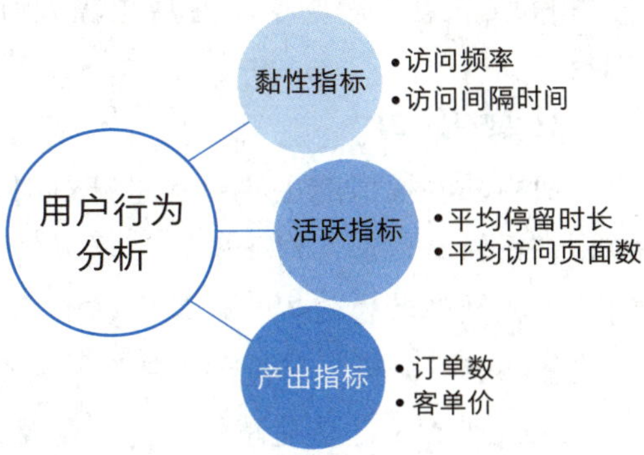

图 2-5　客户行为分析指标

2.3.2　客户行为分析指标

客户行为分析指标大体上可以分为三大类，即黏性指标、活跃指标和产出指标，如图 2-5 所示。每个大类可以包含多个具体行为指标来共同衡量客户的行为表现，进而区分客户的行为特征，对客户进行分类或者综合评定。

1. 黏性指标

黏性指标主要关注客户在某一段时间内持续访问和使用网站的情况，强调一种持续的状态，如访问频率、访问间隔时间等。

2. 活跃指标

活跃指标更多指向的是客户每次访问过程中发生的行为，考察客户访问过程中的参与度，所以，对统计期中客户的每次访问取了平均值，选择“平均停留时长”和“平均访问页面数”来衡量活跃度；黏性指标和活跃指标从客户的访问情况衡量客户可能创造的价值，这可能是显性的也可能是隐形的。

3. 产出指标

产出指标是最直接的指标，可以直接衡量客户创造的价值。例如，电子商务网站可以选择“订单数”和“客单价”作为产出指标，前者衡量产出的频率多少，后者衡量平均每次产出价值的大小。

2.3.3 客户行为分析方法

在数字营销活动中，由于客户每一步的行为数据是可以获取到的，因此可对客户的行为数据进行分析。最终通过这些问题的答案来验证运营思路、指导产品迭代优化，达到客户增长、转化的最终目的。常见的分析方法有转化漏斗、智能路径和客户路径。

转化漏斗、智能路径与客户路径这三者之间的关系，如图 2-6 所示。它们都是基于客户行为，以上下环节的转化率为计算核心而产生的，但是它们的聚焦度不一致。转化漏斗是预先设定好的路径；智能路径是设定了目标行为之后发现的更多漏斗；客户路径是完整再现整个客户转化过程。在实际应用中，三者有各自适用的分析场景，通常也需要互相结合，相辅相成。

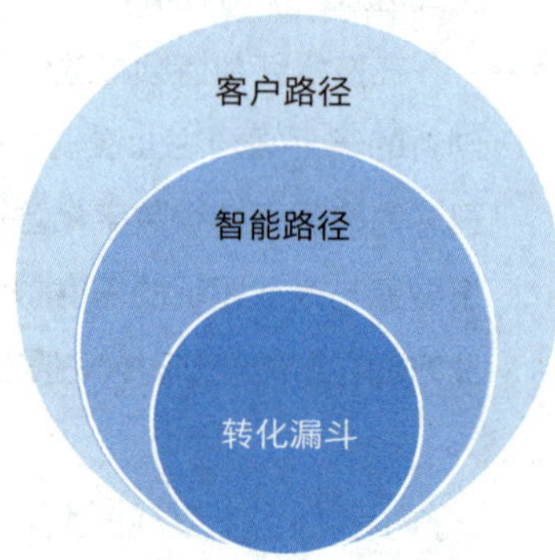

图 2-6 转化漏斗、智能路径与客户路径的关系

1. 转化漏斗

使用漏斗模型的主要目的是针对网站运营过程中各个关键环节的转化效率和运营过程进行监督管理，对于转化率最低的环节或者波动异常的环节进行更正，以提升运营效率和网站转化效果。任何业务流程或运营活动，涉及有流程转化的，都可以建立转化漏斗进行分析。转化漏斗的分析步骤如下：

（1）明确关键转化路径并进行测量。漏斗分析的前提是明确关键转化细节，所以先要梳理业务流程图。梳理之后就需要进一步明确转化路径中每一步的动作是否可以被监控，数据是否可以被获取，将业务的需求转化为数据的需求。关键的转化事件包括元素浏览、元素点击，以及页面浏览等。

（2）漏斗模型的创建。在创建转化漏斗的过程中，一般应考虑以下情况：

① 目标客户。根据分析的目标，对客户进行分群，确定是选择全部访问客户、新访问客户还是全部登录客户。

② 过滤条件。确认是否有特殊的筛选过滤条件，如选择某国的客户或对浏览器有限制。

③ 时间。选择纳入漏斗分析第一步的时间范围。

④ 转化周期。默认是 1 天，最长支持 90 天。如果转化周期设置为 7 天，是指客户完成第一步之后需要在后续的 7 天内完成最后一步才计为转化，否则会记为流失。

2. 智能路径

智能路径中的“路径”是指客户在转化过程中经过的节点串联而成的客户行为轨迹。这些节点之间具有严格的先后顺序，但是不要求彼此相邻。也就是说，两个看似相邻的步骤中间可能夹杂着其他的客户行为。

有时营销人员虽然设置了最终的转化目标，但是客户却有多条路径到达该目标。企业往往无法确定哪条路径客户最多，哪条路径最短，这时候就需要智能路径分析模型的帮助。例如，“加购”是电商分析中的关键动作，但加购的路径却有很多种，可在搜索结果页加购，也可在商品详情页加购。智能路径可以用来发现更多的转化路径，当聚焦到某一条路径时，其实就是一个转化漏斗，可以将其保存下来，进行日常监测；发现问题时，也可以在此漏斗中进一步细分。

3. 路径分析

路径分析指的是针对客户的每一个网络行为进行精细跟踪和记录，并在此基础上通过分析来挖掘客户的详细网络行为路径特点、每一步的转化特点、每一步的来源和去向等，帮助数字营销企业分析客户的网络行为，找出客户的主流路径，分析产品的客户使用路径，从而针对典型场景的客户转化数据来进一步制定和实施有针对性的策略，以提升转化效率。

不同于转化漏斗和智能路径，路径分析不需要预先设置漏斗模型或者圈定要分析哪个页面事件或点击事件，而是计算客户的每个第一步，然后依次计算每一步的流向和转化。通过数据，真实地再现客户从打开 App 到离开的全过程，进一步识别客户的频繁路径模式，即哪条路径是客户最多访问的；走到哪一步时，客户最容易流失；甚至呈现出产品经理在设计产品时都未曾预料到的路径，找到客户行为最基础、最原始的数据。也可以通过路径分析识别客户行为特征，分析客户类型。

◆ 任务演练

母婴行业行为客户开发

1. 任务描述

欣贝服饰集团为了下一步业务发展，建立了企业的网站，网站上的产品以母婴类为主。集团打算对此网站进行推广，吸引行为客户。营销人员需要对客户的行为进行分析，并判断客户行为轨迹的类型；通过客户行为指标的分析，制定有效的开发策略，并能够运用多种策略吸引行为客户，推广企业官网。

2. 任务分析

客户行为是客户在产品上产生的行为，实际表现为相关的客户数据。营销人员运用不同的分析方法对不同的数据进行分析，进而为产品迭代和发展提供方向。某客户关注企业的信息记录，就是他的行为数据。行为数据是从一次次的行为中分析总结而来的，企业应通过收集行为数据，识别客户行为，进行客户行为分析。

运用漏斗分析法进行客户行为分析的实质是进行转化分析，是通过衡量每一个转化步骤的转化率，找出有问题的异常数据和环节并加以解决，进而实现整个流程完成率的优化。

（1）在产品初期（处于与市场适配的阶段）。通过漏斗分析找到客户触达的瓶颈，帮助客户触达产品核心价值，真实反映客户与市场的匹配程度。

（2）在产品中期（处于用户平稳增加的阶段）。① 通过漏斗分析优化渠道，找到目标群体用户；② 通过漏斗分析优化客户体验。

（3）在产品后期（处于用户价值产出的阶段）。① 通过漏斗分析可以改善客户体验，延长客户生命周期，拉长客户群体价值产出的时间长度，减少高价值客户群体的流失；② 优化商业模块，如商品的购买过程、广告的曝光点击等，提高客户生命周期中单位时间产生的价值。

3. 任务操作

（1）根据任务描述，分析客户行为，通过分析识别行为客户，完成表 2-10。

表 2-10　行为客户识别

时间	地点	人物	交互	交互内容

（2）运用客户行为分析指标进行客户行为分析，完成表 2-11。

表 2-11 客户行为分析

访问频率 / 次	访问时间间隔 / 天	平均停留时长 / 秒	平均访问页面数 / 个	订单数 / 个	客单价 / 元

(3) 根据客户行为轨迹，运用漏斗分析法分析客户行为，并制定相应策略吸引行为客户，见表 2-12。

表 2-12 吸引行为客户

目标客户	转化条件	时间	转化周期

4. 任务评价

本任务评价具体内容见表 2-13。

表 2-13 母婴行业行为客户开发

序号	评分项	评分标准
1	分析客户行为	(1) 客户行为识别准确 (2) 客户行为分析全面 (3) 行为客户定位准确
2	客户行为分析	(1) 客户行为指标运用合理 (2) 客户行为数据记录准确 (3) 客户行为分析合理
3	开发行为客户策略制定	(1) 促销策略制定合理 (2) 分析指标明确 (3) 开发效果显著

任务拓展

1. 服装行业行为客户开发

品优服饰 2008 年在某电商平台开设了线上店铺，主要经营品类有羽绒服、外套、毛衣、衬衫、连衣裙、牛仔裤等时尚女装。经过十几年的发展，店铺已积累了 500 万名粉丝，每月销量遥遥领先。适逢“双 11”大促活动，店铺营销人员计划通过分析客户的收藏、加购、关注等不同行为，进行行为客户的开发，提高“双 11”销量，完成店铺的营销目标。

请参考母婴行业行为客户开发操作流程，结合服装行业特性及其客户行为特征，完成服装行业行为客户的开发。

2. 数码行业行为客户开发

多米（Duomi）是一家专注于提供优质智能手机和人工智能物联网产品的科技品牌，成立于 2015 年，以智能手机为核心，以耳机、可穿戴设备、电视、笔记本电脑、平板电脑 5 大核心产品为依托，打造万物互联的生态平台，为年轻人提供智能潮玩生活。凭借超高性价比和潮流化的设计，多米受到了广大年轻消费者的青睐，为了扩展市场，多米在其官方旗舰店进行了周年庆大促活动。借此活动，营销人员计划通过分析客户的浏览、比价等行为，进行行为客户开发，以实现店铺效益的提升。

请参考母婴行业行为客户开发操作的流程，结合数码行业特性及其客户行为特征，完成数码行业行为客户的开发。

任务 2.4
关系客户开发

随着互联网的发展，现在的客户能够接触到的信息比历史上任何阶段的客户都要广泛。这个现状使得他们拥有更多的信息来源进行产品信息比较。一旦客户开始接触品牌，品牌就需要通过数字互动营销把他们留下来，并建立长期活跃的品牌互动关系，这需要企业结合客户目前所处的生命周期阶段，根据其社交、网络、历史行为等数据，在客户的整个生命旅程中向其提供有针对性的信息，有效唤醒和激活沉睡客户。

通过本任务的知识准备、任务演练和任务拓展，了解客户关系分析的维度和关系营销的方式，掌握客户二次激活的方法，提高关系客户开发的能力，梳理企业的客户数据，找出沉睡客户中最有可能被激活的细分群体，对其进行合适的唤醒和激活。

◆ 知识准备

2.4.1 客户关系分析

1. 客户关系的含义

客户关系是指企业为了达到其经营目标，主动与客户建立起的某种联系。这种联系可能是单纯的交易关系，可能是通信联系，也可能是为客户提供一种特殊的接触机会，还可能是为双方利益而形成的某种买卖合同或联盟关系。

客户关系具有多样性、差异性、持续性、竞争性、双赢性的特征。它不仅可以为交易提供方便，节约交易成本，而且可以为企业深入理解客户的需求和双方之间的信息交流提供许多机会。通常所说的客户关系管理（Customer Relationship Management，CRM）即与客户关系相关。

2. 客户关系分析的维度

（1）时间维度：客户生命周期。品牌与客户的关系会随着时间的演变而变化。常见的客户关系分析维度和视角是客户生命周期。客户生命周期理论动态地描述了客户关系在不同阶段的总体特征，它的应用主要是为了解决企业应该从哪里开始给客户带来价值并如何配置相应资源的问题。阶段划分是客户生命周期研究的基础，对客户生命周期的理解不同，各阶段的划分也就不同。

总体而言，客户生命周期包括考察期、形成期、稳定期和衰退期四个阶段，具有明显的阶段性和周期性，如图 2–7 所示。

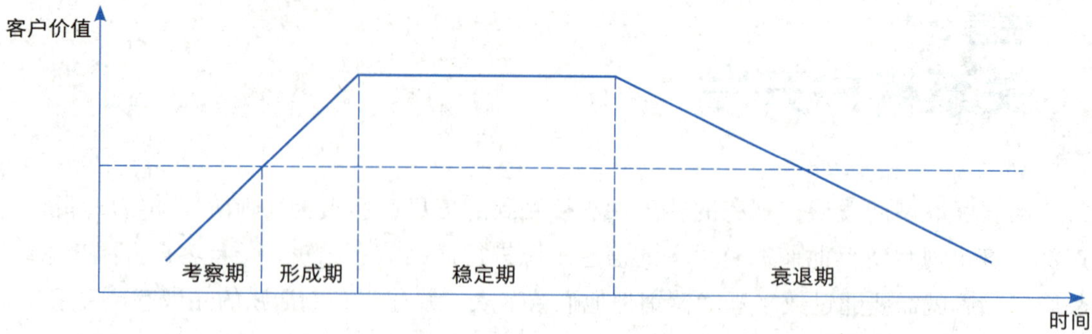

图 2-7 客户生命周期

① 考察期就是营销阶段（包括广告投放、渠道管理、用户体验等）。

② 形成期就是产品推介阶段（包括发放产品资料、优化落地页、口碑营销等）。

③ 稳定期即客户跟进阶段（包括演示宣讲、交流跟进、售前服务等）。

④ 衰退期即客户挽留阶段（包括新产品推介、定向营销策略等）。

以上只是客户生命周期的特征概括，具体可根据企业销售活动的特点进行更细致的阶段划分。

（2）客户角色维度。同一时间，一个客户只可能处于一个生命周期阶段，但在客户关系持续期间，一个客户可以以多个角色身份与品牌互动，包括粉丝、消费者、会员、使用者等，甚至可以从品牌的购买者转变为品牌的推销员。不同的客户角色对于品牌来说具有不同的价值，包括运营层面和数据层面的价值等。在业务工作中，品牌需要对不同的客户角色采取不同的维护策略。

（3）持续性维度。维系客户关系的另一个维度是创造持续地与客户对话的机会。随着互联网的发展，各大社交平台、电商平台和物联网系统不断涌现，品牌的持续性商业行为可以触达客户生命周期的每个阶段。

（4）互利性维度。关系能持续发展是建立在互利基础上的。随着品牌可触达的生命周期阶段的延长，品牌所提供的价值不再局限于售卖的产品及服务上，前期对潜在客户传播有价值的消费知识、消费经验，提供有质量的活动，培养客户对品牌的信任，可以有效提高交易转化率。

2.4.2 客户关系营销

1. 客户关系营销认知

企业客户营销活动的核心是正确处理与消费者、竞争者、供应商、经营商、政府机构、社区，以及其他公众之间的关系，因此，客户关系营销日趋成为数字营销的关键要素，发挥着重要作用。

客户关系营销与传统营销的区别在于对顾客的理解。传统营销对关系的理解仅限于向顾客出售产品，完成交易，把顾客看作产品的最终使用者；客户关系营销把顾客看作是有着多重利益关系、多重需求，存在潜在价值的人。它的内涵发展为不断发现和满足顾客需求，帮助顾客实现和扩大价值，与顾客建立一种长期的良好关系。

2. 客户关系营销的本质特征

在经济活动中，关系的存在状态从性质上可分为对立性关系和合作性关系两类。对立性关系是指企业组织与相关者之间为了各自目标、利益而相互排斥或反对，包括竞争、冲突、对抗、斗争等；合作性关系是指关系的主客体双方为了共同的利益和目标采取相互支持、相互配合的态度和行动。因此，客户关系营销的本质特征就是以沟通为基础的合作性关系。

3. 客户关系营销的方式

受众是企业发展的根本，利用客户关系营销来维护好受众关系，有以下三种常用的营销方式。

（1）会员营销。会员营销彻底改变了结账便是交易结束的消费观念。通过简单的会员体系，能够将企业与受众紧密结合在一起。

（2）粉丝营销。立足于粉丝经济的粉丝营销，极大地增加了受众对某品牌的归属感。

（3）口碑营销。如 1.3.1 所述，口碑营销是实现品牌裂变式传播的关键。成功的口碑塑造，可以显著提高群众对企业的好感度。

2.4.3 客户的二次开发

1. CLV 分析模型

客户生命周期价值（Customer Lifetime Value，CLV）指客户在某个销售周期内为企业创造的价值。CLV 可以分成两个部分：一是当前价值，即到目前为止，客户为企业创造的利润总值；二是未来利润，即客户在将来有可能为企业带来的利润总值。企业真正关注的是客户未来的利润。

CLV 分析模型其实就是客户细分理论和客户价值理论的综合应用，如图 2-8 所示。

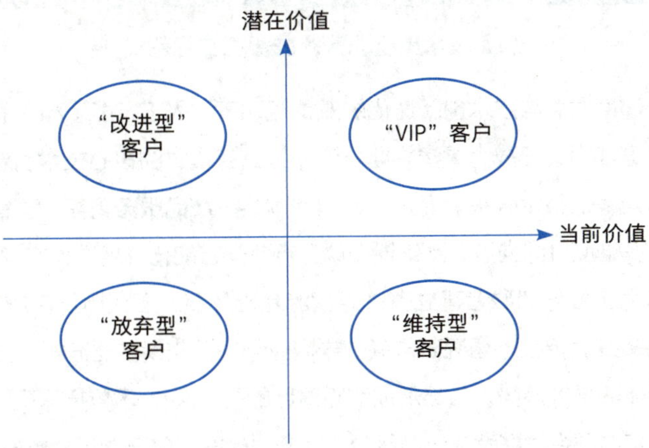

图 2-8　CLV 分析模型

（1）“VIP”客户：最具价值的客户，指那些既具有很高的当前价值，也有很高潜在价值的客户。这些客户代表着企业当前业务的核心。

（2）“改进型”客户：最具成长性的客户，指那些目前价值很低，但是具有很高潜在价值的客户，这些客户将来比现在更有价值，是企业需要着重培养的客户。

（3）“维持型”客户：普通客户，指那些有一定当前价值但潜在价值较小的客户。

（4）“放弃型”客户：负值客户，指那些无法为企业带来利润的客户。

2. 客户二次激活的方法

（1）充分理解客户生命旅程，唤醒沉睡客户。一旦客户开始接触品牌，品牌需要做的就是把他们留下来并建立长期活跃的品牌互动，这需要品牌结合客户的社交、网络、历史行为等数据，在客户目前所处的生命周期阶段与整个生命旅程中提供有针对性的信息。

品牌的大部分营销预算都放在了获客阶段，然而争取一个新客户往往比维护一个老客户的工作量和成本高出数倍以上。如果品牌方可以更好地去经营客户生命旅程中的其他阶段，就可能会获得更大的边际效应，取得更理想的效果。

“沉睡客户”的唤醒和激活就是其中之一。品牌方应该梳理自己的客户数据，设定规则，通过预测模型找出“沉睡客户”中最有可能被激活的细分群体，对其进行合适的唤醒沟通。

（2）实行数据监测和追踪，进行二次营销和交叉销售。品牌方在建立了客户数据平台后，不仅要为客户建立 360 度的客户视图并打上标签，还需要实时追踪客户行为轨迹，保持数据的持续更新，根据客户行为进行营销策略的调整。所有的互动、定位和优惠信息都需要进行二次确认。

除此之外，品牌还可以根据越来越丰富的客户信息，更详细地了解客户的个人需求，适时地进行交叉销售。

行业洞察

AI 技术重塑消费领域智能交互范式

在数字经济深度发展与技术创新迭代的双重驱动下，人工智能（AI）凭借其强大的机器学习与大数据处理能力，已成为重塑企业与消费者交互模式的核心技术引擎。这一变革并非局限于单一业务流程的技术升级，而是通过消费洞察、产品服务创新、营销模式重构，以及客户体验优化等多维度协同推进，系统性推动各行业向智能化、精准化方向转型。

消费洞察作为企业与消费者建立有效连接的基础环节，正经历从传统经验驱动向 AI 数据驱动的根本性转变。传统市场调研依赖抽样调查与局部交易数据分析，难以满足消费者需求动态化、多元化的发展趋势。与之形成鲜明对比的是，AI 技术依托深度学习算法与大数据分析平台，能够实时整合消费者在电商平台、社交媒体等全渠道的行为数据，包括浏览轨迹、搜索关键词、购买记录等，进而构建精细化的 360 度用户画像。以淘宝智能推荐系统为例，该系统通过深度解析用户行为模式，精准识别不同场景下的消费意图，实现商品推荐的个性化匹配，显著提升用户购物转化率与平台运营效率。这种基于 AI 的精准消费洞察，不仅为企业产品研发提供数据支撑，更为后续的商业创新奠定了重要基础。

在产品与服务创新领域，AI 技术正推动行业从标准化供给向个性化定制、从被动响应向主动服务的转型升级。

在产品端，企业通过物联网传感器采集消费者使用数据，结合 AI 算法分析用户行为习惯与环境参数，实现产品功能的智能化定制。例如，在家电行业，部分空调产品可依据 AI 分析用户睡眠数据，自动调节温度与风速，优化使用体验。

在服务端，AI 技术同样发挥着关键作用：基于医学知识图谱与症状识别算法的 AI 问诊系统，能够对患者病情进行初步诊断，推荐就诊科室并提供健康管理建议；依托自然语言处理技术的智能客服系统，不仅实现了 7×24 小时在线答疑，还能通过分析用户历史交互数据，提供个性化服务方案，显著提升服务响应速度与专业性。

AI 技术在营销与客户体验领域引发的变革同样显著。

在精准营销层面，广告投放平台利用 AI 算法深度挖掘用户兴趣标签与行为特征，实现广告投放的精准定向，有效提升营销资源的使用效率。与此同时，虚拟数字人、增强现实（AR）等 AI 技术催生出全新的互动营销模式，如美妆行业的虚拟美妆顾问通过 AR 技术为用户提供虚拟试妆服务，增强消费者的参与感与品牌黏性。

在客户体验优化方面，电商平台的智能推荐系统基于用户浏览历史与实时行为，实现了商品的即时精准推送；物流网络运用 AI 路径规划算法，优化配送路线，提升包裹送达时效；AI 客服则通过语义识别技术自动处理售后问题，在复杂的场景下智能转接人工客服并提供辅助信息，共同构建起覆盖售前、售中、售后全流程的智能化服务体系。

随着 AI 技术在消费领域的深度应用，企业面临的合规要求与责任日益凸显。在数据治理方面，企业需要严格遵循《中华人民共和国个人信息保护法》等法律法规，确保数据收集的合法性、使用的透明性，以及存储的安全性。在充分告知用户数据处理目的、方式与范围的前提下，获取用户的明确授权。在算法应用环节，企业应建立健全算法审核机制，避免算法歧视、信息茧房等问题，保障消费者平等获取信息与服务的权利。此外，企业还需要构建完善的数据安全防护体系，综合运用加密技术、访问控制、风险监测等手段，防范数据泄露、滥用等安全风险，确保 AI 技术在合规框架内实现商业价值与社会价值的有机统一。

◆ 任务演练

服装行业关系客户开发

1. 任务描述

欣悦时装是一家集专业设计、生产、销售于一体的全国知名服装企业。近期，营销人员对产品进行了一系列推广。为了节省客户开发成本，工作人员下一步的工作重点在于进行老客户的二次开发。开发老客户，需要通过 CLV 分析模型，对客户关系进行分类，识别老客户，针对老客户制定行之有效的二次开发策略。

2. 任务分析

关系营销强调与客户建立长久的、相互依赖的合作关系，加强与客户的双向沟通，提高客户忠诚度，实现客户与企业的双赢。进行关系营销时，首先需要了解什么是客户关系，并明确客户关系分析的维度。

客户关系分析的维度主要分为客户生命周期、客户角色、持续性和互利性四个方面，客户生命周期会经历考察期、形成期、稳定期和衰退期四个阶段，具有明显的阶段性和周期性。

CLV 分析模型考虑了完整的客户生命周期，包含客户获取和客户流失，它计算的不只是眼前客户已经产生的价值，还预测了未来价值。通过 CLV 分析，品牌可以挖掘出最具价值和潜力的客户，并通过不同的营销目的设计活动，最大化挖掘客户价值，提升销量或增强客户的复购频率。

3. 任务操作

（1）根据任务描述，聚焦客户关系分析的关键因素，进行客户关系分析，完成表 2-14。

表 2-14　客户关系分析

客户生命周期	客户角色	持续性	互益性

（2）运用 CLV 分析模型识别客户关系情况，对客户进行分类，完成表 2-15。

表 2-15　客户分类

VIP 客户	改进型客户	维持型客户	放弃型客户

（3）根据客户关系制定相应策略，对沉睡客户进行二次开发，完成表 2-16。

表 2-16　沉睡客户二次开发

开发策略	客户行为差异性	客户忠诚度

4. 任务评价

本任务评价具体内容见表 2-17。

表 2-17　服装行业关系客户开发

序号	评分项	评分标准
1	客户关系分析	（1）分析数据获取准确 （2）客户关系分析维度合理 （3）关系客户定位准确
2	CLV 模型分析	（1）分析维度准确 （2）客户分类正确
3	关系客户开发策略制定	（1）开发策略制定合理 （2）客户关系识别准确 （3）客户忠诚度把握合理

◆ 任务拓展

1. 餐饮行业关系客户开发

南方味道是一家经营粤菜的连锁餐饮企业，自 1995 年成立以来，30 年间历经市场和顾客的检验，成功打造出信誉度高、颇具南方特色的餐饮品牌。目前企业在南京市已布局了三家连锁餐饮店，为感谢广大客户的信赖和支持，营销人员决定对老客户开展特惠活动，以此进行关系客户的二次开发，提升门店收益。

请参考服装行业关系客户开发的操作流程，结合餐饮行业的特性和客户特征，完成餐饮行业关系客户的开发。

2. 美妆行业关系客户开发

悦己美妆是一个集美妆产品生产、批发、销售于一体的美妆品牌，包括专业脸部彩妆、眼部彩妆、唇部彩妆等产品。为了辐射更多的客户，形成自己的私域流量池，悦己美妆开发了“美在悦己”App。七夕将至，悦己美妆面向 App 的老客户推出一款七夕限定礼盒，并开展节日促销活动。据此，营销人员对 App 内的老客户进行分析汇总，制定不同的开发方案，以期实现老客户的二次激活。

请参考服装行业关系客户开发的操作流程，结合美妆行业特性及其客户特征，完成美妆行业关系客户的开发。

1 + X 证书知识训练

一、单项选择题

1. 客户开发的 PRAM 模式中的“R”是指（　　）。

   A. 获取　　B. 留存

   C. 关系　　D. 裂变

2. 营销导向的客户开发策略是以市场营销学中的经典（　　）营销理论为基础。

   A. 4P　　B. 4C

   C. 4R　　D. 4I

3. 聚焦客户需求策略，其特征是以（　　）为核心竞争力。

   A. 了解市场　　B. 了解客户

   C. 了解品牌　　D. 了解营销策略

4. 以下客户行为分析指标中属于活跃指标的是（　　）。

   A. 订单数　　B. 平均停留时长

   C. 客单价　　D. 访问频率

5. 客户关系营销的本质特征就是以（　　）为基础的合作性关系。

   A. 关系　　B. 营销

   C. 沟通　　D. 转化

二、多项选择题

1. 潜在客户必须具备的要素包括（　　）。

   A. 有需求　　B. 无需求

   C. 有购买力　　D. 有决策权

2. 以下属于客户行为轨迹类型的有（　　）。

   A. 搜索轨迹　　B. 社交轨迹

   C. 生活轨迹　　D. 消费轨迹

3. 一个客户可以以多个角色身份与品牌互动，包括（　　）。

   A. 粉丝　　B. 消费者

   C. 会员　　D. 使用者

4. 以下（　　）属于关系营销常用的营销方式。

   A. 会员营销　　B. 事件营销

   C. 粉丝营销　　D. 口碑营销

5. 以下客户行为分析指标中属于黏性指标的是（　　）。

   A. 访问频率　　B. 客单价

   C. 访问时间间隔　　D. 订单数

三、判断题

1. 企业的潜在客户同时具备可开发性和待开发性两大特点。(　　)
2. 智能路径是完整再现整个客户转化过程。(　　)
3. 漏斗原理展示了企业的客户跟踪管理在各个阶段的变化。(　　)
4. 客户关系具有多样性、差异性、持续性、竞争性、双赢性的特征。(　　)
5. CLV 可以分成两个部分：一是当前价值，二是当前利润。(　　)

项目 3

数字化留存营销

学习目标

素养目标

- 树立以客户为中心的意识，坚持科技向善的价值观，避免算法歧视与过度营销
- 提升学习者的营销创新实践能力，培养营销领域具备跨渠道整合能力，并能够熟练运用新技术工具进行客户留存的创新型数字人才
- 树立维护良好市场秩序、助力数字经济可持续发展的社会责任意识

知识目标

- 熟悉客户价值的含义及客户价值分层
- 了解客户留存分析的主要指标
- 掌握新客户关键行为挖掘的步骤
- 熟悉活跃客户留存营销的方式
- 熟悉流失客户预警模型及流失客户的类型

技能目标

- 能够根据收集到的客户数据，利用客户价值分层模型完成客户价值分层
- 能够根据新客户的关键行为特征，结合渠道特点，完成新客户留存营销
- 能够根据活跃客户特征，结合渠道特点，完成活跃客户留存营销
- 能够根据客户流失的原因和特征，结合渠道特点，完成流失客户挽回

思维导图

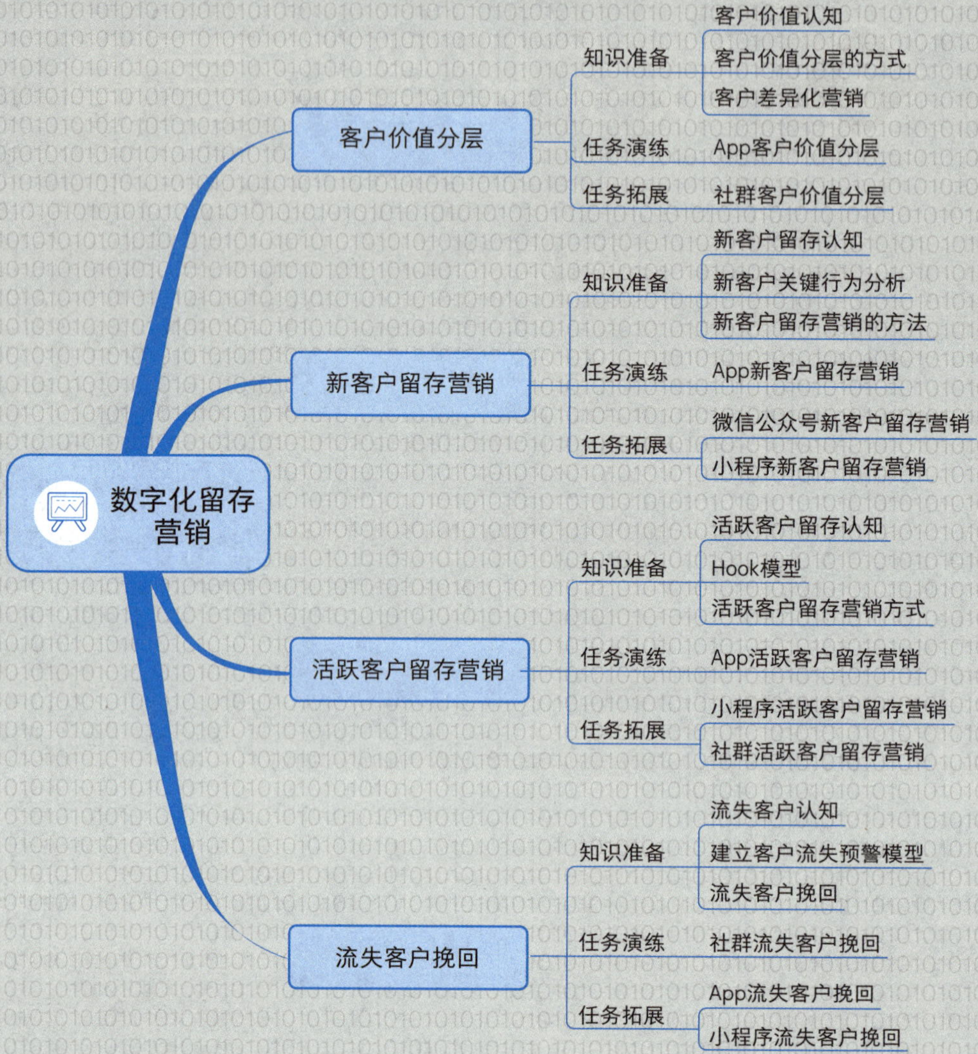

学习计划

素养提升计划

知识学习计划

技能训练计划

引导案例

从标准化服务到千人千面：AIGC 重塑客户留存范式

在数字化商业环境中，客户留存能力已成为企业可持续发展的核心竞争力。随着大数据、人工智能、物联网等技术的深度渗透，企业正在积极探索通过技术创新重构客户留存范式，实现从被动响应需求到主动预测干预，从标准化服务到个性化体验的战略转型。以兴趣类教育行业为例，头部教育平台普遍引入 AIGC 技术，在构建创新性学习体验的同时，通过 AIGC 与智能社群运营深度耦合，有效激活了学习生态并提升了客户留存率。

在个性化学习体验构建层面，平台利用 AIGC 技术生成具备高度拟真度的虚拟教师形象。这些虚拟教师并非简单的知识播报机器，而是具备深度交互能力的智能学伴。当学生在学习过程中提出问题，无论是数学的复杂公式推导，还是语文的诗词鉴赏疑惑，虚拟教师都能够基于强大的自然语言处理与知识图谱技术，迅速理解问题核心，并生成针对性的讲解视频。视频内容不仅涵盖知识点的解析，还会根据学生过往的学习数据，关联相似题型与易错点，进行拓展性讲解。同时，情感计算技术赋予虚拟教师丰富的交互语气，或鼓励、或引导，模拟真实课堂中师生之间的情感交流，极大地提升了学生的学习沉浸感、课程完成率和用户活跃度。

在用户生命周期管理与社群激活方面，平台部署了基于 AIGC 的智能社交客户关系管理（Social Customer Relationship Management，SCRM）系统。这些系统能够深度整合学生的学习进度、参与度、成绩波动等多维数据，自动化生成并执行形式多样的精准社群运营活动。具体而言，在关键学习节点，系统自动策划学习打卡活动，每日推送与当日内容紧密关联的知识点回顾与趣味性测验，完成打卡可累积积分兑换学习资料或虚拟徽章，有效驱动持续性学习行为；定期举办知识竞赛，其题目由 AIGC 技术生成，具备合理的难度梯度、高度的知识性与趣味性，结合实时排名与社群互动讨论，成功营造积极紧张的学习氛围；针对社群中的沉默用户，系统实施精准识别与主动干预机制。例如，如果因课程难度导致落后，系统会自动触发导师一对一沟通邀请，由导师制定个性化辅导方案，若因学习倦怠沉寂，则推送限时激励策略（如课程折扣、免费服务升级），有效吸引用户回归学习路径。

这种基于数据驱动的智能运营模式，不仅直接提升了用户留存率，而且构建了从内容创新到社群活跃，再到用户留存与口碑传播的良性生态循环，为在线教育行业的学习生态激活提供了可复制的技术赋能范式。

引思明理：

2025 年《政府工作报告》明确提出持续推进“人工智能 +”行动，要求“支持大模型广泛应用”。习近平总书记在中共中央政治局第二十次集体学习时指出：我国数据资源丰富，产业体系完备，应用场景广阔，市场空间巨大。要推动人工智能科技创新与产业创新深度融合，构建企业主导的产学研用协同创新体系，助力传统产业改造升级，开辟战略性新兴产业和未来产业发展新赛道。

案例中的教育平台通过 AIGC 技术构建的虚拟教师与智能社群运营体系，正是这一政策要求的生动实践，各行各业正在将人工智能行业化落地的政策要求转化为具体的行业服务，当前教育行业的客户留存实践表明，企业已从单一的技术效率竞赛演变为国家教育战略的微观落地单元，这不仅是技术创新推动行业变革的体现，更是在国家政策引导下，各行各业积极探索数字化转型、提升核心竞争力的生动写照。随着人工智能技术在更多行业的深入应用，必将催生更多创新的商业模式与服务范式，推动经济社会的高质量发展。

任务 3.1

客户价值分层

客户价值分层是指根据客户的某一特性划分层次，不同层次的客户具有不同的性质和特征，既有共同的规律，又各有其特殊规律。客户价值是客户分层的重要参考指标。常用的客户生命周期模型和 RFM 模型等都是依据客户价值的高低进行分层的。进行客户价值分层的主要目的是实现客户精细化营销，提升客户的留存率。

通过本任务的知识准备、任务演练和任务拓展，了解客户价值的含义及构成要素，掌握客户价值分层的方法，熟悉实施差异化营销的策略，提升客户价值分层能力，结合营销目标和商品特性完成客户价值分层，为接下来的差异化营销奠定基础。

◆ 知识准备

3.1.1 客户价值认知

1. 客户价值的含义

客户价值是指企业从与其具有长期稳定关系、并愿意为企业的产品和服务支付合适价格的客户中获得的利润，即客户为企业所做的利润贡献。偶尔与企业接触的客户和经常与企业保持联系的客户差别很大。对企业来说，两者具有不同的客户价值。因此，这是根据客户消费行为和消费特征等变量所测量出的客户能够为企业创造的价值。

目前，对客户价值的研究正沿着三个不同的方向展开：一是从企业为客户提供价值的角度展开，即从客户的角度来感知企业提供产品和服务的价值；二是从客户为企业提供价值的角度展开，即从企业的角度出发，根据客户消费行为和消费特征等变量测量出客户能够为企业创造的价值，它衡量了客户对企业的相对重要性，是企业进行差异化决策的重要标准；三是从企业和客户互为价值感受主体和客体的角度研究，也称为客户价值交换研究。

2. 客户价值的构成要素

企业与客户关系的质量体现在客户为企业创造的价值上，包括客户购买价值、客户口碑价值、客户信息价值、客户知识价值和客户交易价值。

（1）客户购买价值（Customer Purchasing Value，CPV）。客户购买价值是指客户直接购买企业产品而为企业提供的利益总和。客户购买价值受客户消费能力、客户份额、单位边际利润率的影响。客户购买价值的计算公式为：

$$\text{CPV} = \text{客户消费能力} \times \text{客户份额} \times \text{单位边际利润率}$$

（2）客户口碑价值（Public Praise Value，PPV）。客户口碑价值是指客户向他人推荐和宣传本企业产品而创造的价值。客户口碑价值的大小与客户自身的影响力、影响范围，以及受影响人群的平均购买价值有关。

客户影响力越大，在信息传达过程中的“可信性”越强，信息接收者学习与采取行动的倾向性就越强，客户口碑价值也就越大。同时需要明确的是，客户影响力有正有负，正向的客户影响力有助于树立良好的企业形象，帮助企业发展新客户。负向的客户影响力往往来源于客户的抱怨和差评，它会把企业的潜在客户推向竞争对手。

另外，客户口碑价值还与影响范围相关，即客户口碑传播的范围越广，可能受到影响的人群就越多。客户口碑价值最终体现在受影响人群为企业带来的直接收入上，受影响人群平均购买价值的高低与客户口碑价值正相关。客户口碑价值的计算公式为：

$$PPV = 影响力 \times 影响范围 \times 受影响人群的平均购买价值$$

（3）客户信息价值（Customer Information Value，CIV）。客户信息价值是指客户为企业提供的基本信息的价值。这些基本信息包括两类：一是企业在为客户建档时由客户无偿提供的信息；二是在企业与客户双向互动的沟通过程中，客户以不同方式（如抱怨、建议、要求等）向企业提供的各类信息。

客户信息价值中的基本信息不仅为企业节省了信息收集费用，而且为企业制定营销策略提供了较为真实准确的一手资料。客户信息价值基本上可以视为一个常量，因为在企业现有的规范和处理流程下，每一个客户都可能为企业提供相同属性维度的信息。

（4）客户知识价值（Customer Knowledge Value，CKV）。客户知识价值是客户信息价值的特殊化，不是每个客户都具有客户知识价值，不同客户的知识价值也有高低之分。客户知识价值有三个方面的含义：一是客户本身的知识，如谁是企业的客户，他们的需求是什么；二是关于客户的知识，如客户特征、喜好、交易历史、再次交易的可能性；三是关于客户环境和客户关系网的知识与观点。

（5）客户交易价值（Customer Transaction Value，CTV）。客户交易价值是指企业在获得客户品牌信赖与忠诚的基础上，通过联合销售、提供市场准入、转卖等方式与其他市场合作获取的直接或间接收益。客户交易价值受到品牌联想度、客户忠诚度、产品关联度等因素的影响。在计算客户交易价值时，可以将企业通过交易获取的收益平均分摊到有交易价值的顾客上。

3. 客户价值区分

（1）客户价值区分的目的。客户价值区分的目的不仅在于实现企业对客户统一的有效识别管理，更在于指导企业在实施客户关系管理时如何配置战略性资源以及制定客户服务营销策略。客户价值区分不但能够节省企业的营销成本，而且有助于企业分析目标客户的消费行为和心理行为，以便企业把握客户的潜在需求，从而基于不同的客户，提供个性化、定制化的产品内容和营销策略。

(2) 客户价值区分的方法。按客户对企业的利润贡献价值不同，可以将客户分为高贡献客户和低贡献客户，对高贡献客户可以提供高价值的服务，对低贡献客户可以提供低价值的服务。按客户与企业联系的时间周期长短不同，可以将客户分为长期客户和临时客户，长期客户是企业持续跟进关注的客户；对于临时客户，企业可以适当地进行宣传，向其提供优惠活动。

3.1.2 客户价值分层的方式

客户价值分层主要有两种方式。一种是通过客户的成长轨迹分层，根据客户的生命周期将其分为“导入期—成长期—成熟期—休眠期—流失期”，每个阶段对客户的营销目标都不一样。另一种是根据客户关键行为划分，实现客户分层。通过客户关键行为对客户进行价值分层是找到能够衡量客户价值的关键行为，对其进行交叉分析和评估，最终形成某种分层模型，比如经典的 RFM 模型。下面就以 RFM 模型为基础，重点讲解这种客户价值分层的方式。

1. RFM 模型的含义

RFM 是客户分析和客户价值衡量的重要模型之一，其中，*R* 表示最近一次消费（Recency），*F* 表示消费频率（Frequency），*M* 表示消费金额（Monetary）。RFM 可以依据这三个指标将客户动态分组，并进一步指导客户营销的下一步工作。RFM 分析是根据客户活跃程度和交易金额贡献，进行客户价值细分的一种常用方法。

动画：RFM 模型的含义

(1) 最近一次消费（Recency，简称 *R*），指客户距离当前最后一次消费的时间。最近一次消费时间越近的客户，越有可能对提供的商品或服务产生反应。该指标与客户的复购和流失直接相关。

(2) 消费频率（Frequency，简称 *F*），指客户在限定的时间内所购买产品或服务的次数。根据这个指标，可以得出客户的忠诚度，最常购买的消费者，忠诚度往往最高。消费频率同样体现了客户的满意度。该指标用于衡量客户消费的活跃度。

(3) 消费金额（Monetary，简称 *M*），指客户的消费能力，通常以客户平均每次消费的金额作为衡量指标。该指标用于反映客户对公司的贡献值。

2. 客户分类规则

将最近一次消费（*R*）、消费频率（*F*）和消费金额（*M*）3 个指标按价值从低到高排序，并把这 3 个指标作为 *X*、*Y*、*Z* 坐标轴。在模型中将客户的 *R*、*F*、*M* 指标的数值分别进行梯度划分，通常每个指标被划分为 5 个梯度，对应 5 个分值，针对每个指标进行打分（1~5 分），根据数据分布和业务不同，打分的标准也可以更改。常用的方法有等深分箱、等距分箱等。

对三个指标打分后可以将客户分成多个类别，然后针对每个类别的客户设计对应的营销策略。在实际应用 RFM 模型时，通常将每个指标分为高低两类，先计算客户

R、F、M 指标的平均值，再将具体客户的分值依次与平均值比较，得出高低差别情况，最后据此将客户分成 8 个类别。基于 RFM 模型的客户分类如图 3-1 所示。

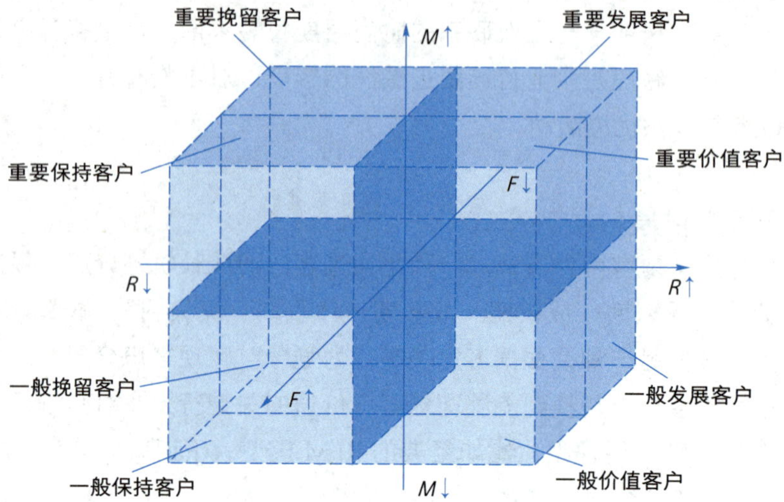

图 3-1　基于 RFM 模型的客户分类

（1）重要价值客户。重要价值客户属于企业的忠诚客户，是指那些最新购买、最常购买，并且花费金额最多的客户。按照客户的生命周期来看，企业需要一定的营销策略延长客户忠诚时间，如施行会员服务、VIP 服务等让客户可以产生荣誉感的营销策略。

（2）重要保持客户。重要保持客户是指最近一次消费时间距离现在较远，但消费频次和总金额较高的客户。他们是一段时间内没有互动的忠实客户（可能即将流失），需要营销人员主动联系进行挽留。企业可以通过电话沟通唤起客户对品牌的认知，根据客户反馈制定个性化营销策略，如发送大额优惠券等。

（3）重要发展客户。重要发展客户是指近期有发生购买行为且消费金额高于多数客户，但是购买频率较低的客户。企业需要刺激此类客户进行复购，增加他们对品牌的忠诚度，可以通过短信、邮件等方式定期推送新品、爆款、折扣等信息，吸引客户增加购买频率；也可以提供会员或忠诚度计划或推荐相关产品以实现销售并帮助他们成为企业的忠实拥护者和高价值客户。

（4）重要挽留客户。重要挽留客户是指历史消费金额较高，但是购买频率较低，近期没有发生购买行为，已经趋于流失的客户。对于此类客户，企业应刺激他们进行复购，增强他们对产品及品牌的印象。针对这部分客户，企业可以策划较大的让利活动，如推出“0 元试用”“买一送一”等服务。企业还可以设计召回策略，通过相关的促销或续订活动挽回此类客户，同时进行相关调查以找出问题并加以解决，以避免其成为竞争对手的重要客户。

（5）一般价值客户。一般价值客户是指近期购买频率高但是总消费金额低的客户。这部分客户的客单价较低，企业可以尝试通过数字互动营销精准“种草”，如利用抖音等平台的信息流广告等方式推送企业明星产品，增加品牌曝光度，提高客单价。

（6）一般发展客户。一般发展客户是指近期发生购买行为，但购买频率和消费金额较低的客户。从客户生命周期看，此类客户处于引入期或成长期，需要企业主动联系，跟踪产品使用情况，提供良好的售后服务，增加客户对品牌的信赖度，提高其对品牌的满意度，进而提升此类客户的复购率和消费金额。

（7）一般保持客户。一般保持客户是指消费频率虽高但消费金额不高且很久未购买的客户。企业可以向其提供积分制的会员策略，不断分享各种优惠活动和打折服务，改变宣传方向和策略以与他们重新联系。

（8）一般挽留客户。一般挽留客户是指 R、F、M 值都很低的客户。针对这类客户企业可以减少营销和服务预算，或直接放弃。

8 类客户的具体 R、F、M 值状态如表 3-1 所示。

表 3-1　8 类客户的具体 R、F、M 值状态

类别	R	F	M
重要价值客户	高	高	高
重要发展客户	高	低	高
重要保持客户	低	高	高
重要挽留客户	低	低	高
一般价值客户	高	高	低
一般发展客户	高	低	低
一般保持客户	低	高	低
一般挽留客户	低	低	低

3. 客户价值分层步骤

下面通过一个客户交易的样本数据集来简单演示 RFM 分析是如何进行的。

（1）计算 R、F、M 值。要得到 R、F、M 这 3 个指标，一般需要数据的 3 个字段：客户 ID（或者客户名称）、消费时间、消费金额，还要确定分析的时长（用于计算 F 值和 M 值）。通过这些数据可以计算出不同客户 R、F、M 这 3 个指标的值。构建 R、F、M 三个维度下的原始数据，如表 3-2 所示。

表 3-2　*R*、*F*、*M* 三个维度下的原始数据

客户 ID	*R*/ 天	*F*/ 次	*M*/ 元
1	4	6	540
2	6	11	940
3	46	1	35
4	23	2	65
5	15	4	179
6	32	2	56
7	7	3	140
8	50	1	950
9	34	15	2 630
10	10	5	191
11	3	8	845
12	1	10	1 510
13	27	3	54
14	18	2	40
15	5	1	25

（2）给 *R*、*F*、*M* 值赋分。使用 *R*、*F*、*M* 值从 1~5 对这些客户进行排序。*R* 值的评分机制是 *R* 值越大，评分越小，按最近一次消费的时间对客户进行排序，最新的购买者排在首位。由于为客户分配的分数是 1~5，因此前 20% 的客户（客户 ID 为 12、11、1）的 *R* 值赋分为 5，接下来 20% 的客户（客户 ID 为 15、2、7）的 *R* 值赋分为 4，其余客户以此类推，逐一赋分。对 *R* 值数据处理后，所得结果如表 3-3 所示。

表 3-3　*R* 值数据处理后的结果

客户 ID	*R*/ 天	排名	*R* 值赋分
12	1	1	5
11	3	2	5
1	4	3	5
15	5	4	4
2	6	5	4

续表

客户 ID	R/ 天	排名	R 值赋分
7	7	6	4
10	10	7	3
5	15	8	3
14	18	9	3
4	23	10	2
13	27	11	2
6	32	12	2
9	34	13	1
3	46	14	1
8	50	15	1

同样地，可以根据客户的消费频率从高到低对其进行排序，将前 20% 客户的 F 值赋分为 5，以此类推，逐一进行赋分。对于消费金额，则对前 20%（消费最多的）的客户的 M 值赋分为 5，以此类推，最低的 20% 的客户的 M 值赋分为 1。对 R、F 值的数据进行处理后，所得结果分别如表 3–4 和表 3–5 所示。

表 3–4　F 值数据处理后的结果

客户 ID	F/ 次	排名	F 值赋分
9	15	1	5
2	11	2	5
12	10	3	5
11	8	4	4
1	6	5	4
10	5	6	4
5	4	7	3
13	3	8	3
7	3	8	3
4	2	10	2

续表

客户 ID	*F*/ 次	排名	*F* 值赋分
14	2	10	2
6	2	10	2
15	1	13	1
8	1	13	1
3	1	13	1

表 3-5　*M* 值数据处理后的结果

客户 ID	*M*/ 元	排名	*M* 值赋分
9	2 630	1	5
12	1 510	2	5
8	950	3	5
2	940	4	4
11	845	5	4
1	540	6	4
10	191	7	3
5	179	8	3
7	140	9	3
4	65	10	2
6	56	11	2
13	54	12	2
14	40	13	1
3	35	14	1
15	25	15	1

（3）计算 RFM 模型得分。将这些客户的 *R*、*F*、*M* 值排名结合起来得到一个汇总的 RFM 模型得分。表 3-6 中显示的 RFM 模型得分是各个 *R*、*F*、*M* 值得分的平均值，是通过对每个客户 ID 的 RFM 模型属性赋予相等的权重来获得的。RFM 模型最终得分如表 3-6 所示。

表 3-6　RFM 模型最终得分

客户 ID	R、F、M 值得分	RFM 模型得分[①]
1	5，4，4	4.3
2	4，5，4	4.3
3	1，1，1	1.0
4	2，2，2	2.0
5	3，3，3	3.0
6	2，2，2	2.0
7	4，3，3	3.3
8	1，1，5	2.3
9	1，5，5	3.7
10	3，4，3	3.3
11	5，4，4	4.3
12	5，5，5	5.0
13	2，3，2	2.3
14	3，2，1	2.0
15	4，1，1	2.0

需要注意，企业如果仅根据这些客户的购买或消费行为将他们的 R、F、M 值得分平均以获得 RFM 模型细分市场并不公平。因为这类平均值只适合于均类数据，对于一些不规则的客户数据，平均值会造成很大的误差。所以，根据业务性质，企业可以科学地增加或减少每个 RFM 模型变量的权重，以得出最终分数。

此外，企业需要针对自己的行业特点灵活变通指标。例如，在金融行业，最近一次购买时间可能并不适用，此时可以考虑采用金融产品持有时间作为 R，这样更能体现客户与企业建立联系时间的长短。

3.1.3　客户差异化营销

1. 差异化营销认知

所谓差异化营销，是指面对已经细分的市场或客户，企业选择两个或者两个以上的子市场或客户作为市场营销目标，根据每个子市场或客户的特点，分别提供有针对

① 此处计算保留一位小数。

性的产品、服务以及相应的销售措施，分别制定产品策略、价格策略、渠道（分销）策略，以及促销策略并实施。

差异化营销的核心思想是“细分市场，针对目标客户群进行定位，导入品牌，树立形象”。这是在市场细分的基础上，针对目标市场的个性化需求，通过品牌定位与传播，赋予品牌独特的价值，树立鲜明的形象，建立品牌的差异化和个性化核心竞争优势。

差异化营销不是某个营销层面、某种营销手段的创新，而是产品、概念、价值、形象、推广手段、促销方法等多方位、系统性的营销创新，并在创新的基础上实现品牌在细分市场上的目标聚焦，以帮助企业取得战略性的领先优势。

2. 差异化营销策略

差异化营销策略主要从产品差异化、服务差异化、形象差异化三个方面考虑。

（1）产品差异化。产品差异化是指从产品的特征、工作性能、耐用性、可靠性、易修理性、式样和设计等方面进行差异化区分。对于同一行业的竞争对手来说，产品的核心价值基本相同，所不同的是性能和质量。在满足客户基本需要的情况下，为客户提供独特的产品是企业差异化战略追求的目标。

① 产品特征是指产品自身构造所形成的特色。大多数产品都具有不同的特征。其出发点是产品的基本功能，企业通过增加新的特征来推出新产品。例如，小米根据产品特征的不同推出差异化的手机产品“小米手机”和“红米手机”，在红米手机下面又有 Note、K 等不同子系列。

② 式样是指产品给予购买者的视觉效果和感受。以海尔集团的冰箱产品为例，海尔冰箱的式样有欧洲、亚洲和美洲三种不同风格。欧洲风格表现为严谨、方门、白色；亚洲风格以淡雅为主，用圆弧门、圆角门、彩色花纹、钢板来体现差异；美洲风格则突出华贵，以宽体流线造型为主。

（2）服务差异化。服务差异化是指企业向目标市场和客户提供与竞争者不同的优质服务。在日益激烈的市场竞争中，服务已成为全部经营活动的出发点和归宿。尤其是在难以突出有形产品的差别时，竞争成功的关键常常取决于服务的数量与质量。如今，产品的价格和技术差别正在逐步缩小。只有差异化的服务才能使企业和产品在消费者心中永远占有一席之地。

（3）形象差异化。形象差异化是指通过塑造与竞争对手不同的企业、产品和品牌形象来赢得竞争优势。形象就是公众对产品和企业的看法和感受。塑造形象的工具有名称、颜色、标识、标语、环境、活动等。

在实施形象差异化策略时，企业一定要针对竞争对手的形象和消费者的心智而采取不同的策略。例如，为了突出自己纯天然的形象，某矿泉水品牌在红色的瓶标上除了商品名之外又印了一张千岛湖的风景照片，以彰显其水源来自千岛湖的纯净特色。

行业洞察

智能体解锁营销“千人千面”新境界

在人工智能领域，大模型与智能体（Agent）有着本质区别。大模型侧重文本生成，而智能体更强调“自主性”，它能主动感知环境变化，自主决策执行任务，并在交互中持续优化策略。这一特性使其在营销场景中脱颖而出，成为企业实现差异化营销的核心技术。这一技术革新并非简单的工具升级，而是通过数据智能分析、内容动态生成、场景化交互，以及全链路优化，系统重构营销价值链，推动行业向“千人千面”的差异化营销时代迈进。

精准的数据洞察是差异化营销的根基，而智能体的多模态数据处理能力正在重塑这一环节的底层逻辑。传统营销依赖静态用户标签与历史数据分析，难以实时捕捉消费者需求的动态变化。智能体则通过接入社交媒体、电商平台、线下传感器等多源数据，结合自然语言处理（NLP）与计算机视觉技术，对用户的行为轨迹、情感倾向、场景需求进行实时解析。例如，某美妆品牌部署的智能体系统，能够自动抓取用户在小红书、抖音等平台的评论内容，通过情感分析模型识别用户对特定成分、功效的偏好。同时，结合用户搜索关键词与购买记录，动态生成个性化标签体系。这种基于智能体的实时洞察能力，不仅能够精准定位目标客户群体，而且能够预测潜在需求，为差异化营销提供动态、立体的数据支撑。

在内容生产与投放环节，智能体推动营销从“标准化内容分发”向“个性化场景适配”转型。一方面，基于生成式 AI 的智能体能够根据用户画像与实时场景，自动生成图文、视频、H5 等多元营销内容。以旅游行业为例，智能体可以根据用户的历史出行记录、搜索关键词与当前地理位置，生成包含定制化行程推荐、景点攻略、限时优惠的专属营销素材，提升内容吸引力。另一方面，智能体通过强化学习算法，持续优化内容投放策略。在信息流广告场景中，智能体可以实时监测广告点击率、转化率等数据，动态调整投放渠道、时段与素材组合，确保营销资源能够精准触达高潜力用户，实现“投其所好”的差异化传播效果。

智能体在营销交互层面的应用，为差异化体验创造了全新可能。虚拟数字人、智能客服等交互型智能体，能够基于用户对话内容和情绪状态提供个性化服务。例如，在零售场景中，虚拟导购借助 AR 技术为用户提供虚拟试穿、搭配建议，同时根据用户反馈实时调整推荐策略。这种基于智能体的动态交互，不仅增强了用户的参与感，而且通过情感化沟通建立品牌信任，将营销转化为“一对一”的专属服务体验。

智能体技术正在以数据智能为燃料、以动态交互为引擎，推动差异化营销从概念走向现实。未来，随着技术的持续演进，智能体将进一步融入营销全链路，助力企业在激烈的市场竞争中精准锚定用户需求，实现营销效能与品牌价值的双重跃升。

◆ 任务演练

App 客户价值分层

1. 任务描述

天翔集团 App 在过去的一年里积累了大量的客户数据，通过数据清洗，获取到了有效的客户数据。为了更好地制定新一年的营销策略，提升数字营销效果，营销人员准备首先利用 RFM 客户价值分层模型，结合业务类型和产品属性，确定客户价值分层的关键指标。然后，根据客户价值分层关键指标，结合采集到的客户数据，分别从 Recency（最近一次消费）、Frequency（消费频率）、Monetary（消费金额）三个维度对现有的客户进行价值分层，为接下来的 App 差异化营销做好准备。

2. 任务分析

做好客户价值分层的意义是通过将有限的资源分配给最有价值的客户来实现更好的客户留存。RFM 客户价值分层模型适用于生产多种商品的卖家，而且这些商品（如消费品、化妆品、服装、零食等）单价相对不高；它也适合只有少数耐久性商品的企业，该企业中有一部分商品（如面膜、尿不湿、零食等）属于消耗品。

RFM 模型中的指标会根据企业的业务类型和产品属性的不同而有所变化。一定要结合实际业务去选取不同维度的分析指标。例如，对于通过社交类 App 获取的客户，R 是指最近一次使用，F 是指使用间隔，M 是指使用市场；对于通过线上店铺获取的客户，R 是指最近一次下单，F 是指购买频率，M 是指消费金额。

如果客户数据不是很多，也可以减少分类级别，先根据业务类型和产品属性界定好关键指标以及关键指标的数据范围，再分别从 R、F、M 三个指标进行客户分层。

3. 任务操作

（1）根据 RFM 客户价值分层模型，筛选客户数据表中可用于分析客户价值的关键指标，完成表 3-7。

表 3-7　客户价值关键指标

序号	关键指标	序号	关键指标	序号	关键指标
1		5		9	
2		6		10	
3		7		11	
4		8		12	

（2）根据 RFM 客户价值分层模型，确定 R、F、M 值对应的客户分组与数据范围，完成表 3-8。

表 3-8　客户分组与数据范围

指标	客户分组	数据范围
R 值		
F 值		
M 值		

4. 任务评价

本任务评价具体内容见表 3-9。

表 3-9　App 客户价值分层任务评价

序号	评分项	评分标准
1	*R* 值对应客户分组	（1）*R* 值对应的客户分组合理 （2）*R* 值大小对应的数据筛选范围正确 （3）按照筛选条件筛选出的客户符合 *R* 值客户分组标准
2	*F* 值对应客户分组	（1）*F* 值对应的客户分组合理 （2）*F* 值大小对应的数据筛选范围正确 （3）按照筛选条件筛选出的客户符合 *F* 值客户分组标准
3	*M* 值对应客户分组	（1）*M* 值对应的客户分组合理 （2）*M* 值大小对应的数据筛选范围正确 （3）按照筛选条件筛选出的客户符合 *M* 值客户分组标准

◆ 任务拓展

社群客户价值分层

天翔集团不仅通过企业 App 进行引流，而且通过社群渠道与客户进行数字互动营销。其社群创建 3 个月后，积累了一定的客户数据。社群营销人员为了更好地制定下一步营销策略，准备对近 3 个月内通过社群积累的客户数据进行深入分析，使用 RFM 客户价值分层模型，对社群内的客户进行分层，为接下来的社群差异化营销做好准备。

参考 App 客户价值分层的操作流程，结合 RFM 客户价值分层模型、社群营销特性和社群客户特点，完成社群客户价值分层。

任务 3.2

新客户留存营销

客户增长的主线是 AARRR 模型。在该模型中，新客户的留存就是“激活”，因此，新客户留存营销的主线是从产品启动到关键行为的转化。做好新客户留存营销，会带来整体客户留存率的提升，也会节约获客成本。除此之外，从实操角度来讲，新客户由于访问路径相对单一，留存策略更容易实施，也更容易聚焦。提升新客户留存率，可以理解为通过产品或者营销策略，让客户的生命阶段从新客户向活跃客户迁移。

通过本任务的知识准备、任务演练和任务拓展，了解新客户留存的含义和分析指标，掌握新客户关键行为分析的内容，熟悉新客户留存营销的方法，提高新客户的留存率，提升新客户留存营销的能力。

◆ 知识准备

3.2.1 新客户留存认知

1. 客户留存的含义

客户留存是指企业在一段时间内留住其客户的能力，可以理解为客户的需求在产品或服务范围内得到满足而主动留下来继续使用产品或服务的一种状态。客户留存通常使用客户留存率来衡量。

客户在某段时间内开始使用某种产品，经过一段时间后，仍然继续使用该产品的客户就是留存客户，这部分客户占当时新增客户的比例就是客户留存率。客户留存率通常会按照每隔特定的 1 单位时间（日、周、月）来统计。客户留存率体现了产品的质量和保留客户的能力。

2. 客户留存分析指标

客户留存有多种分析指标，常用的分析指标主要有以下三种：

（1）第 N 天留存（N-day 留存）。第 N 天留存通常是指到某个特定时间的客户留存，要求满足初始行为条件的客户在后续的第 N 天（只计算该天）完成购买或回访。若满足该条件的客户数为 n，在指定的某个时间点触发回访行为的客户数为 m，那么该时间点的客户留存率就是 $\frac{m}{n}\times 100\%$。

该分析指标中的“第 N 天”可以是“日”“周”“月”，它先通过时间条件划分客户群，然后精确跟踪后续每一天的客户访问情况。第 N 天留存分析法各指标的含义如表 3-10 所示。

表 3-10 第 N 天留存分析法各指标的含义

具体指标	指标含义
次日留存	统计再次使用产品的时间间隔小于 24 小时的客户占日新增客户的比例
7 天留存	统计再次使用产品的时间间隔小于 7 个自然日的客户占日新增客户的比例
30 天留存	统计再次使用产品的时间间隔小于 30 个自然日的客户占日新增客户的比例

第 *N* 天留存更多反映的是产品的活跃水平，并不单纯针对新增客户。在产品的迭代过程中，往往会有很多核心功能、客户体验等的改变，如果企业想要更真实地观察产品迭代过程中的客户留存和活跃情况，应当对客户群体进行扩展。

（2）*N* 天内留存（Unbounded 留存）。第 *N* 天留存是只计算第 *N* 天完成回访行为的客户，*N* 天内留存会累计计算 *N* 天内所有完成过回访行为的客户。它通过特定条件划分客户群（同期群），然后整体评估某段时间内客户的留存情况或者流失情况。*N* 天内留存分析法各指标的含义如表 3-11 所示。

表 3-11 N 天内留存分析法各指标的含义

具体指标	指标含义
次日留存	统计日活跃客户中，次日再次使用产品的客户占比
7 天留存	统计日活跃客户中，往后 7 天内再次使用产品的客户占比
30 天留存	统计日活跃客户中，往后 30 天内再次使用产品的客户占比

（3）自定义观察期留存（Bracket 留存）。第 *N* 天留存和 *N* 天内留存都是以独立的天 / 周 / 月为观察单位，但有时企业不希望受限于这种固定的时间度量，希望划分出几个特定的观察期，这时就应采用自定义观察期留存的分析指标。它适用于需要更灵活的观察客户回访行为的企业。例如，可以根据实际情况划分为如下四个观察期：

① 第一个观察期是次日；

② 第二个观察期是第 3 日到第 7 日；

③ 第三个观察期是第 8 日到第 14 日；

④ 第四个观察期是第 15 日到第 30 日。

以某购物平台为例，4 月 9 日新增客户第三天的留存就是 4 月 12 日再次购买产品的客户，即第 *N* 天留存；4 月 10 日、4 月 11 日和 4 月 12 日这 3 天中任意一天购买产品的去重客户，即 *N* 天内留存；如果自定义一个观察期为第 3 日到第 7 日，就是

4 月 12 日到 4 月 16 日中任意一天购买产品的去重客户，即自定义观察期留存。

3. 新客户留存的意义

（1）做好新客户留存，会带来整体客户留存率的提升，也会节约获客成本。例如，某企业通过两个渠道来获取客户，每天带来的新增客户数都是 1 万人。渠道 A 的次日留存率是 40%，那么第二天还在活跃的客户数为 4 000 人；渠道 B 的次日留存率是 30%，第二天还在活跃的客户数为 3 000 人。从成本角度来看，新客户留存率数据的高低，也决定了新客户留存成本的差异。假设获客单价是 10 元，第一天有 1 万名新增客户，那么不同新客户留存率下的获客成本如表 3–12 所示。

表 3–12　不同新客户留存率下的获客成本

新客户留存率	剩余活跃客户数量 / 人	新客户留存平均成本 / 元
50%	5 000	20
20%	2 000	50
10%	1 000	100

由表 3–12 可知，如果新客户留存率达到 50%，那么新客户留存平均成本为 20 元；如果企业只实现了 10% 的留存率，那新客户留存平均成本就高达 100 元。两者相差巨大，这就是获客成本的浪费。

（2）由于新客户访问路径相对单一，留存策略更容易落地，也更容易聚焦。新客户的访问路径相对单一，针对主要路径去优化聚焦，效率会更高。另外，企业通过部分渠道可以获取客户的人口属性（性别、地域、兴趣偏好等）数据，可以根据渠道来源进行客户精细化营销。

3.2.2　新客户关键行为分析

新客户留存营销的关键是找到影响客户留存的关键节点，然后通过引导客户完成“关键行为”，实现客户对产品价值的感知，进而提升新客户的留存率。不同产品对“关键行为”的定义各不相同，电商类产品的“关键行为”是客户下单购买，社交类产品的“关键行为”是客户留言互动。这里的客户关键行为，是著名的顿悟时刻理论的一个关键要素。

动画：抖音的两个 Aha Moment

1. 顿悟时刻认知

顿悟时刻（Aha Moment）的定义是：“思考过程中一种特殊的、愉悦的体验，其间会突然对之前并不明朗的某个局面产生深入的认识。”现在多用顿悟时刻来表示某个问题的解决方案突然明朗化的时刻。

顿悟时刻也叫“啊哈时刻”“尤里卡效应[①]”，是指客户第一次感受到企业产品价值的时刻。它通常出现在客户第一次使用产品时，特别是客户激活的过程中。顾名思义，“啊哈”是一种情绪表达，产品给客户留下了足够强烈的第一印象，从而使顾客感受到品牌价值。

换言之，一旦客户接触到产品，就会开始寻找产品对他们的价值。在客户确认产品“有用”的那一刻，就遇到了产品中的顿悟时刻。客户可能会、也可能不会意识到这一刻的发生，但无论如何，一个客户是否经历了这一时刻，决定了他/她会成为产品的留存客户还是流失客户。

关于顿悟时刻，有几个非常核心的假设：

（1）产品对于客户而言是有长期价值的；

（2）通过某些关键行为，客户可以快速感受到产品的长期价值；

（3）完成这些关键行为的客户有更大的可能性留下来。

将客户从新客户转化为忠诚客户，顿悟时刻更像是一种“上瘾”机制。企业通过研究留存客户行为的共同点，优化产品设计，让更多客户能够更直接地触达这个操作，从而提高留存意愿。知名产品的顿悟时刻及营销策略如表 3-13 所示。

表 3-13　知名产品的顿悟时刻及营销策略

产品	顿悟时刻	营销策略
支付宝	7 天内稳定使用支付宝 3 个以上的功能	首页展示、消息推送、功能推荐等产品策略的优化
微信	完成 7 个好友的添加	在产品各功能模块中突出引导用户添加好友
Faceu（激萌）	一天利用滤镜完成 1 张照片的美化	滤镜体验前置，缩减新用户使用滤镜的途径
全民 K 歌	首次唱歌并听到声音处理后的优质效果	引导用户唱第一首歌
新浪微博	用户关注的用户数达到 30 个以上	在注册后会进行推荐关注

2. 顿悟时刻定位

顿悟时刻定位，实际上就是通过分析，找到活跃客户与流失客户之间的行为差异，分析这种行为差异背后的客户核心诉求；然后通过产品或营销手段，尽可能地满足新客户的核心诉求，从而完成对新客户的留存。

---

① “尤里卡”源自古希腊语，意为“好啊，有办法啦”。尤里卡效应可以理解为顿悟时刻的另一种表述方式。

顿悟时刻定位的思路基于顿悟时刻中的几个假设：首先，要明确产品对于客户的价值是什么；其次，要明确哪些关键行为有助于使客户快速感受到产品的核心价值；再次，要通过数据分析筛选并确定关键行为；最后是引导客户完成关键行为。

（1）明确产品价值。提炼产品价值，找到新客户在开始使用产品时能够最快感受到长期价值的方式。例如，企业可以通过几个问题来找到产品价值：

① 客户是谁?

② 客户用这个产品要解决的问题是什么?

③ 客户为什么要解决这个问题?

④ 客户还有什么其他方法解决这个问题?

可以通过客户调研，对比不同客户的回答，发现产品对客户最重要的价值了。

（2）定义关键行为。关键行为就是客户在使用产品的过程中发生的重要行为，是客户产生其他行为的基础。关键行为一般围绕产品的核心功能和服务展开。此定义中的核心假设是客户完成了关键行为会更快感受到产品的价值，而感受到产品价值的客户是有更大可能性留存。以资讯类产品为例，客户最核心的关键行为就是阅读、点赞、评论、收藏、分享。

（3）确定关键行为。企业需要通过一些数据指标细化客户行为的具体次数和时间周期，对关键行为假设进行证实或者证伪。通常情况下，经验周期一般为次日、7 日后或者次月。此外，还可以通过绘制折线图的方法找到比较明显的行为拐点。确定关键行为的核心思路是找到留存客户和某一关键行为的重合度，即找到做了某行为并且留下来的客户，重合度最大的区间就是顿悟时刻，如图 3-2 所示。

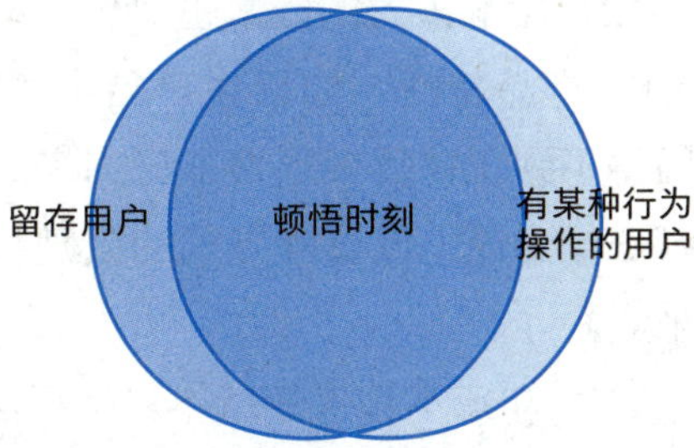

图 3-2　重合度最大的区间就是顿悟时刻

企业需要分析三种用户群体：① 没有关键行为但留下来了的用户；② 有关键行为但没有留下来的用户；③ 有关键行为并且留下来的。用户群体分析的核心是计算有关键行为并且留下来的客户的比例，通过分析这个比例与行为次数、周期的关系来确定具体的关键行为和次数。

（4）引导客户完成关键行为。这一步骤又可以分为两个阶段，第一个阶段是验证之前的猜想，即确认该行为与客户留存有正相关性，否则就需要重新确认关键行为。第二个阶段要利用数据结论引导更多的客户在限定的时间段内产生对应的关键行为。

3. 客户行为公式

客户行为公式不仅是企业了解如何激活新客户的思路和方法，更是企业在产品设计时可以有效利用的思维方式。

客户行为公式为：

客户行为 =（动力 − 阻力）× 助推 + 奖励

在上式中，客户行为是指想引导客户完成的行为动作；动力是指需求强度，即客户想要完成某种行为的迫切程度（自身需求&助推）；阻力是指完成该行为需要付出的成本（自身能力&阻碍）；助推是指提示客户完成行为；奖励是指完成行为后客户可以得到的反馈。

根据该公式，客户行为受到动力、阻力、助推和奖励四个要素的影响。同样地，每个要素也有不同的影响因素。

（1）影响动力的因素主要包括以下几点：

① 产品定位和客户群体匹配程度。产品定位和客户群体的匹配程度越高，说明客户群体定位越精准，客户越容易感受到产品的价值

② 产品功能流程的完善程度和覆盖范围。产品功能流程越完善，覆盖范围越广，客户越有安全感，更能明确感受到使用该产品就能解决问题，不需要在多个产品之间切换。

③ 场景属性。特定场景对应的需求频率越高，客户的需求就越迫切。

④ 运营手段。通过运营手段抓住客户的某种心理，从而提升其行为动力。客户心理有从众性，如社区产品提醒客户他关注的客户还关注了哪些内容；客户心理也有稀缺性，如电商产品的秒杀和限量发售活动正是营造产品稀缺氛围引导用户购买。

（2）影响阻力的因素主要包括以下几点：

① 产品特性。如果在产品中，客户达到顿悟时刻的时间太长，就很容易因为长时间得不到正向反馈而增加行为完成的阻力。如在社区产品中，平台通常会对内容生产者进行金钱、流量等方式的激励和扶持，这样便可以减少阻力，使内容生产者坚持下来。

② 认知成本和操作成本。客户本身的能力和素质如何？是否熟悉互联网产品？产品的文案、交互等展示出的信息是否表述清晰、前后一致、逻辑自洽？企业可以在此基础上，针对不同的分析对象，提出不同的问题。

（3）影响助推的因素。这里需要考虑的因素有：客户决策速度、挽回客户的时间窗口期、有无客户触达的渠道等。通常有两种方法：① 适当的时候提醒客户，如开机画面引导，关键功能弹窗提示，产品说明辅助文档等。② 利用外部渠道推送，如产品弹框提示，站内信息引导等。

（4）影响奖励的因素。这里需要考虑的因素有：完成行为越困难，完成后越要奖励客户；对于关键行为，用奖励促使客户形成使用习惯；若流程过长，要有中间环节的奖励设计。通常有两种方法：① 客户完成关键行为后，通过奖励以示鼓励。例如，客户按要求完善个人信息后，就获得积分奖励，提升会员等级。② 即时反馈，使客户有“获得”感。例如，在客户选择感兴趣的标签后，即时生成并展示其“获得”的个性化内容动画。

通过对影响客户行为的“动力、阻力、助推、奖励”四个要素的拆解分析，可以

在综合评估难度和成本后梳理出新客户激活的思路，确定最终的激活方案，然后通过多样化的激活手段进行加强和引导。

3.2.3 新客户留存营销的方法

新客户留存营销的方法主要有增强动力、减少阻力、触发物助推和提供多样化奖励。

1. 增强动力

（1）利用社交关系。社交关系是提升客户信任感和优化新客户个人体验的最好方式。例如，微信读书的新用户通过微信账号登录后，首页会显示朋友正在读的书。

（2）新客户红包。新客户红包要和产品核心业务目标相关，企业的拉新付出要有直接的回报，同时也要避免新客户领完红包后快速流失。例如，网易严选通过发放新人优惠券红包提升下单率，但领取红包时要绑定手机号，以此获取客户信息，为接下来的产品信息推送提供数据储备。

（3）解释原因。在向客户提出要求的时候，告诉客户原因，向其解释这样做有什么好处。例如，职场人脉社交应用脉脉在让客户共享通讯录权限时，解释说这样可以增加职业成长机会。

（4）个性化产品体验。基于对客户行为的分析，企业针对不同的客户提供不同的产品体验，给客户推荐他们最想看到的产品或内容，授权客户选择自己的偏好，是增强动力的常用方式。例如，很多 App 在新客户注册的过程中，让他们自己选择标签，然后根据客户偏好推荐适合的产品或内容。

（5）模拟前置顿悟时刻。如果产品功能让新客户体验到顿悟时刻需要的时间比较长，可以模拟顿悟时刻，将其前置。例如，二手手机回收网站回收手机时，客户可以先通过网上估价看到回收收益，以此提高客户的行动力。

（6）通过客户心理学影响客户。通过制造紧张感、稀缺感等方式，提升客户快速行动的动力。例如，提醒新客户还剩余多少次新人权益；设置梯度价格，每满 50 人降价 50 元等。

2. 减少阻力

（1）移除不必要的步骤和信息。在客户转化流程中，优化流程步骤可以减少流失。例如，在用户登录注册时，可以设置微信一键登录，让客户一键完成注册。

（2）避免客户冷启动。给客户提供默认选项和内容，避免冷场。例如，新闻资讯类 App 在引导新客户时，会有设置默认的兴趣频道。

（3）突出关键行为和路径。优先提示客户使用核心功能，突出产品关键功能和路径。例如，可设置新手指引，让客户进入产品后能够顺利使用相关功能，以满足其需求。

（4）避免给客户太多选择。给予客户太多选择，会造成客户选择成本增大。当面临众多选择时，很多客户往往因为不知道怎么选择而放弃。所以要根据能获取到的客户数据分析，给予适当的数量选择。

（5）先使用再付费购买或者注册。先让客户用最小的成本进行体验，增强信任，再引导后续动作。新客户的黏性较弱，对产品或服务了解不多，转移成本较低。所以，企业要尽可能地增加与客户的联系。

3. 触发物助推

触发物是指刺激客户采取行动的提示，如邮件通知、注册手机短信推送、产品移动推送等。在客户激活阶段，产品接触客户的动机应该是提醒客户存在一个对他们明显有价值的机会，并且这个机会还需要契合产品的核心价值。触发物可以分为以下几种类型：

（1）刺激型触发物。刺激那些能力很强但动机不足的客户采取行动。例如，通过发送产品信息鼓励客户利用短期折扣购买商品；或者提醒客户购物车中的某件商品降价了。

（2）信号型触发物。帮助那些动机和能力都很强的客户沿着正确方向前进并鼓励他们重复行动。例如，推送新功能通知，分享产品升级的消息；或是告之以好友行为变化，即朋友采取了何种行动。

（3）协助型触发物。帮助那些动机很强但能力很差的客户采取行动。例如，鼓励下载产品的客户注册、创建账户；提醒那些有一段时间没有访问企业网站或App的客户回归。

（4）内驱型触发物。这种触发物能够激发长期使用行为。例如，设置重要客户奖励，让那些大量使用产品的客户知道他们很特别，鼓励他们更多地使用产品，和产品建立更加紧密的联系。

4. 提供多样奖励

（1）实际激励。在新客户完成各类购物、团购类App注册时，这些企业会为新客户提供新手红包、新人专享商品、会员限时免费体验等。例如，注册成为网易严选新客户时网易提供的新人必买榜、新人红包，以及会员免费体验30天的客户激活奖励，目的就是让客户尽快完成首次下单，感受到网易严选精选产品的质量，增强新客户黏性。

（2）身份激励。目前，各类App都在做的积分、等级体系就是身份激励。需要注意的是，这种激励一定要和权利、权限或实物相关联，否则就会显得毫无价值，无法激发客户的参与热情，甚至使客户产生负面影响。

（3）权限激励。这种激励的设置方法可以与产品的核心价值一致。例如，百度网盘的任务奖励是为新客户增加网盘的永久免费容量。与向客户发现金红包相比，客户更难衡量网盘免费容量的价值，但却更体现了产品本身的权限价值。因而更能吸引客户的参与，对企业而言，所消耗的成本也大为减少。

（4）测评报告。询问客户有哪些兴趣或是他们希望解决哪些问题，可以立即创造一种承诺。同时，客户与产品之间也建立起了更深层次的关系。这让客户知道，企业对他们很感兴趣，愿意尽其所能为他们提供最好的服务。对企业而言，提供测评报告的边际成本很低，但客户填写的信息对企业而言却很有价值。

◆ 任务演练

App 新客户留存营销

1. 任务描述

贝贝佳是一款集“预购+自提”“在线购买”“客户管理”等功能于一体的综合性母婴类购物 App。主要提供童装、童鞋、玩具、母婴用品等商品的特卖服务，产品适用于婴童以及生产前后的妈妈们。为了增加 App 的使用人数，贝贝佳决定通过微信朋友圈广告和拉新活动两种方式进行 App 推广。经过一周的推广之后，客户拉新数据如表 3-14 所示。

表 3-14　App 客户拉新数据

来源渠道	日平均新增客户 / 人	次日留存率 /%	日平均投入 / 元
朋友圈广告	500	10	1 500
拉新活动	200	30	1 600

通过 App 推广，短期内虽然快速涌入大量新客户，但是留存率不高，导致获客成本过高。基于这种情况，营销人员应准备制定针对新客户的营销策略，对新客户进行留存营销，提高新客户的留存率。

2. 任务分析

新客户由于访问路径相对单一，从实操角度来说，留存策略更容易落地，也更容易聚焦，其营销效率更高。另外，还可以根据渠道来源去做客户的精细化营销。

新客户留存的主线就是从产品启动到关键行为的转化。产品启动是客户使用一个产品的源头，如果产品能很快、很直接地满足新客户的核心需求，达到他的期望，那么客户就会留下来，变成活跃客户。其核心需求反映到产品层面就是顿悟时刻，也就是客户的关键行为。

因此，提升新客户留存的策略，就是通过产品或者运营策略，更快、更直接地满足客户的核心需求。可以从增大动力、减小阻力、增加客户沉没成本和不定时的奖励助推等方面入手。

3. 任务操作

（1）根据任务描述，通过网络或其他途径搜集同类型 App，作为贝贝佳 App 的参考样本，完成表 3-15。

表 3-15　参考 App 内容分析

参考 App 名称	App 介绍（评分、排名、安装次数、主要功能等）

（2）分析客户来源，制定客户细分留存策略，完成表 3-16。

表 3-16　客户细分留存策略

来源渠道	客户特点	留存策略

（3）增加动力，减少阻力，优化产品转化流程，完成影响因素和优化措施分析，完成表 3-17。

表 3-17　影响因素和优化措施分析

分析因子	影响因素	优化措施
动力		
阻力		

（4）活动激励，不定时设置奖励助推客户留存。针对不同渠道的客户，采用不同的活动类型，制定不同的活动规则，引导新客户产生关键行为，从而使其留存，同时完成表 3-18。

表 3-18　活动类型及活动规则制定

客户来源渠道	活动类型	具体活动规则

4. 任务评价

本任务评价具体内容见表 3-19。

表 3-19　App 新客户留存营销任务评价

序号	评分项	评分标准
1	App 内容分析	（1）参考 App 选取具有代表性 （2）App 分析内容全面 （3）App 功能、特性描述准确
2	客户渠道来源分析	（1）渠道传播特点明确 （2）渠道客户特性详细
3	关键行为影响因素分析	（1）动力因素分析合理 （2）阻力因素分析合理 （3）增加动力优化措施合理可行 （4）减少阻力优化措施合理可行
4	激励活动策划	（1）目标客户定位准确 （2）活动类型合理 （3）活动规则设计合理

◆ 任务拓展

1. 微信公众号新客户留存营销

贝贝佳作为中国最受欢迎的母婴品牌之一，不仅拥有自己独立开发的母婴商城类App，还有以分享宝宝成长知识，关注宝宝健康成长、销售童装和童鞋为主的“贝贝佳母婴”公众号。“贝贝佳母婴”公众号通过优质的内容吸引了大批粉丝的关注，目前公众号粉丝数达到5万人。在贝贝佳品牌周年庆之际，通过商品促销、分享有礼活动，该微信公众号一天内获得了500个新客户。

请参考App新客户留存营销的操作流程，结合微信公众号渠道客户特性和传播特点，制定有效的微信公众号新客户留存营销策略，提高新客户的留存率。

2. 小程序新客户留存营销

“贝贝佳玩具”小程序是贝贝佳品牌旗下以销售0~6岁小朋友特价玩具为主的微信小程序。此小程序主要面向对价格敏感的人群，给他们提供更实惠的选择。小程序目前总使用次数达到120 000次，日打开次数为1 000次左右，日成交订单总额约30 000元，客单价主要集中在80~100元。为了提高小程序的知名度和打开率，小程序营销人员利用限时秒杀活动结合朋友圈广告投放的方式进行客户拉新。通过三天的秒杀活动和广告投放，获得了400个新客户。

请参考App新客户留存营销的操作流程，结合微信小程序渠道客户特性和传播特点，制定有效的小程序新客户留存营销策略，提高新客户的留存率。

任务 3.3
活跃客户留存营销

提升活跃客户留存率，可以理解为通过产品或者运营策略，让客户的生命阶段从活跃用户向忠实用户转移，满足客户核心需求与不断变化的新需求。

通过本任务的知识准备、任务演练和任务拓展，了解影响活跃客户的因素，掌握 Hook 模型的含义及适用范围，熟悉活跃客户留存营销的方式，提升活跃客户留存营销的能力，提高活跃客户的留存率。

◆ 知识准备

3.3.1 活跃客户留存认知

1. 活跃客户的含义

相对于“流失客户”的概念，活跃客户是指在一定业务周期内，触发了某种关键行为且达到企业所设置的行为强度阈值的客户。活跃是一种状态，一种客户在产品行为上形成的状态。宽泛地讲，客户在一定时间范围内使用过该产品，就可以算是活跃客户。产品不同，定义维度也不同，回归到产品战略上，企业需要框定客户发生的这些行为是不是设计产品时想要的，客户参与哪些行为是有效的，这些有效的行为往往都属于活跃行为。

（1）定义关键行为。关键行为和客户需求或者产品核心价值有关。例如，阅读类 App 应该将活跃客户对应的关键行为定义为“阅读”，而不是“打开 App”。

（2）确定行为强度阈值。行为强度阈值可以通过设置行为的时长、频率等指标来确定，要结合实际业务场景或者数据分布情况来确定。例如，打开 App 不到 3 秒就退出，很可能是误操作，不能记为活跃客户。仍以阅读类 App 为例，阅读至少一篇文章并超过一定的时长（如 5 分钟），才能算是真的在“阅读”。基于这样的行为强度阈值统计得到的活跃客户数才能体现“阅读”的产品核心价值。

2. 影响客户活跃的因素

影响客户活跃的因素如下：

（1）客户需求。客户需求没有被满足时，会导致其活跃度降低。它分为两种情况：一种是客户需求被抑制。例如，多个知名奶茶品牌出现有异物、发霉等食品安全问题，一时间可能导致很多人会暂时避免购买奶茶类产品，这时奶茶相关企业的客户活跃度自然就会降低，这就是客户需求被抑制的情况；另一种是客户需求未被满足。例如，某餐饮品牌推出外卖业务，因为客户点外卖是一个普遍存在的需求，如果该品牌不这样做，客户就有可能选择其他开展外卖业务的品牌，这样就容易造成客户流失，降低活跃度。

（2）购买能力。购买能力是人们支付货币购买商品或服务的能力，或者说在一定时期内用于购买商品的总能力。影响购买力的主要因素有消费者的实际收入、储蓄和信用情况、支出模式等。

（3）产品。产品是连接客户的基础。产品的品质、价格、丰富度都会影响客户活跃度。增加产品的丰富程度，可以提高客户活跃度，所以很多企业都会拓展产品线。例如，瑞幸咖啡最开始只卖咖啡一种产品，后来新增了“小鹿茶”（水果茶）、甜品、坚果等种类，丰富了产品线，以吸引更多客户。

（4）服务。服务是指企业在充分认识客户需求的前提下，为充分满足客户需求在营销过程中采取的一系列活动。客服素养、社群管理人员的态度等，都对客户的活跃程度起到了至关重要的作用。

（5）营销推广。营销推广对客户活跃度有两种重要作用：① 曝光，唤醒记忆。有时候客户会忘记曾经消费过某个品牌，虽然客户对产品很满意，但间隔久了会记不住，这时企业就要通过营销推广不断唤醒客户记忆。② 强化信任，提升品牌。营销推广能够强化客户的信心，增强客户对品牌的信任度，使其愿意选择品牌。信任是一切成交的前提，如果客户更信任品牌，其活跃度就会更高。

（6）品牌形象。品牌代表一家企业的形象，正向品牌会提高客户活跃度，促进客户购买，负面品牌会降低客户活跃度，削弱客户的购买欲望。例如，孟晚舟事件让华为更多地曝光在中国大众眼前，并因该事件赢得了更多中国人的情感支持，也让华为的产品销量得到再次提升。因此，提升品牌形象也是提升客户活跃度非常重要的方法。

3. 活跃客户留存低的原因

活跃客户留存低的原因如下：

（1）产品触发不足，客户的使用习惯培养不到位。如果客户在使用产品的过程中，未形成稳定的习惯，同时企业缺乏持续的触发机制去引导客户，就会对客户活跃和留存产生不利的影响。所以，合理的唤醒和触发机制能改善这种客户沉默的情况。

（2）渠道触达不精准。在选择投放渠道的时候，企业一定要把精准触达放在首位。不同渠道的客户，对于产品的适配性会存在明显差异，客户需求和产品所提供的价值不完全一致，最终会降低产品整体的客户活跃和留存。因此，企业要持续监控不同渠道的客户质量，重视渠道投放的准确性，以改善客户活跃和留存情况。

（3）客户的差异化需求无法得到满足。当产品覆盖的客户群体非常庞大时，不同类型的客户在相同产品上也会表现出明显的差异化需求，单一的服务和权益无法满足，客户的活跃和留存同样会受到影响，甚至会引起客户流失。这时营销人员需要找到有明显需求差异的客户特征，再提供与之相匹配的服务和权益，这样才能有效解决客户的活跃和留存问题。

（4）缺乏客户激励。如果产品吸引力不足，缺乏激励机制，客户就很难对产品产生持续留存和活跃的理由。营销人员应该设计多种合适的激励玩法，引导客户使用产品，延长其产品使用时长。例如，电商类小程序可以针对客户推出多重特权福利和优惠。当客户添加购物车的时候，还会提醒客户满赠或满减优惠，引导客户点击跳转到指定活动页面选购商品，这不仅实现了客户活跃和留存，还提升了客单价，带来更高的订单金额。

3.3.2 Hook 模型

动画：客户留存营销Hook模型的应用

1. Hook 模型的含义

Hook 模型的本质是通过引导客户行为，让客户在产品内完成行为闭环，成为“回头客”，从而实现循环消费的目标。Hook 模型包括四个要素：触发（Trigger）、行动（Action）、奖励（Reward）、投入（Investment）。

Hook 模型的行为逻辑如图 3-3 所示。

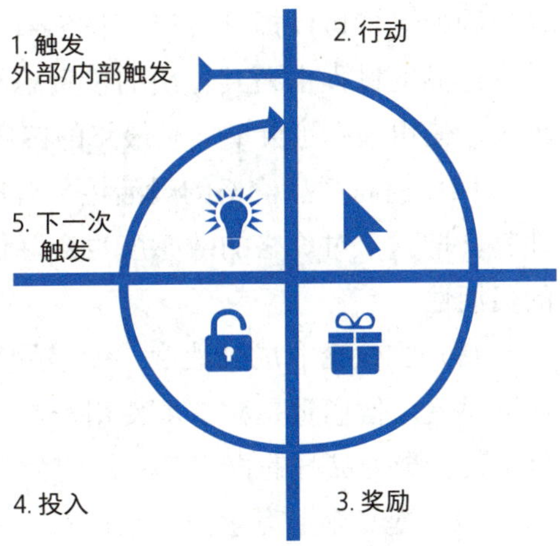

图 3-3 Hook 模型的行为逻辑

（1）触发。所谓触发，即能触动 / 影响客户的点，分为外部触发和内部触发。

① 外部触发，即通过某种客观指引触达客户。常见的有付费性的触发、回馈性的触发、人际性的触发、自主性的触发等。

② 内部触发，即客户自身内在驱动的触达，大多为某种负面或正面的情绪影响。内部触发是更为稳定长久的触发方式，是客户习惯养成的核心因素。内部触发通过客户记忆存储中的各种关联来提醒他们采取下一步行动。

（2）行动。行动必不可少的三要素有充分的动机 / 意愿、完成此行动的能力、促使人们付诸行动的触发。其中，动机 / 意愿一般分为三类：追求快乐，逃避痛苦；追求希望，逃避恐惧；追求认同，逃避排斥。行动是客户在期待奖励时最直接的反应，而任务的难易程度会直接影响客户完成这一任务的可能性。因此，产品方案设计需要尽量为客户的行动扫清客观障碍。

（3）奖励。通过奖励满足客户需求，激发其使用欲。常见的奖励类型主要有：

① 社交奖励，是指客户从产品中通过与他人互动而获取的人际关系奖励。通过与他人互动而被接纳、被认可、被喜爱、被关注，如朋友圈点赞和评论。

② 资源奖励，是指客户从产品中获得的具体资源或信息。

③ 自我奖励，是指客户从产品中体验到的成就感和胜任感。

(4) 投入。客户在享受了各种奖励之后才会对产品投入，企业应通过客户在使用产品上积攒的精力、金钱、时间投入培养回头客，激发其第二轮消费循环并以此改变客户对产品的态度，让客户的关系及资源沉淀在产品里。客户对产品的投入不仅可以改进产品的服务质量，增加客户再次使用产品的可能性，还能令产品价值以内容、数据资料、关注者、信誉或者技能等形式增长。

投入是 Hook 模型的第四个阶段，此时，可以通过加载下一个触发的方式让客户重新开始下一轮循环，从而增加客户反复进入模型的可能性。因此，想要打造一款习惯养成类的产品，就需要通过多样的产品机制触发客户经历多次 Hook 模型的循环。

2. Hook 模型的优点

Hook 模型主要适用于那些要求客户能主动参与其中，并因此需要借助客户习惯来推广产品的行业。一般来说，客户对产品的依赖会给企业带来以下几个方面的好处：

(1) 提升客户的终身价值。让客户对产品形成依赖是提升公司价值的一个有效途径，因为这样可以提升客户终身价值。所谓客户终身价值，是指一个客户在忠实使用某个产品的过程中为其付出的投资总额。当客户对某个产品产生依赖时，使用时间会延长，使用频率也会增加，最终的客户终身价值也会更高。

(2) 提高产品价格的灵活性。客户对某个产品形成使用习惯后，对该产品的依赖性就会增强，对价格的敏感度也会降低。这样，企业在制定价格策略时就会拥有更大的灵活性。

(3) 加快企业成长速度。能够从产品中不断发现惊喜的客户往往乐于和朋友分享这种感受。他们越是频繁地使用产品，就越有可能邀请朋友与之共享。产品的忠实粉丝最终会成为品牌的推广者，他们会自发地为企业做免费的宣传。

(4) 提高企业竞争力。客户对产品的依赖是一种竞争优势。一旦某个产品能够让客户改变自己的生活习惯，那么其他竞争产品就几乎不具备任何威胁。

总而言之，客户的忠实依赖会促使企业给产品做进一步投资。更高的客户终身价值，更大的价格灵活性，更快速的增长，以及更显著的竞争优势，可以共同为企业创造更可观的经济收益。

3.3.3 活跃客户留存营销方式

提升活跃客户留存的策略，就是通过产品或者运营策略满足客户核心需求与不断变化的新需求，最终培养客户的使用习惯。

1. 强化客户投入，增加“储存价值”

强化客户投入是指通过一些方法沉淀客户在产品上的行为，以使客户对产品产生依赖。常见的方法包括以下几种：

(1) 时间投入。通过阶段性的任务强化客户的时间投入，使中途放弃成为一件不容易的事情，如淘宝的“叠猫猫”、拼多多的砍价等。

（2）资金投入。通过年度 / 月度会员等方式，强化客户的资金投入，增加客户离去的损失。

（3）内容投入。通过 UGC 的沉淀，强化客户的内容投入，如微博、朋友圈、笔记类产品等，客户在使用产品的过程中，沉淀了大量的内容，离开自然也变得不容易。

（4）情感投入。通过引导客户投入情感，产生精神寄托，如宠物类产品、养成类互动小游戏等。

（5）社交投入。通过形成稳定的圈子关系，强化客户的社交投入，如微信等社交平台，社交关系越牢靠，客户对产品的依赖性也就会越强。

2. 提升产品回报

提升产品回报在客户眼中的价值可以带来更高的留存率。营销团队应该尝试向客户提供各种各样的回报，让客户使用产品或者服务形成习惯，并鼓励他们通过行动来获取回报。客户采取的行动越多，回报越大，他们认知的回报价值也就越大。企业不应把目光局限在金钱上，而是应该尝试产品体验这种回报。可以试验将实际回报和体验式的社交回报结合起来，具体可参考以下几种回报策略：

（1）品牌大使计划。通常结合社会回报和实际回报，通过授予高级客户的称号给客户提供社会认可及其他实际收益。

（2）认可客户成就。当客户完成了一个里程碑事件后就给他们发去祝贺。例如，运动类应用在用户跑完 3 千米、5 千米、1 万米时都会有相应的提示。

（3）客户关系个性化。提供个性化的“一对一”客户体验。核心在于理解客户、理解客户所处的行业，并确保二者之间建立完美的匹配。

3. 搭建客户激励体系

客户激励是指通过一些方法鼓励客户行为，让客户感受到被认可。客户激励体系要满足三大核心要素：符合产品价值、契合客户场景、具有激励效应。

（1）符合产品价值。每一个产品都有其独特的产品价值，搭建客户激励体系要和产品的核心价值相符合。例如，QQ 的用户等级和特权都是对应的，通过等级提升可以得到相应的特权。

（2）契合客户场景。激励体系的搭建要契合客户场景，即客户在产品内的使用场景。以客户等级称号为例，不同的客户等级称号会对应不同的权益，会给客户线上线下的使用带来不同程度的满足感。需要注意的是，围绕激励体系打造的产品辅助功能不能影响客户的核心产品体验，所以，一定要契合客户场景。

（3）具有激励效应。激励效应是客户激励体系的核心所在，只有契合客户场景，洞察客户心理需求，才能达到激励的效果。如果权益不是客户所需要的，或者奖励不够吸引人，又或者客户付出与所得从客户心理角度衡量时不对等，都会达不到激励效果。契合客户心理的激励体系很重要，这样才能确保所搭建的体系具有激励效应。

4. 养成使用习惯

活跃客户留存的核心目标是让客户养成使用产品的习惯，从而巩固客户对产品的忠诚度。常见的方法包括各类产品的签到功能、电商平台的日常获取积分功能等，这些都是从自然日的维度去刺激客户使用产品，从而使其获得经济上或者精神上的收获，以此沉淀客户。

5. 开发产品新功能

当客户掌握了产品的核心功能，有了一定的产品忠诚度后，就可以引导客户开始关注以前从未使用过的产品功能或是新推出的功能。引导客户沿着学习曲线前行，感受产品为自己带来的更高价值。

但这里需要注意的是要控制更新的节奏，当人们习惯了产品的外观和功能后，过快更新或者突然改变产品就可能得不偿失。另外，添加太多功能对产品而言也是一种挑战，尤其当产品架构不足以承受那么多功能时，新增功能很可能会影响客户对产品原有核心价值的体验。

◆ 任务演练

App 活跃客户留存营销

1. 任务描述

优衣美作为一款时尚女装购物类 App，经过一段时间的运营后，获得了一定的客户数据。通过客户留存分析发现，其新客户留存率在 20% 左右，新客户留存情况整体有所提高。但近期客户的活跃度又有所下降，为了提升客户的活跃度和忠诚度，避免活跃客户的流失，营销人员计划针对 App 内的客户制定有助于活跃客户留存的会员体系，增强活跃客户的黏性。

2. 任务分析

在进行活跃客户留存营销之前，首先要界定 App 活跃客户的范畴，然后根据确定的活跃客户，分析其特性与诉求。在对活跃客户充分了解的基础上，通过分析同类竞品 App 和客户留存营销做得比较好的其他 App 的留存策略及会员体系，结合客户自己的特性和营销目标，制定具有激励作用、能够增强黏性的会员体系。

3. 任务操作

（1）根据任务描述中对 App 的界定，撰写优衣美 App 的详细资料，完成表 3-20。

表 3-20　优衣美 App 详细资料

项目	内容
App 客户群体定位	
App 主要功能	
App 主要经营类目	
App 活跃客户衡量指标	
App 活跃客户数量	
主要营销目标	

（2）完善了优衣美的详细资料后，通过手机应用市场搜索，找到至少 2 个同类 App，2 个会员体系完善、客户留存做得很好的其他领域的 App，并对这些 App 会员体系进行分析，完成表 3-21 和表 3-22。

表 3-21　同类 App 会员体系分析

App 名称	会员类型	会员等级划分	会员权益	会员活动

表 3-22 其他类型 App 会员体系分析

App 名称	会员类型	会员等级划分	会员权益	会员活动

（3）分析完成后，结合优衣美的市场定位，制定符合 App 定位和客户特性、能够完成营销目标的会员体系，并详细阐述会员体系的制定原因，完成表 3-23。

表 3-23 会员体系及制定原因

项目	内容
考虑因素	
会员类型	
会员等级划分	
会员权益	
会员活动	
具体原因	

4. 任务评价

本任务评价具体内容见表 3-24。

表 3-24 App 活跃客户留存营销任务评价

序号	评分项	评分标准
1	优衣美 App 详细资料填充	（1）各项资料填写完整、合理 （2）各项资料内容统一，具有关联性
2	同类型 App 会员体系分析	（1）App 选择合理，具有代表性 （2）App 会员体系各项内容分析详尽
3	其他类型 App 会员体系分析	（1）App 选择合理，具有代表性 （2）App 会员体系各项内容分析详尽
4	优衣美会员体系设置	（1）会员体系符合优衣美的市场定位 （2）会员体系能够迎合活跃客户诉求 （3）会员体系具有激励作用 （4）会员体系能够提高客户忠诚度

任务拓展

1. 小程序活跃客户留存营销

优衣美公司为了进行数字化转型，开发了以时尚、健康、活力为营销理念的“优衣美时尚馆”小程序，“优衣美时尚馆”小程序主要面向 28~40 岁的都市女性，销售 T 恤、外衣、外套、衬衫、裙子、针织衫、裤子、风衣、配饰等。基于线下实体店经营的良好口碑，“优衣美时尚馆”小程序上线后就获得了大量客户的青睐。

请参考优衣美 App 活跃客户留存营销的操作流程，结合小程序活跃客户的特性和渠道特点，制定“优衣美时尚馆”小程序会员体系，提高活跃客户的活跃度，增强小程序活跃客户的黏性。

2. 社群活跃客户留存营销

虽然优衣美主要面向具有一定经济能力的高端女性客户。但从品牌的长远发展来看，也需要沉淀一部分虽然暂时没有经济能力，但是认可其品牌理念、对时尚有一定追求的年轻女性客户，培养其对品牌的关注度和忠诚度。针对长期营销的需求，优衣美依托“优衣美官方旗舰店”创建了“优衣美粉丝福利群”。此社群主要面向 18~25 岁的在校大学生以及初入职场追求时尚的职业女性，让其在经济能力不够稳定的条件下，也拥有追求美和品质的权利。

请参考优衣美 App 活跃客户留存营销的操作流程，结合社群活跃客户的特性和渠道特点，制定“优衣美粉丝福利群”会员体系，提高活跃客户的活跃度，增强社群活跃客户的黏性。

任务 3.4

流失客户挽回

企业要防范客户流失，维护客户忠诚度。当客户关系发生破裂，客户流失成为事实的时候，企业不应该坐视不管，而应当重视这些流失客户，积极地对待他们，尽力争取挽回他们，尽快恢复与他们的关系，从而促使他们重新购买企业的产品或服务，与企业继续建立稳固的合作关系。

通过本任务的知识准备、任务演练和任务拓展，了解流失客户的类型，熟悉客户流失预警模型，掌握流失客户挽回的方式，提升流失客户挽回的能力，能够对企业流失客户进行预警和有效挽回，降低企业客户流失率。

◆ 知识准备

3.4.1 流失客户认知

1. 流失客户的含义

流失客户是指那些曾经使用过产品或服务，但由于对其失去兴趣等原因，现已不再使用该产品或服务的顾客。实际上，不同产品对客户流失情况衡量的维度不一样。定义客户流失时通常要用到行为和周期这两个维度。例如，有的产品将一周不登录定义为客户流失，一些产品将半年未付费定义为客户流失。此外，还可以结合客户属性来定义。例如，对于不同性别、不同级别的客户，可以设置不同的客户流失阈值。

企业要结合产品类型及此阶段的总营销目标，找出可以定义客户的核心行为。例如，电商产品可以用购买行为来定义，即客户多久未购买算流失；内容型产品可以用浏览行为来定义，即客户多久没有浏览算流失。而周期则可以结合业务特性来界定。

2. 流失客户的类型

流失客户的类型如下：

（1）客户主动型流失。客户主动选择不再接受服务的原因可能有很多，如客户公司业务方向发生改变，喜欢上其他公司的同类产品等。这些客户是需要花费最多精力去挽回的那一部分人群。此类客户流失率在可接受范围内波动时可以不用在意，但是如果持续缓慢走高，就应该引起关注。

（2）客户满意型流失。客户对产品的服务体验很满意，但不再继续消费。一般来讲，这些客户之所以使用某个产品，是因为他们有专门需求。他们有可能只是为了举办一场活动，完成一项事件，或者单纯为了做好一个短期项目而使用这种产品，挽回这些客户一般所需精力较少。

（3）客户被动型流失。此类客户不再使用服务时并不去注销账号，而是将其账号或材料搁置，直至到期被动注销。例如，客户未及时更新信用卡信息导致续费失败。挽回这些客户比较简单，只需要用心给他们做付费提醒。

（4）客户垂直性流失。对客户流失做垂直性分析主要适合于 B2B 业务，尤其是当公司的服务本身就是针对某些具体领域时。实际上，如果某个目标行业的客户流失严重，就要深入了解客户流失的原因。

（5）客户计划型流失。在向客户提供不同的付费服务计划或分层议价计划时，同时对不同计划做客户流失分析非常重要。如果客户在一项计划中得不到足够的回报，他们肯定会取消或退出该项活动。如果某个收费项目非常容易导致客户流失，一定要深入了解一下为什么客户不会使用这样的产品。从中收集到的信息和反馈既可以用于指导公司的客户管理工作，还能帮助产品研发团队改进产品，提升客户体验。

（6）客户集群性流失。集群分析是完整分析客户流失原因的重要环节，它既能显示出企业在业务上的一般表现，也能显示出企业在具体活动或决定之后的业务表现。具体的分析示例可以围绕业务内容展开，比如，围绕新推出的付费服务套餐来分析客户流失情况，或者围绕产品新功能发布后的业务表现来分析客户流失情况等。

（7）营销渠道客户流失。按营销渠道做客户流失分析是公司在获客初期就可以对其营销策略进行调整的绝佳方式，这样企业就不用等到客户购买了产品并获得了产品体验之后再考虑流失的问题。如果能做到两方面兼顾，既能有效应对不满意的客户，又能从源头上提升渠道客户的质量，就可以更好地提高客户留存率。

3.4.2 建立客户流失预警模型

1. 建立基于客户属性的预警模型

客户流失与产品的目标客户定位有关。定位精准的目标客户，留存率就高；定位宽泛的目标客户，流失率就高。所以，流失率与客户质量是强相关的。基于客户属性的预警模型就是通过分析客户属性，找到与客户流失相关的影响因子。该模型仅需要客户的基本属性，不涉及使用行为，能在最早时期预测客户的流失情况。

基于客户属性的预警模型，因变量是客户流失，自变量是客户属性，预测结果是每一位客户的流失概率。例如，对于电商平台而言，客户的基本属性包括手机品牌、性别、年龄、学历、职业、网络依赖程度、上网时长等。

使用该模型时，首先，计算出满足单一条件的流失概率；其次，计算出满足多个条件组合时的流失概率；再次，计算出满足某些条件且不满足某些条件时的流失概率；最后，通过计算客户与该模型的匹配程度，可以得出该客户的流失概率。

2. 建立基于关键事件的预警模型

产品设计中存在诸多流程，在每个流程中都有关键点。当客户在某个关键点上遇到阻力的时候，就容易导致产品体验不够深入，进而影响到客户的留存情况。基于关键事件的预警模型，就是通过分析核心流程中关键事件的完成度来预测客户的流失概率。该模型的因变量是客户流失，自变量是关键流程的完成度，预测结果是每个客户的流失概率。

使用该模型时，首先，梳理关键流程，定义流程中的关键节点。其次，根据关键节点的达成情况，定义该流程的完成度。例如，在订阅的事件流中，完整的流程应该是：浏览推荐→关注→互动（点赞 / 评论）→转发→取关→主动查找→批量关注。如果客户停留在转发阶段，那么该流程的完成度就约为 57%；如果客户完成了批量关注，那么该流程的完成度就是 100%。最后，通过分析各流程完成度与流失率之间的关系，来预测客户的流失概率。

3. 建立基于负体验的客户预警模型

负体验是指在产品功能和体验上给客户造成不好的经历，是客户流失的重要原因。基于负体验的客户流失预警模型能帮助企业分析各因素对客户流失的影响程度，以便于企业按照重要性排列优先级。该模型的因变量是流失率，自变量是各类负体验次数，预测结果是负体验客户的流失概率。

具体操作上需要先收集客户反馈，梳理产品中的负体验。根据负体验出现的次数建立基本的流失模型。数字营销中常见的负体验有：客户端易崩溃、页面打开速度慢、推荐内容差、内容虚假、图片不清晰、推送骚扰信息、产品质量差等。

4. 建立基于业务黏性的预警模型

该模型主要是分析客户在核心功能上的活跃度表现。客户使用产品，往往集中在几个核心功能上。客户黏性下降，是客户流失的早期表现，一旦发现客户在核心功能上的活跃度有所下降，就必须加以预防。

基于业务黏性预警模型的因变量是流失率，自变量是各业务的活跃度。该模型的重点是定义核心业务和活跃行为，以及保持各业务之间的独立性。

5. 建立基于活跃度的预警模型

客户流失情况是依据客户的活跃度来界定的，所以，使用活跃度指标来进行客户预测是最好的选择。但是，活跃度是结果指标，是因变量，不是自变量。所以，仅基于活跃度进行预警意义不大，如果一定要分析，建议先将客户分群，再进行预警。

例如，对于持续不活跃的客户应先采取措施进行激活，然后才是预防流失；活跃度缓慢下降说明产品对客户的吸引力越来越小，对这类客户进行预警最好是结合业务黏性预警模型来分析。

3.4.3 流失客户挽回

1. 流失客户的挽回方式

流失客户不同于新客户，是曾使用过产品但后来由于某种原因不再使用的群体，即对产品体验不佳或缺乏需求的客户。对于产品他们并非一无所知，甚至很可能体验过产品的诸多弊端，如何让流失客户重新认识产品价值是挽回工作的重点。目前，常用的流失客户的挽回方式有以下五种：

（1）推送。推送到的客户并没有卸载产品，推送的方式是提醒客户不要忘记自己的需求，而不是告诉客户企业需要他 / 她怎么样。推送频率要适度，不要让客户产生厌烦感，千万不要过度推送。

（2）短信或电话。目前很多产品都会要求客户使用手机号注册，当有了客户的手机号码之后，企业可以通过发送短信或者直接拨打电话的方式召回客户。在发送短信或拨打电话时，需要提供给客户极强的召回动力。采用这种方式召回客户时，建议使用奖品、优惠券等激励措施进行辅助，以吸引客户。

（3）邮件。除了手机号注册账号外，还有很多通过邮箱注册账号的方式，企业同样可以使用类似的方法挽回客户。虽然如今客户对邮件营销的警惕性比较强，即使产生了点击，也很难转化为产品下载，但是依然可以采用这种方式作为补充手段。

（4）广告精准投放。采用广告精准投放的方式能够更加高效地触达已经卸载 App 的流失客户，同时可以帮助 App 有针对性地投放挽回广告，在提升客户挽回效果的同时降低成本。

（5）线下挽回。线下挽回往往通过活动、优惠、奖励、会员体验的方式进行。线下挽回有助于在客户心里留下品牌标记，等于将品牌文化实体化，但是线下挽回成本高，在采用此方法前要看当前的产品是否有线下业务，并且是否值得这样做。

2. 流失客户的挽回策略

（1）内容个性化。内容个性化是指收集客户的属性和行为数据，依据客户数据，分析客户的兴趣偏好、地理位置等，在对客户足够了解的基础上，推送个性化的内容。例如，在音乐类应用中，当摇滚歌手出新歌时，把消息推送给经常听摇滚类歌曲的客户；在新闻类应用中，将甲地区的新闻推送给生活在甲地区的客户，这样才能引起客户的兴趣。

（2）正确的时间。可以通过调研、实验或数据监测，找准推送打开率最高的时段和企业客户更容易接受的时段。如果推送内容更新或者新活动通知时，客户都没有看手机，那么此条推送被忽略的可能性就很大，因此选择一个客户打开率较高的时段推送就显得尤为重要。

例如，视频播放类和教育学习类应用在晚上使用的概率较高，因此，在推送时机选择上，营销人员更应该重视晚间时段；新闻类应用在上午尤其是上班路上的时间被启动次数最多，可以在这个时段推送重要内容。

（3）合适的数量。应用的打开率和客户收到的消息推送条数往往呈负相关，越多的消息推送越可能导致客户流失。要界定消息推送的合适数量并不容易，可以通过实验反馈数据验证大致确定。

（4）效果反馈。营销人员可以通过跟踪客户行为数据来测试推送效果。测试的指标包括基本的推送到达率、打开率、点击率等，还要关注更长时段的业务指标，如客户活跃度和客户留存率，用指标对业务的影响来度量营销效果。

行业洞察

从成本重构到价值创新：AIGC 技术驱动的内容生产革命

AIGC 技术正在以颠覆性力量重塑内容产业的底层架构，其演进路径呈现出清晰的阶段性特征。在技术发展初期，自然语言处理领域的重大突破率先推动文本生成迈向工业化生产阶段；随着技术迭代，多模态模型的成熟打破了图文、音视频等不同媒介形式的创作壁垒，跨模态内容创作渐成主流；而在当前发展阶段，实时渲染技术与智能优化算法的深度融合，促使高质量视频内容的生成效率实现了指数级增长。尤为重要的是，AIGC 技术显著降低了内容创作的准入门槛，通过简易操作工具，普通用户可以创作出专业水准的内容作品，个人创作者的日均产能实现了质的飞跃。

在 AIGC 的技术赋能下，“端到端 AI 生产”模式正在改写内容创作范式，对行业成本结构产生了深远影响。传统内容创作过程犹如精雕细琢的手工艺品，高度依赖大量专业人力的投入，创作周期漫长。与之形成鲜明对比的是，AIGC 构建的新型生产体系实现了多维度突破。在人力成本层面，AI 写作工具能够快速生成多版本内容初稿，智能设计工具可以批量产出海量创意方案，有效减少了人力投入；在试错成本方面，基于 AI 的视频生成技术支持创作元素的实时动态调整，大幅度降低了内容修改成本；在多模态协同创作领域，统一模型可以同步输出文案、视频与音频内容，显著降低了跨专业协作产生的沟通损耗。这种变革在营销领域成效显著，部分品牌借助 AIGC 技术，将商品内容制作周期从数天压缩至数小时，同时实现了营销成本的大幅优化。

成本优化仅是 AIGC 技术价值的浅层体现，其引发的更深层次的变革在于创造力的释放与价值重构。在影视行业，AIGC 技术可将剧本开发周期从数月缩短至数周，并以可视化形式呈现分镜效果；在教育领域，教师依托 AI 工具能够高效完成课程设计、个性化教学等全流程工作；在商业场景中，智能内容生成系统已实现从数据分析到精准内容推送的闭环运作。

随着 AIGC 技术红利的持续释放，行业竞争焦点正从单纯的“生产效率”向“创意质量”与“情感连接”转移。AIGC 技术并非简单替代人类创作，而是拓展了人类创意表达的维度与边界。这场由 AIGC 驱动的内容产业变革，正在重新定义创作的本质内涵。当技术解决了基础生产效率问题，内容产业的核心竞争力将回归创意的独特性与情感的穿透力。在此过程中，企业更注重建立健全的合规的营销体系，为行业的健康可持续发展贡献力量。

◆ 任务演练

社群流失客户挽回

1. 任务描述

私享派花店创立于北京，定位于一二线城市的白领，致力于有故事的花店，让美走进每一个在追求梦想路上奋斗的都市人。自创立以来，该花店借助微博、微信等数字营销媒介积累了大量的粉丝群体。在北京、上海、广州、南京、深圳、济南、武汉等一二线城市开设了30多家线下门店。并建立了集传播品牌理念和销售于一体的官方购物网站。

私享派花店定位于高端客户，鲜花价格为999~3 999元，这令很多喜欢私享派鲜花风格却无购买能力的年轻人望而却步。为了能够让私享派鲜花能够惠及更多的客户群体，公司根据积累的客户数据，对于近1年来因价格问题造成流失的客户进行筛选，按照客户可接受的价格区间、活动偏好等因素，创建了“以爱之名·私享派鲜花团购群1”“以爱之名·私享派鲜花团购群2”“以爱之名·私享派鲜花团购群3”3个社群，然后有针对性地推出活动商品，尽可能挽回流失客户。

2. 任务分析

不是每一位流失的客户都是企业的重要客户。因此，在资源有限的情况下，企业应该根据客户的重要性来分配挽回客户的资源，挽回的重点应该是那些流失的好客户，这样才能实现挽回效益的最大化。

针对不同级别的流失客户，企业应采取不同的态度。对关键客户的流失要极力挽回，而不能任其流向竞争者。对普通客户的流失要尽力挽回，因为普通客户的重要性仅次于关键客户，且还有升级的可能。对小客户的流失可见机行事，由于小客户的价值较低，数量多且分散，企业对这类客户，在不需要付出太多财力、物力、精力的情况下，可以试着将其挽回。对于不但不能给企业带来利润，还会影响品牌声誉的客户，可以彻底放弃。

3. 任务操作

（1）结合鲜花行业的特性，对企业的流失客户进行界定，根据客户数据信息表确定流失客户的分类指标，将流失客户分为三类，完成表3-25。

表3-25 流失客户界定及分类

流失客户界定	
第一类	
第二类	
第三类	

（2）根据流失客户的分类指标，结合客户数据信息表对这些流失客户进行分群管理，完成表 3-26。

表 3-26　不同社群流失客户的特性及数量

社群名称	客户特性	客户数量
以爱之名 · 私享派鲜花团购群 1		
以爱之名 · 私享派鲜花团购群 2		
以爱之名 · 私享派鲜花团购群 3		

（3）根据客户的基本画像，针对不同的社群制定不同的客户挽回策略，完成表 3-27。（具体的活动可参考野兽派、花点时间等知名鲜花品牌。）

表 3-27　客户挽回策略

项目	以爱之名 · 私享派鲜花团购群 1	以爱之名 · 私享派鲜花团购群 2	以爱之名 · 私享派鲜花团购群 3
活动时间			
活动商品			
活动形式			
活动文案			

4. 任务评价

本任务评价的具体内容见表 3-28。

表 3-28　社群流失客户挽回任务评价

序号	评分项	评分标准
1	流失客户界定及衡量指标	（1）流失客户的界定合理、符合行业特性 （2）衡量指标选取准确，能够反映流失客户特性
2	客户分群	（1）客户特性分析全面、准确 （2）客户数量筛选正确
3	客户挽回活动设置	（1）活动时间选取能制造紧迫感 （2）活动商品能激发群内客户兴趣 （3）活动形式能迎合群内客户的利益需求 （4）活动文案能激起客户的点击欲望

◆ 任务拓展

1. App 流失客户挽回

私享派花店除了利用社群进行营销外，还通过自主开发的面向所有客户的私享派App进行线上营销。私享派 App 采取线上下单，线下门店自取和快递配送两种取花方式，实现了线上线下销售一体化。私享派 App 的定位是为都市爱花、懂花、需要花的男性和女性提供最新鲜、最便利的用花服务。App 经过一段时间的推广后，在全国各地获得了近 10 万次的下载。但自情人节之后，不仅 App 的下载安装量呈现下滑趋势，而且 App 内的不活跃客户也逐渐增多。基于以上情况，App 营销人员准备制定相关策略，对流失客户进行挽回。

请参考私享派社群流失客户挽回的操作流程，结合私享派 App 的营销特性和客户特点，制定 App 流失客户挽回策略，尽可能对流失客户进行挽回。

2. 小程序流失客户挽回

为了弥补 App 需要下载、安装才可以使用的缺陷，私享派开发了“私享派 · 传递爱”小程序，希望通过小程序覆盖更多客户群体。小程序售卖的花束以日用花束为主，主要面向爱花、喜欢花，年龄为 30~40 岁的已婚女性。小程序刚上线时，主要通过朋友圈广告进行定向推广，获得了一定数量的客户。情人节来临之前，营销人员准备针对不同类型的客户，分阶段实行不同的营销策略。第一阶段的主要目标是挽回流失的客户，提高活跃客户基数。

请参考私享派社群流失客户挽回操作流程，结合“私享派 · 传递爱”小程序营销特性和客户特点，制定小程序流失客户挽回策略，对流失客户进行挽回。

1 + X 证书知识训练

一、单项选择题

1. 以下（　　）不属于客户价值的构成要素。

A. CTV　　B. PPV

C. CIV　　D. CMV

2. RFM 客户价值分层模型中，“F”代表（　　）。

A. 最近一次消费　　B. 消费频率

C. 消费金额　　D. 消费目的

3. 如果企业的次日留存率是 40%，当天客户新增 1 000 个，则次日新增客户留存数量是（　　）个。

A. 1 000　　B. 400

C. 600　　D. 200

4. 以下关于顿悟时刻的描述正确的是（　　）。

A. 顿悟时刻是指客户最近一次感受到企业产品价值的时刻

B. 顿悟时刻是指客户第一次感受到企业产品价值的时刻

C. 顿悟时刻是指客户第一次使用企业产品的时刻

D. 顿悟时刻是指客户最近一次使用企业产品的时刻

5. 基于负体验的客户预警模型，自变量是各类负体验次数，因变量是（　　）。

A. 关键流程的完成度　　B. 流失率

C. 客户属性　　D. 活跃度

二、多项选择题

1. 以下（　　）属于客户购买价值的影响因素。

A. 客户消费能力　　B. 单位边际利润率

C. 影响范围　　D. 客户份额

2. 依据 RFM 客户价值分层模型，“F”“M”值都高的客户类型为（　　）。

A. 重要挽留客户　　B. 重要价值客户

C. 重要保持客户　　D. 重要挽留客户

3. 以下关于 Aha Moment 的描述正确的有（　　）。

A. 啊哈时刻　　B. 顿悟时刻

C. 从众效应　　D. 尤里卡效应

4. 以下（　　）属于影响客户活跃的因素。

A. 客户需求　　B. 购买能力

C. 营销推广　　D. 品牌形象

5. 以下（ ）属于新客户留存营销的方法。

A. 降低动力　　B. 减少阻力

C. 提供多样化奖励　　D. 屏蔽触发物

三、判断题

1. 客户口碑价值是指客户向他人推荐和宣传本企业产品而创造的价值。（ ）
2. 重要保持客户是指近期发生过购买行为，消费金额高于多数客户，但是购买频率较低的客户。（ ）
3. 社交关系是提升客户信任感和优化新客户个人体验的最好方式。（ ）
4. Hook 模型的本质是通过引导客户行为，让客户在产品内完成行为闭环，成为“回头客”，从而实现循环消费的目标。（ ）
5. 流失客户通常是指对产品一无所知的客户。（ ）

项目

4 数字化营销转化

学习目标

素养目标

- 能够运用数字化工具，借鉴新质生产力发展中的创新理念进行营销转化设计，探索营销转化的新玩法与新路径
- 通过直播产品的品质把控、客户体验细节的打磨等环节培养学生精益求精的职业态度，弘扬工匠精神
- 坚守营销转化信息真实，杜绝虚假宣传，践行“诚信”价值观，维护市场信任，筑牢法治底线

知识目标

- 了解营销转化路径的含义及影响因素
- 熟悉营销转化路径设计的模型及要素
- 了解直播营销的特点及策略
- 掌握直播营销转化的技巧
- 熟悉促销的含义及促销活动转化的策略
- 掌握促销活动设计的要素
- 了解体验式营销的类型及策略
- 掌握体验式营销的技巧

技能目标

- 能够根据客户数据，结合商品特征，完成营销转化路径设计
- 能够根据商品特征，结合直播营销的转化策略，完成直播营销转化
- 能够根据商品特征，结合促销活动的转化策略，完成促销活动设计
- 能够根据商品特征，结合体验式营销的转化策略，完成体验式营销的转化设计

思维导图

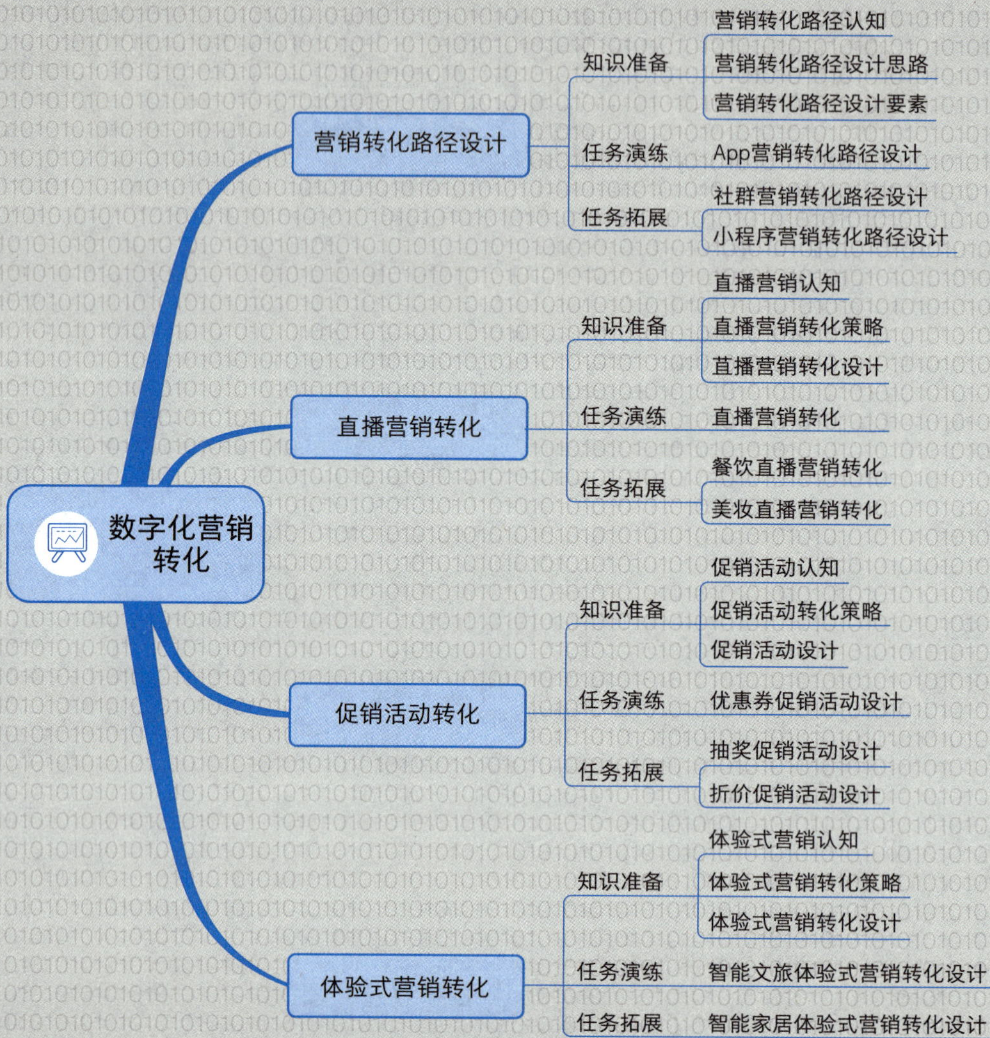

学习计划

素养提升计划

知识学习计划

技能训练计划

引导案例

“银发主播团”成为“AI 分身主播”，县域经济注入数智化新活力

在浙江温州平阳县的崇山峻岭间，坐落着一个名为双峰村的小山村。这个位于水头镇朝阳山上的偏远村落，曾长期面临着年轻人流失、老龄化加剧的困境。村居沿山路呈带状分布，分散的布局让集体产业发展举步维艰，而留守老人占比过半的现状，更让康养问题成为横亘在村两委面前的一道难题。

转机出现在驻村第一书记刘祥到任之后。他敏锐地捕捉到数字化浪潮为乡村发展带来的新机遇，在原有水头镇政府与中国电信合作建设的智能监控系统基础上，带领团队展开了一场别开生面的数字乡村实践，并在世界互联网大会中亮相。

针对山区的特殊环境，双峰村量身打造了融合 AI 平台、智能终端硬件与 5G 物联网的山区乡村数字康养系统，为这个闭塞的山村插上了数字化的翅膀。这套系统首先破解了老人居家养老的痛点。通过智能设备实时监测老人的健康状况，结合 AI 算法进行风险预警，让分散居住的老年人也能享受到及时周到的照护。但双峰村的数字化探索并未止步于此，而是将触角延伸至更广阔的领域。面对村集体产业薄弱的现实，村两委将目光投向了数字电商这片新蓝海。

在杭州电商企业的技术支持下，双峰村开创性地运用数字人分身技术，将村民的音视频素材转化为虚拟主播，构建“银发主播团”，通过语音克隆技术保留方言特色，结合实时数据分析优化话术，在直播间 24 小时不间断推介本地茶叶、橘子等土特产。曾对直播带货一窍不通的老人，意外成为数字时代的“新农人”。这种创新模式不仅解决了农产品滞销的难题，而且通过销售分成机制，为村集体经济注入了源头活水。

平阳县以推动直播电商经济稳步提质为导向，精耕细作，全面焕新直播生态，焕发产业活力。至 2024 年年底，平阳县已孵化打造电商直播基地 11 个、超千万元规模直播间 1 个、“绿色直播间”4 个，培养“新秀主播”5 名、“互联网营销师”29 人。该项目不仅为乡村振兴提供了数字化解决方案，更为传统产业的智能化转型提供了参考范式，是国家“数字中国”战略在县域经济中的生动实践。

引思明理：

双峰村“银发主播团”借助数字人分身技术化身“新农人”，打破了“数字人才必属年轻群体”的固有认知——这些留守老人既需熟稔农产品特性，又

要掌握直播脚本设计、用户互动等数字化技能，在从传统农具到智能终端的工具跃迁中，通过直播电商等数字劳动工具成为数字经济时代的新型劳动者，为国家“数字中国”战略提供基层样本。数字技术会真正成为乡村振兴的“加速器”，为县域经济注入数智化新活力。

当然，新技术工具的使用也必须要在法律法规的框架之下，新时代数字人才应在提高专业水平的同时不断提升数字素养。以使用数字人直播为例，应坚持“数字人＋真人”双核驱动，避免完全虚拟化带来的“去人性化”风险，应符合《互联网直播服务管理规定》中“真实性与互动性并重”的要求，应建立“AI 预审＋人工复核”的双层审核机制，防范虚假宣传，落实《网络直播营销管理办法（试行）》中“商品信息与实际一致”的强制性规定。

任务 4.1
营销转化路径设计

◆ 知识准备

有了渠道，就有了流量，但这并不代表客户就会自然而然地购买，从而实现转化。事实上，很多营销推广的情况是：投入了一定的营销费用，客户只是稍做浏览，没有有效的转化行为，甚至企业或产品是否为客户留下深刻印象都不能确定。客户是否会产生企业期待的有效行为，本质上是在转化场景中需求是否被激发出来。营销转化路径在整个营销推广过程中是核心因素之一，在每个转化路径的节点上，关键转化的场景怎么设计，直接决定了营销推广的效果。

通过本任务的知识准备、任务演练和任务拓展，能够了解营销转化的影响因素，掌握营销转化路径的设计思路，熟悉营销转化路径设计要素，掌握营销转化路径设计的能力，提升营销转化的效果。

4.1.1 营销转化路径认知

1. 营销转化路径的含义

要进行营销转化路径的设计，首先离不开对客户转化路径的分析。客户转化路径包括转化流程型路径、客户成长型路径和营销转化路径。

（1）转化流程型路径。所谓转化流程型路径，就是客户按照一个固定路径走，即可完成一个目标行为。这种转化流程型路径需要的时间一般比较短，通常在数分钟到数十分钟内即可完成一个目标行为，转化流程型路径如图 4-1 所示。

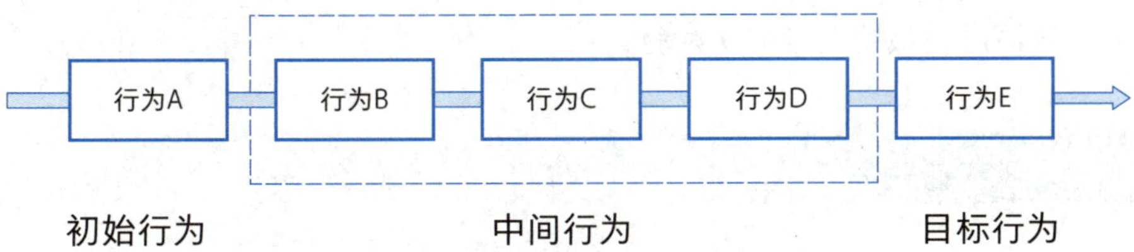

图 4-1　转化流程型路径

（2）客户成长型路径。所谓客户成长型路径，就是需要客户完成某些行为，从一种状态成长为另一种状态，客户成长型路径如图 4-2 所示。客户成长型路径所需要的时间往往比较长，可能几天，甚至几年时间。要让更多客户从状态 A 走到状态 B，中间可能需要一系列特定客户行为的引导或增长策略。

图 4-2　客户成长型路径

最常见的客户成长型路径，是客户从低价值客户成长为高价值客户的完整过程。业务简单的产品，客户成长型路径可以依据“下单数”“在线时间”等来区分；业务复杂的产品，客户成长型路径可能需要依据特定模型来建立。最终，成长型路径中的每一种状态，都需要被数据描绘清楚。

（3）营销转化路径。营销是建立在人的一系列心理现象和活动之上的，如记忆、学习、态度、感觉、知觉、动机、情感等，代表了顾客与产品之间的一种关系。首先寻求的是人的记忆反应（认识、记住——你是谁？），其次是认知反应（知道、了解——你是干什么的？），再次是情绪反应（认同、喜好——跟我有什么关系？），最后是行为反应（持续购买——为什么我要一直买你的产品？）。基于营销心理活动的过程，数字营销的转化路径主要从建立品牌认知开始，通过强化品牌认同，促成品牌认购。

让客户形成品牌认知是企业进行数字营销时需要达到的首要效果，品牌认知度是品牌资产的重要组成部分，是衡量客户对品牌内涵及价值的认识和理解度的标准。品牌认知是企业竞争力的一种体现，有时会成为企业的一种核心竞争力，特别是在大众消费品市场，各家竞争对手提供的产品和服务的品质差别不大，这时客户会倾向于根据品牌的熟悉程度来决定购买行为。

品牌认同是指客户通过对某种产品或某项服务的品牌价值进行判断和评价，从而对该品牌产生的认同程度。用户的品牌认同度越高，对于品牌的忠诚度和依赖度就会越高，越能使品牌价值实现最大化。

营销的最终目标是促成购买。品牌认购是企业通过数字营销使客户建立品牌认知并强化品牌认同后，最终促成的认购行为。

行业洞察

“薅羊毛”客户行为特征解析

对于在电商平台消费的客户来说，很多时候不是因为单纯喜欢而购买，而是同时掺杂了一些“折扣”因素，让这份喜欢变得不纯粹。各大电商平台的初心是希望客户能够“始于折扣、终于品质”，但现实往往事与愿违。不少客户仅仅对“折扣”感兴趣，不是对商品感兴趣，他们仅仅享受平台优惠带来的快乐。

因为折扣商品的利润较低，几乎不会给企业带来价值，只消费折扣商品的客户对企业来说实际上是无价值的，相应的企业营销策略也是无效的。因此，识别这些客户并对他们的行为特征进行分析，对企业具有重要意义。这些客户也有一个特别的称呼："薅羊毛"客户。企业可将"薅羊毛"客户与其订单比对，研究其行为特征，普通客户与"薅羊毛"客户的对比如表 4-1 所示。

表 4-1　普通客户与"薅羊毛"客户对比

指标	普通客户	"薅羊毛"客户
年平均登录次数	257 次	77 次
在注册当天购买的概率	0.7%	18.3%
注册日与本次购买时间的间隔	40 天	13 天
会员经验平均值	1 190	259
平均订单量	15 个	3 个

首先，分析"薅羊毛"客户与普通客户之间的行为差异。"薅羊毛"客户年平均登录次数远远少于普通客户，这说明"薅羊毛"客户的目标性更强，因为折扣区的商品数量有限，客户可能在成功选购有折扣的"羊毛商品"后，就不会在其余时间选购其他商品。

其次，对客户的注册意图进行研究，分析客户注册与本次交易之间的时间差距，从而帮助企业分析客户注册的真实意图。18.3% 的"薅羊毛"客户在注册当天进行了购买，而只有 0.7% 的普通客户在当天进行了购买。从两类客户注册与购买时间差的平均值也可以看出，"薅羊毛"客户的时间间隔普遍较短。

再次，会员的经验值代表着客户在该平台上投入精力的多少，会员经验值越高，会员投入的精力就越多。通过计算两类客户会员经验的平均值可见，"薅羊毛"客户因为只对折扣商品感兴趣，投入的精力比普通客户要少。

最后，对两类客户的平均订单量进行分析，从表 4-1 中可以看到，"薅羊毛"客户平均只有 3 个订单，而普通客户为 15 个。可以看出，"薅羊毛"客户的购买行为并不具有持续性，很有可能只集中在折扣商品上。

2. 营销转化的影响因素

客户做商品购买决策时，依据所在场景和商品信息判断该商品是否值得购买，然后再做购买决策，决策的结果可能是收藏、加购或立即购买，也可能直接离开。营销转化的影响因素主要有三个：商品属性、购买心理和客户场景。

（1）商品属性。商品属性涉及品类、价格、优惠、品牌、商品适用性、是否标品、平台属性等，涉及的产品模块除了商品信息、服务信息、店铺信息展示之外，还有其他购买者的反馈。

（2）购买心理。购买决策的有效性会随着人们购买心理的变化而变化。客户在成交过程中会产生一系列复杂、微妙的心理活动，包括对商品成交的数量、价格等问题的想法，以及如何与商家成交、如何付款、采用什么样的支付条件等。客户的购买心理对成交数量，甚至交易成败，都有至关重要的影响。归纳起来，客户的购买心理主要有求实心理、求美心理、求新心理、求利心理、求名心理、从众心理等。

（3）客户场景。客户对商品的体验不足也会让客户难以产生购买行为，必须给客户创建一个适当的场景，以氛围来烘托、激发客户的情感，进而购买这件产品。例如，在小程序环境中，客户的购买场景发生了变化，很多客户是在微信群中看到 KOL 的推荐，点击 KOL 发送的商品链接，直达商品详情页完成购买的。当购买场景发生变化后，客户的购买路径也会相应改变。

4.1.2 营销转化路径设计思路

1. 营销转化路径的设计原则

营销转化路径的设计原则如下：

（1）成本可控原则。随着流量红利逐渐消失，数字营销的获客成本越来越高，客户转化成本也逐渐递增。企业运营追求的是成本最小化和利润最大化，因此在设计客户的营销转化路径时要遵循成本可控原则，尽量减少最终成交成本、渠道风险成本，以及时间成本，以最小的转化成本实现客户成交。

（2）连贯统一原则。经过多年发展，营销渠道已呈现出多元化的特征，覆盖不同客户获取信息的来源。在设计客户营销转化路径时，要保证各种渠道的连贯统一，保证活动与内容的连贯统一、宣传效果与产品质量的连贯统一、场景与服务的连贯统一，以此增强客户转化的流畅性，提升客户转化过程中的体验感。

（3）快速转化原则。在追求速度与效率的数字化时代，松散臃肿的转化路径设计往往会浪费客户的精力和时间，让客户产生成交抗拒心理。因此，设计客户转化路径要遵循快速原则，通过精准匹配快速响应客户需求，将相关流程融合在一个线性流程中实现，缩短客户的成交转化线路，节约客户的成交转化时间，提高客户的交易效率。

（4）最终成交原则。营销转化路径的设计要以最终达成交易为准则，以最终实现客户成交为目标。因此，在设计营销转化路径时，要遵循成交原则。通过前期对客户信息的掌握，抓住客户成交的时机，设计多条客户营销转化路径，每一条路径都要最终指向客户的成交转化。

2. 营销转化路径设计模型

福格行为模型是一个用于解释和预测人类行为的理论模型。该模型表明一个行为得以发生，行为者首先需要有进行该行为的动机和操作该行为的能力。如果他们有充足的动机和能力来施行既定行为，就会在被诱导或触发时行动。其公式为：行为 = 动机 × 能力 × 触发（即 B = MAT）。其中，B 代表行为（Behavior），M 代表动机

(Motivation)，A 代表能力（Ability），T 代表触发（Trigger）。要使客户行动起来，这三个要素必不可少：充分的动机、完成这一行为的能力、促使人们付诸行动的触发。福格行为模型如图 4–3 所示。

（1）M（动机）。充分的动机要合乎常理，一般指客户的需求。

（2）A（能力）。完成这一行为的能力，能力可能受时间、思维等各方面的影响。

（3）T（触发）。促使人们付诸行动的触动行为，如简洁的文案和显而易见的入口。

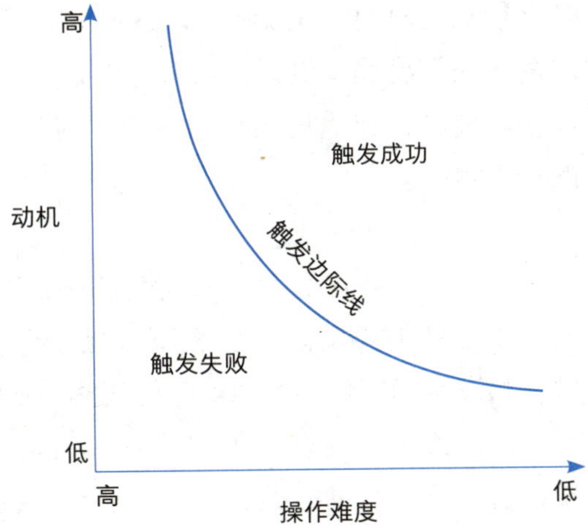

图 4–3　福格行为模型

4.1.3　营销转化路径的设计要素

营销转化路径的设计要素包括：

1. 挖掘客户动机

客户动机可分为内在动机和外在动机两类。

（1）内在动机。内在动机是指内部因素驱使人们做出特定行为。内在动机来自人的内心世界，由一个人的希望和需求所形成。内在动机是客户发自内心地想要使用企业的产品，可能企业的产品能给其带来更多的价值，有利于个人的发展与成长。内在动机往往持久有效，而且商业成本低。

在客户体验中，内在动机是指客户使用产品并因为产品本身激发了他们的兴趣和欲望，存在于客户内心，而并非依赖于外部力量驱动。与外部动机相比，内部动机更能留住客户。当客户真正被内在动机驱动的时候，使用这款产品本身就是最大的享受。

（2）外部动机。外部动机是客户受到外部环境的刺激而产生的动机。外部动机往往比较被动，时效性也很短，甚至会在没有外在物质奖励后效果严重下降。外在动机已经成为很多客户体验设计师的研究对象，并且已经应用到了很多互联网产品中。

2. 降低客户转化成本

降低客户转化成本包括：

（1）减少转化步骤。当客户需要多重操作才能满足自己的需求时，往往会产生厌弃心理。因此，减少客户转化步骤是非常重要的。减少客户转化步骤的核心是让客户在更少的步骤内完成转化。通过减少转化步骤，能够更好地提升产品的易用性，尽可能减少客户的点击量和填写量等烦琐的操作步骤。

（2）降低转化难度。降低转化难度首先要提前预判客户决策，通过预判客户的行为来移除客户的转化负担，避免客户耗费大量的精力，减少客户选择的难度，帮助客户简化决策流程。例如，当客户走进一家餐厅点餐时，菜单上有几百道菜，客户往往会陷入迷茫，在一些菜后面加上“店长推荐”“人气最高”等标签，有助于降低客户的决策难度。

3. 触发客户转化

对于促进转化而言，触发就是在合适的时机，用合适的动机来说服客户，促使其做力所能及的事情。触发客户转化属于行为召唤范畴，目的是让客户明白应该怎么做。触发客户转化的行为可分为三类：刺激、引导辅助和信号。

(1) 刺激。在客户犹豫不决、没有足够的动机时，需要用某些方式刺激或加强客户动机。可以通过捕捉客户的兴趣点，以价格刺激客户产生实在的购买动机，从而实现引流和转化。

(2) 引导辅助。客户已有一定的动机，但当他不知道怎么做或者完成困难时，这个阶段可能造成客户的流失，恰当的引导可以辅助客户转化。

(3) 信号。客户既有动机，又能够顺利完成，此时在合适的时机传达相关信号可以促使客户转化。在这个阶段切忌做得过多，需点到为止，否则会引起客户反感。

◆ 任务演练

App 营销转化路径设计

1. 任务描述

美朵朵是一家经营美妆护肤的零售连锁企业，经营覆盖彩妆、护肤品、面膜、身体护理品、美发护理品、男士护理品、化妆工具、时尚生活用品八大品类，在全国拥有 3 000 多家门店，占据了较大份额的线下市场。随着互联网的发展，美朵朵开始布局线上销售，为此，该企业开发了一款专注于美妆护肤产品的在线销售软件——美朵朵 App，通过美朵朵 App 可以了解到更多化妆品信息，使客户购买到真正需要的化妆品。

适逢三八妇女节来临之际，美朵朵打算借此机会在线上同步开展“迎三八美妆节，女王换妆”节日特别活动，对各种美妆护肤品牌进行优惠放价，针对不同的产品给出不同的优惠措施，让客户尽享“换妆”的快乐。此时，营销人员为了加大美朵朵 App 的营销力度，促成更多的成交转化，要对此次营销活动设计营销转化路径。

首先，营销人员对目前 App 内的客户行为数据进行分析，然后结合福格行为模型，分别从动机、能力、触发三个维度进行设计，促使客户产生购买行为，最后完成对整个营销转化路径的设计，以此促进产品的成交转化，实现流量和销量的双丰收。

2. 任务分析

营销人员在进行营销转化路径设计的时候，要了解影响客户行为的因素，通常包括客户心理、购买场景及商品信息等关键点。基于对这些因素的认知，根据福格行为模型完成营销转化路径设计。

在福格行为模型中，涉及三个核心要素——动机、能力和触发。动机是挖掘客户需求，增强客户购买的动力，比如结合 App 中客户的特点，通过积分奖励、限时任务、小样赠品等方式给客户一定的福利，同时基于客户的购买欲望和心理，如“永葆青春，保持健康活力”“充满魅力，享受愉悦生活”等，为客户提供某种回报，满足客户的消费动机，激活客户的某些需求或兴趣，并解决客户的某些痛点。

有了动机客户也未必会付诸行动，从动机到行动，客户的自我改变除了要付出金钱成本，还有形象成本、行动成本、学习成本、健康成本、决策成本等。因此，要降低客户产生转化行为的成本，提高其完成转化行动的能力。当然，成本和能力不是单独存在、互不干涉的，要使客户付出更高的成本，企业必须给出降低成本的足够诚意，如满 199 元减 100 元、大额优惠券、积分抵现等以提高优惠力度。除此之外，让客户更加轻松地找到活动入口，完成商品选择与购买，也能有效降低客户转化成本。

最后一个要素就是触发，触发就是促使客户马上行动的诱因，进一步激活客户的某些需求兴趣，解决其痛点。有效触发要实现两个目标，一是触达客户，二是活跃客户。触达是要让客户及时了解到活动信息，既可以通过信息推送，也可以通过短信提醒等方式。当然，如果活动宣传深入人心，当客户想要购买美妆商品的时候，就会首先想到该企业的商品，这也是一种内在触发。

在结合客户行为数据分析，利用福格行为模型设计客户的营销转化路径时，也要遵循成本可控、连贯统一、快速转化、最终成交的原则，以此帮助企业取得更好的营销效果，获得更多的客户和成交转化。

3. 任务操作

（1）根据美朵朵 App 历史客户数据的积累，设计客户行为数据分析指标，分析客户行为数据，完成表 4-2 和表 4-3。

表 4-2　客户行为追踪记录表

时间	客户 ID	客户行为	行为细节	行为触发原因	行为结果

表 4-3　客户行为数据分析表

序号	指标	数据

（2）根据客户数据分析，结合福格行为模型，分析客户需求、客户成交成本及客户成交行为，找到实现动机、能力及触发的方式，完成表 4-4。

表 4-4　客户营销转化路径设计要素

要素内容	采取措施
挖掘客户动机	
降低客户转化成本	
触发客户转化	

（3）根据动机、能力及触发的方式，设计最优的客户营销转化路径，完成表 4-5。

表 4-5　客户营销转化路径设计

路径			
路径 1	M（动机）	A（能力）	T（触发）
路径 2	M（动机）	A（能力）	T（触发）
路径 3	M（动机）	A（能力）	T（触发）
最优路径			

4. 任务评价

本任务评价具体内容见表 4-6。

表 4-6　App 客户营销路径设计评价

序号	评分项	评分标准
1	客户行为分析	（1）正确记录客户行为数据 （2）合理设计客户行为分析指标 （3）准确分析客户行为
2	客户营销转化路径设计要素	（1）全面、准确地分析客户需求 （2）合理科学地制定客户动机挖掘的措施 （3）全面、准确地分析客户成交成本 （4）合理科学地制定降低客户转化成本的措施 （5）全面、准确地分析客户成交行为 （6）合理科学地制定触发客户转化的措施
3	客户营销转化路径设计	（1）合理设计客户营销转化路径 （2）正确解析客户营销转化路径设计 （3）正确选择最优营销转化路径

◆ 任务拓展

1. 社群营销转化路径设计

经过几年的发展，美朵朵的市场迅速扩大，线下门店的数量稳步增长，截至目前，美朵朵已经拥有 3000 多家连锁门店，积累了不少的复购客户。为了进一步加大对私域流量的开发，美朵朵创建了多个社群，发展团购、拼购等业务。社群初建时期，每个群的成员都在 500 人以上，且经常交流护肤心得、美妆技巧，但是每次营销人员发起团购、拼购等接龙活动，商品的成交转化率都不高。为了提高销售业绩，促进私域流量转化，营销人员根据福格行为模型，进行客户的营销转化路径设计。

请参考 App 营销转化路径设计的操作流程，结合社群的功能和特点，完成社群营销转化路径的设计。

2. 小程序营销转化路径设计

虽然美朵朵门店众多，在线下市场占比很高，但是科技的迅速发展打破了消费者原有的生产生活模式，线下门店都感到了巨大的生存压力，为此，美朵朵开始逐步布局线上市场，同步开发了“美朵朵”微信小程序。前期营销人员为了推广小程序花费了巨大的人力物力，积累了大量流量，下一步营销人员计划通过福格行为模型进行营销转化路径设计，实现流量变现，提升销量。

请参考 App 营销转化路径设计的操作流程，结合小程序的功能和特点，完成小程序营销转化路径的设计。

任务 4.2
直播营销转化

目前，直播已成为企业获取流量、促进业务增长的重要因素。虽然企业直播非常普遍，但消费者对其评价却大相径庭。很多企业虽然跟着这股潮流做了直播，投入了人、财、物等资源，但直播结束后业务增长并不明显，投入与产出不成正比。要想获得营销转化，就要将直播活动的流量池尽量扩大。除此之外，为了实现直播营销转化目的，企业必须精心做好直播转化环节的设置。

通过本任务的知识准备、任务演练和任务拓展，能够了解直播营销的优势，掌握直播营销的转化策略，熟悉直播营销转化设计的内容，掌握直播营销转化的能力，提高直播营销转化的效果。

◆ 知识准备

4.2.1 直播营销认知

1. 直播营销的要素

直播是一种新的信息传播媒介，是一种全新的企业营销工具。直播以互联网技术为依托，具有实时性、互动性、真实性较强的特点。随着手机和移动网络的普及，直播已经成为随时、随地、随心发布信息的营销方式。企业把生产和服务过程通过直播形式展示出来，以获得客户的信任。企业可以结合自己的营销属性，发挥直播特性，解决企业的营销刚需问题，达到裂变效果。

从广义上讲，可以将直播营销看作一种以直播平台为载体而开展的，以提高品牌形象或增加销量为目的的营销方式。直播营销包括场景、人物、产品和创意四个要素。

（1）场景是指营造直播的气氛，让观众产生身临其境的感觉。

（2）人物是指直播的主角，可以是主播或直播嘉宾，用以展示内容，并与观众互动。

（3）产品与直播中的道具或互动有关，以软植入的方式达到营销目的。

（4）创意可提高直播效果，吸引观众观看，如人物访谈、互动提问等形式就比简单的表演直播更加吸引观众。

博文约礼

从爆发增长到规范发展：技术赋能与数字人直播合规化的平衡之道

数字人直播正在重塑营销格局。这个由 AI 驱动的全新直播形态，凭借 24 小时不间断运营、成本可控等优势，正在快速渗透到各类商品销售场景中。行业数据显示，使用数字人主播的商家数量呈现爆发式增长，特别是在标准化商品领域，数字人直播已经展现出明显的商业价值。

数字人直播作为人工智能技术在营销领域的突破性应用，正深度重构消费场景的交互范式与价值传递逻辑。依托 AI 算法驱动的虚拟形象，突破传统直播营销的时空限制，实现 7×24 小时全时段营销覆盖。在日化用品、3C 数码等标准化商品领域，使用数字人主播的商家数量呈现爆发式增长，展现出明显的商业价值。

在技术驱动产业变革的同时，监管框架的持续完善为数字人直播构筑起合规发展的制度性保障。国家互联网信息办公室等七部门联合出台的《网络直播营销管理办法（试行）》明确要求："直播营销平台应当加强新技术新应用新功能上线和使用管理，对利用人工智能、数字视觉、虚拟现实、语音合成等技术展示的虚拟形象从事网络直播营销的，应当按照有关规定进行安全评估，并以显著方式予以标识。"这一条款为数字人直播的规范化发展奠定了制度基础。

各大直播平台积极响应监管要求并构建技术治理体系，以抖音发布的《抖音关于人工智能生成内容的平台规范暨行业倡议》为例，该倡议明确规定：使用已注册的虚拟人形象进行直播时，必须由真人驱动进行实时互动，不允许完全由 AI 驱动进行互动。这种技术中台化策略既防范了完全自动化带来的伦理风险，又为中小商家提供低成本获客工具，实现了创新激励与风险管控的动态平衡。

当前，数字人直播监管呈现出精细化、差异化的特征。在快消品领域，已形成"智能导购+精准投放"的成熟营销闭环；在金融理财、医疗健康等专业服务领域，监管部门明确要求必须由持证专业人员提供核心服务，虚拟形象仅可以发挥辅助展示功能。这种差异化治理模式既切实维护了重点领域消费者的合法权益，又为技术创新预留了适度发展空间，有力推动了多层次行业生态的构建与完善。

随着《生成式人工智能服务管理暂行办法》等新规的落地实施，数字人直播即将迎来规范化发展的新阶段。对于从业者而言，这既是挑战，又是实现跨越式发展的重要机遇。唯有将技术创新与合规经营有机融合，才能充分释放数字人直播的商业潜力，为消费者创造更大的价值，推动行业迈向更高质量的发展阶段。

2. 直播营销的优势

直播营销的优势包括以下几个方面：

（1）更低的营销成本。广告营销的成本越来越高，如楼宇广告、车体广告、电视广告的费用，从几十万元到上百万元不等。网络营销刚兴起时，企业可以用较低的成本获取客户、销售产品；但随着淘宝、百度等平台用户的增加，无论搜索引擎广告还是电商首页广告的营销成本都变得更高，部分自媒体“大号”的软文广告费甚至超过50万元。直播营销对场地、物料等需求较少，是目前成本较低的营销形式之一。

（2）更快捷的营销覆盖。消费者在网站浏览商品图文或在网店翻看商品参数时，需要在脑海中自行构建使用场景。而直播营销完全可以将主播试吃、试玩、试用等过程直观地展示在观众面前，更快捷地将用户带入营销场景。

（3）更直接的营销效果。消费者在购买商品时往往会受环境影响，由于“看到很多人都下单了”“感觉主播使用这款产品效果不错”等原因而直接下单。因此，在设计直播营销时，企业可以重点策划主播台词、优惠政策、促销活动，同时反复测试与优化在线下单页面，以获得更好的营销效果。

（4）更有效的营销反馈。在商品已经成型的前提条件下，企业营销的重点是呈现商品价值，实现价值交换；但为了持续优化商品及营销过程，企业需要注重营销反馈，了解顾客意见。由于直播互动是双向的，主播在将直播内容呈现给观众的同时，观众也可以通过弹幕的形式分享体验。因此，企业借助直播，一方面，可以收到已经用过商品的客户的使用反馈；另一方面，可以收获现场观众的观看反馈，以便下一次直播营销时修正。

4.2.2 直播营销的转化策略

在直播营销中，各种直播营销转化策略层出不穷，如秒杀、限时特惠、直播特供、福利营销及信任背书等策略。

1. 秒杀

秒杀就是在直播过程中的某个时间段，发布一些质量好、品牌可信度高、超低价格的爆品，所有客户在同一时间抢购这种商品的销售方式。由于商品价格相对低廉，往往刚上架就被客户抢购一空，故称秒杀。秒杀可分为整点秒杀和长周期秒杀等不同类型。

（1）整点秒杀。整点秒杀针对的是高价值或秒杀力度较大的单品，其主要目的是希望通过这些高价值单品提升该时段直播间的客户活跃度，起到引流作用。

（2）长周期秒杀。长周期秒杀是常见的维持一天甚至好几天的秒杀活动，或隔一段时间又自动重启的方式。这类活动适用于单品质量一般，且折扣力度有限的商品，以新品居多，商家希望通过秒杀方式让新品在短时间内获得较大的流量，从而营造爆款氛围。

商家参与秒杀活动的目的有三个：获取销售额、获取流量、提升该单品的商铺搜索排位，进而增加店铺权重。因此，在进行秒杀活动的时候，一定要注意以下两点：一是同种商品在相同的活动时间内只能参与同一个类型的秒杀活动；二是一笔订单不可以同时享受两个及两个以上不同商品类型的秒杀优惠价格。

秒杀与拼团、砍价等方式的不同之处在于，秒杀非常注重时间性，其主要目的是营造稀缺热销的氛围，提高流量。

2. 限时特惠

限时特惠是指让客户在限定的时间内以较低的价格抢购到心仪的商品，这种胜利感会带来更好的消费体验感。限时特惠的方式主要有低价限购、发放优惠券等。

不只是普通商品的直播可以使用限时特惠的营销方式，房地产、汽车等高价值商品也纷纷加入其中。无论何种商品，只要能让客户在价格上享有一定程度的优惠，就能相应地提升客户对商品的关注度。但是，品牌商不能一味打“价格战”，否则在利润上可能会受损失，限时特惠要配合限量、限价使用，才能事半功倍，激发客户的购买欲望。

3. 直播特供

直播特供指的是在直播间内特别供应某一款商品，或是由某位明星、KOL 等亲临直播间代购，或是卖家专门为客户寻找的商品供应链等。直播特供商品主要针对进入直播间的观众，以观众需求为核心确定商品。

直播特供让观众身临其境，无论是新品首发还是工厂直送，直播都在极力为品牌商拓展渠道，针对特定的人群提供特定商品，定位精准，由此提升直播营销的转化率。

4. 福利营销

福利营销是直播的重要策略，在直播过程中进行福利营销，能够极大地激发客户的购物热情，实现商品销量的爆发式增长。福利营销主要有以下三种方式：

（1）发放商品优惠券。发放商品优惠券实行起来几乎没有成本，并且发放的对象也是直播间里的客户，实现了精准投放。客户在营销人员的介绍和商品优惠券发放的双重吸引下更容易下单购买。商品优惠券能够激发客户的购物热情。如果客户对营销人员推销的商品较满意，而营销人员又向其发放了商品优惠券，那么就能够有效刺激客户将消费欲望转化为消费行动。同时，营销人员发放商品优惠券也能够宣传店铺及商品，提高店铺及商品的知名度。

（2）商品买一送一。商品买一送一是一种典型的以商品为中心的福利营销方式。商品买一送一并不意味着营销人员赠送给客户的商品必须和客户所购买的商品相同，也可以是买一件衣服赠送一条围巾，这种营销方式以赠品来吸引客户的注意力。

（3）满赠活动。满赠活动是以商品为核心进行福利派送的主要形式，即购物满一定额度以后客户可获得某些赠品。营销人员可以标明赠品的价值，也可以不标明赠品的价值。

福利营销是提高直播间销量的有效方法，能够激发客户的购物热情。同时，为了刺激客户尽快做出购买决策，营销人员在进行福利营销时，也要明确福利营销的时限，以此突出福利活动的稀缺性，促使客户尽快下单。

5. 信任背书

信任背书在营销里可以简单理解为借助有话语权、有影响力的权威人士作为中间人，通过该人士背书来增强产品或品牌的可信度。权威人士为品牌或产品做背书，其自身形象就给观众一种可信任的感觉，不同角色的信任背书可以打消观众对品牌或商品的疑虑。同时，为了维护自身形象，权威人士也会对推广的商品进行更加严苛的挑选，使买卖双方互相牵制。

4.2.3 直播营销转化设计

1. 直播营销前期

（1）直播营销方案的准备。直播营销方案的作用是传达。作为传达的过渡或桥梁，直播营销方案需要将抽象概述的思路转换成明确传达的文字，使所有参与人员尤其是与直播相关的项目负责人既了解整体思路，又明确落地方法及步骤。完整的直播营销方案包括直播目的、直播简述、人员分工、时间节点、预算控制五大要素。

（2）直播营销方案的执行规划。直播营销方案需要让所有参与直播的人员知晓，而直播营销方案的执行规划具有更强的针对性。直播营销方案的执行规划一般由项目操盘规划、项目跟进规划、直播宣传策划组成。项目操盘规划在直播营销方案的整体推进上进行了大致安排。项目跟进规划则在直播营销方案执行的细节上进行细化，明确每个阶段的具体工作、完成时间、负责人等。直播宣传策划主要是策划如何借助新媒体等渠道进行直播预测，确保直播营销活动能够吸引目标客户并达到预期效果。企业直播与个人直播不同，追求的不是简单的在线人数，而是在线的目标客户数。直播前需要设计有效的直播营销方案，达到企业营销目的。

（3）宣传与引流的方法。设计直播营销方案，企业要将研究客户经常活动的引流渠道作为第一步。常见的引流渠道包括硬广、软广、视频、直播、问答、线下等。硬广即硬广告。与硬广相比，软广突出一个“软”字，营销于无形。企业可以在传统的问答网站（如百度知道、搜狗问问等）回答网友的问题，同时为自身做宣传。如果企业有线下渠道，可以借助线下渠道，以海报、宣传单等形式宣传直播内容，引导线下客户关注直播。

（4）硬件筹备的三大模块。为了确保直播的顺利进行，需要对硬件进行筹备。直播前期的硬件筹备主要由场地、道具、设备三大模块组成。直播活动的场地分为户外场地和室内场地。直播道具由展示产品、周边产品及宣传物料三部分组成。直播设备是确保直播清晰、稳定进行的前提。在直播筹备阶段，相关人员需要对手机、电源、摄像头等设备进行反复调试，以达到最优状态。

2. 直播营销过程

（1）直播活动的开场技巧。

① 直播开场设计的五大要素。直播开场是给观众留下的第一印象，其重要性不言

动画：直播活动的开场技巧

而喻。观众进入直播间后，会在短时间内决定是否离开。因此，一个好的开场对直播来说非常重要，能够起到事半功倍的作用。

直播活动的开场设计需要从以下五个层面考虑：第一，引发观众兴趣；第二，促进观众推荐；第三，将观众代入直播场景；第四，渗透营销目的；第五，平台资源支持。各大直播平台通常会配备营销人员，对资源位置进行监控与设置。资源位置包括首页轮播图、看点推荐、新人主播等。

② 直播活动的开场形式。

第一，直白介绍。可以在直播开场时直接告诉观众直播的相关信息，包括主播自我介绍、主办企业介绍、直播话题介绍、直播大约时长、本次直播流程等。一些吸引人的环节（如抽奖、彩蛋、发红包等）也可以在开场提前介绍，以促进观众留存。

第二，提出问题。开场提问是在直播一开始就制造参与感的好方法，一方面可以引导观众思考与直播相关的问题；另一方面可以让主播更快地了解本次直播观众的基本情况，如观众所在地区、爱好、对于本次直播的期待等，以便在后续直播中随机应变。

第三，抛出数据。数据是具有说服力的，直播主持人可以将本次直播要素中的关键数据提前提炼出来，在开场时直接展示给观众，用数据说话。在专业性较强的直播活动中，可以充分利用数据开场，在第一时间令观众信服。

第四，故事开场。相对于枯燥的介绍和分析，故事更容易让不同年龄段、不同教育层次的观众产生浓厚的兴趣。一个开场故事，能够带领观众进入直播所需的场景，以便更好地开展接下来的环节。

第五，道具开场。主持人可以根据直播的主题和内容，借助道具来辅助开场，开场道具包括企业产品、团队吉祥物、热门卡通人物、旗帜与标语、场景工具等。

第六，借助热点。参与直播的观众普遍对互联网上的热门事件和热门词汇有所了解。因此，在直播开场时，主持人可以借助热点，拉近与观众的距离。

（2）直播收尾的核心思路。

① 营销转化。将流量引导至销售平台，引导观众进入官方网址或网店，促进购买与转化。通常留在直播间直到结束的观众对直播内容都比较感兴趣，对于这部分网友，主播可以充当售前顾问的角色，在结尾时引导观众购买商品。

② 引导关注。在直播收尾引导观众关注自媒体账号进行引流。在直播结束时，主播可以将企业的自媒体账号及关注方式告诉观众，以便直播后继续向观众传达企业信息。

③ 邀请入群。在直播收尾告知观众对应的粉丝社群并邀请入群。在同一场直播中积极参与互动的观众，通常更容易与主播或主办单位持续互动，也更容易参与后续直播。主播可以在直播收尾时将这类观众邀请入群，结束后通过运营该群，逐渐将直播观众转化为忠实粉丝。

（3）直播重点与注意事项。

① 反复强调营销重点。因为网络直播随时会有新人进入，主播需要在直播中反复

强调营销重点。直播中需要反复强调的营销重点如表 4-7 所示。

表 4-7 直播中需要反复强调的营销重点

类别	营销重点
介绍	主播介绍、主办单位介绍、现场嘉宾介绍、商品介绍等
关注	引导关注直播间、微信公众号、微博等
销售	现场特价商品、观众专属商品、近期促销政策等
品牌	邀请点赞、邀请转发、邀请点评等

② 减少自娱自乐，增加互动。直播不是单向沟通，观众会通过弹幕把自己的感受表达出来，且希望主播予以回应。一个只顾自己侃侃而谈而不与观众互动的主播，通常不太受观众欢迎。刚接触直播的新主播往往会过于关注计划好的直播安排，担心直播没有按照既定流程推进，从而生硬地结束一个话题，进入新话题。实际上，几乎没有百分之百按照规定完成的直播活动，任何直播都需要在既定计划的基础上随机应变。

③ 注意节奏，防止被打扰。在直播中，网友的弹幕是不可控的，部分观众对主播的指责和批评也无法避免。如果主播过于关注负面评价，就会影响整体的直播状态。在直播进行中，主播需要有选择地与网友互动。对于表扬或点赞，主播可以积极回应；对于善意的建议，主播可以酌情采纳；对于正面批评，主播可以幽默化解或坦诚认错；对于恶意谩骂，主播可以不予理睬。

3. 直播营销后期

（1）做好直播活动总结。直播结束后要及时处理直播活动的订单，并做好奖品发放等，确保客户良好的消费体验，特别是在发货环节，一定要及时跟进，公布中奖名单，并与中奖客户取得联系。

（2）做好粉丝维护。在直播过程中，可能会添加各类粉丝。直播结束后，做好粉丝维护是很关键的，可以与粉丝沟通交流，调研粉丝对此次活动的评价，便于后期的优化和提升。同时，对直播观看、销量、活动效果、中奖名单等进行宣传，并对直播视频进行剪辑，将其包装后植入推文中。

博文约礼

政府强化直播电商监管　企业需筑牢合规发展根基

2021 年 4 月 23 日，国家互联网信息办公室等七部门联合发布了《网络直播营销管理办法（试行）》（以下简称《办法》），自 2021 年 5 月 25 日起施行。《办法》旨在加强网络直播营销管理，维护国家安全和公共利益，保护公民、法人和其他组织的合法权益，促进网络直播营销健康有序发展。市场监管总局在 2025 年 4 月 18 日召开的直播电商监管专题新闻发布会上指出，为规范直播电商市场秩序，促进直播电商行业规范健康发展，市场监管总局依据《电子商务法》等法律规定，正在牵头组织起草《直播电商监督管理办法》(以下简称《办法》)。《办法》在着眼于促进行业创新发展的同时，致力于规范直播电商行业乱象，确保商品和服务质量与交易安全，维护公平竞争的市场秩序，保护广大消费者和经营者合法权益。

相对于传统电商，直播电商涉及平台经营者、直播间运营者、直播营销人员、直播营销人员服务机构等众多主体，人、货、场分离，参与主体法律关系复杂，违法行为定性相对困难。再加上直播电商具有很强的即时性和互动性，流量为王的特征更加明显。一些直播电商平台落实主体责任不到位，一些商家和主播急于追求流量变现，重营销、轻品质，重成交、轻售后，追逐短期利益，导致虚假营销、假冒伪劣等行为易发多发。

因此，政府部门高度重视直播电商的监管工作，通过不断出台各种直播管理办法，全力整治直播电商乱象，及时回应人民群众关切。对于直播营销平台、直播间运营者、直播营销人员、直播营销人员服务机构等各方参与者而言，需以法律法规为镜，建立全链条合规管理体系：从选品溯源到直播宣传，从交易服务到售后保障，均需恪守法律红线与商业道德，在追求流量价值的同时坚守品质底线，以合规运营筑牢企业信誉基石，共同推动直播电商行业向规范化、高质量发展阶段迈进。

◆ 任务演练

直播营销转化

1. 任务描述

某体育用品集团专注于设计、生产及销售运动鞋服、配饰等运动装备，始终坚持“运动时尚”的品牌定位，通过“专业＋潮流”的双轨营销策略，为消费者提供兼具个性与性价比的运动产品。经过多年发展，该集团已构建了覆盖线下门店、线上官网及第三方平台旗舰店的立体化营销网络。随着直播电商的快速发展，该集团积极探索创新营销模式，计划引入数字人直播技术，结合真人主播互动，打造更具科技感和沉浸感的直播体验，以提升产品转化率并强化品牌数字化形象。

近日，该集团将迎来年度品牌盛典，其线下门店、官网及电商平台旗舰店同步启动了“跃动未来，时尚由你”的周年庆主题活动。为了更好地吸引年轻消费者，增强用户参与感，营销团队决定在主流直播平台开展“数字人＋真人”形式的直播营销，通过虚拟主播的产品展示、AI 智能推荐，以及真人主播的实时答疑，实现更高效的互动与转化。此次直播营销旨在提升周年庆期间的销售额，更希望通过数字人技术的应用，展现品牌的前沿科技实力，为未来常态化的直播营销积累经验。

2. 任务分析

一场成功的直播营销活动不仅包括场景搭建与主播带货两个环节，更需要系统的策略设计，其核心目标应聚焦于品牌形象提升或销售转化。对于融合数字人技术的直播营销而言，更需要明确双重定位：既要通过数字人展现科技实力，强化品牌调性，又要借助其精准互动能力促进商品销售。企业需要基于产品特性、目标客户群体及营销诉求，设计“数字人＋真人”的协同方案——数字人负责标准化产品展示与数据化卖点解析，真人主播则侧重情感化沟通与即时答疑，二者互补形成完整的营销闭环。

在执行层面，相比真人直播，“数字人＋真人”协同直播的形式有更高的要求。在前期筹备阶段，除了常规的场地布置、设备调试外，还需要完成数字人形象定制、AI 话术训练、虚拟场景建模等技术准备，并提前测试数字人与真人主播的切换流畅度。在预热阶段，需要协调数字人直播和真人直播的自然衔接关系。例如，数字人可承担产品参数讲解、多场景穿搭演示等标准化环节，真人主播则主导限时促销、粉丝答疑等互动性强的内容。直播结束后，除常规数据复盘（销售额、观看量、停留时长等）外，还需要专项分析数字人的表现指标，包括互动响应准确率、产品展示完整度、观众对虚拟形象的接受度等。最终形成“科技感与温度并存”的直播营销新模式，在提升即时转化的同时强化品牌数字化形象的长效价值。

3. 任务操作

（1）根据任务描述，结合企业直播营销主题，制定各平台直播营销转化目标，完成表 4-8。

表 4-8　各平台直播营销转化目标

序号	直播时间	直播平台	直播营销主题	营销转化目标
1				
2				
……				

（2）根据直播营销转化目标，结合直播营销主题，确定直播营销活动要素，制定直播营销转化方案，完成表 4-9。

表 4-9　直播营销转化方案

序号	要素	具体内容
1	直播场地	
2	硬件准备	
3	软件调试	
4	前期宣传	
5	人员协调	
6	物料准备	
7	直播脚本	
8	互动设计	
9	数据监测	

（3）根据直播营销转化目标，结合直播营销转化方案，制定直播营销转化执行方案，完成表 4-10。

表 4-10　直播营销转化执行方案

时间	项目	内容	数字人专项内容	协同要点	责任人
例：直播前一天	例：场景布置	例：测试灯光、麦克风	例：数字人动作捕捉校准	例：确保虚拟与现实画面无缝切换	

续表

时间	项目	内容	数字人专项内容	协同要点	责任人

（4）直播结束后，需要根据收集的直播营销数据，确定分析指标并进行直播复盘，分析直播营销转化效果，完成直播监测指标，见表 4-11。

表 4-11　直播监测指标

监测维度	具体指标	数字人专项指标	预期目标

4. 任务评价

本任务评价的具体内容见表 4-12。

表 4-12　直播营销转化任务评价

序号	评分项	评分标准
1	目标与策略的匹配性	各平台目标量化合理，与主题强关联，包含数字人专属目标
2	方案完整性	直播要素无遗漏，硬件 / 软件清单具体，包括数字人技术应用
3	执行可操作性	时间节点精确到分钟，责任人明确，有应急方案
4	数据监测与复盘	监测指标覆盖流量、转化、互动、数字人专项指标（如响应延迟 ≤ 1 秒）
5	创新性亮点	直播形式或互动设计新颖

◆ 任务拓展

1. 餐饮直播营销转化

近年来，随着餐饮行业数字化转型的深入推进，直播营销已从单纯的推广手段升级为集品牌塑造、流量转化、顾客体验于一体的综合营销平台。某新兴火锅品牌自创立以来，凭借“现切鲜肉＋古法熬汤”的差异化定位迅速打开市场，不仅创下单店日均翻台率 8 次的佳绩，更通过完善的会员体系实现了超过 60% 的复购率。目前，该品牌已完成全国 23 个城市 138 家门店的战略布局，并建立了从中央厨房到冷链配送的完整供应链体系。

值此春节消费旺季来临之际，品牌将在济南核心商圈开设山东首店。为打造差异化开业营销，本次直播将深度融合数字人技术，通过 AI 虚拟店长 24 小时不间断展示后厨透明化作业，结合 3D 食材溯源系统实时呈现从内蒙古牧场到消费者餐桌的全链路过程。同时，“AR 红包雨”互动将与线下到店核销系统智能对接，而智能点餐数字人则能够根据观众弹幕实时推荐个性化菜品组合。这种虚实结合的新零售模式，不仅能够强化品牌的科技感，更能够通过沉浸式体验提升转化效率。

请参考直播营销转化的操作流程并结合餐饮行业的特性，完成餐饮直播营销转化的策划。

2. 美妆行业直播营销转化

近年来，国潮美妆品牌迅速崛起，东方美学与现代彩妆的融合成为市场新趋势。某新锐国风彩妆品牌以中华汉字文化为设计灵感，将传统艺术与现代时尚相结合，打造出独具东方韵味的美妆产品，深受年轻消费者的喜爱。凭借出色的产品力和文化内涵，该品牌迅速积累了大量忠实粉丝，并在社交媒体上形成广泛传播。

为了进一步扩大品牌影响力，提升新品的市场占有率，该品牌即将推出一款以皇家园林艺术为灵感的高定口红系列。为打造现象级营销事件，品牌计划联合头部美妆达人、时尚明星及虚拟数字人，开展一场沉浸式直播盛典。本次直播将突破传统模式，通过 AI 虚拟主播实时互动、3D 场景化产品展示、AR 虚拟试妆等数字技术，构建线上线下联动的消费体验，助力品牌实现私域流量高效转化及新品销量爆发。

请参考直播营销转化的操作流程，结合美妆行业的特性，完成美妆直播营销转化的策划。

任务 4.3

促销活动转化

促销活动是企业营销转化的常用方式，其核心是制造紧迫感和利益点。但是，很多企业由于不知道如何做促销活动或者没有精心策划促销活动，最后导致没有达到预期的营销效果。促销并不是简单的打折降价。每种商品都有自己的生命周期，单一的促销活动已经无法满足客户的需求，企业需要设置多种类型的促销方式，在活动中突出紧迫感，将客户原本没有的或者非迫切的需求激发出来。

通过本任务的知识准备、任务演练和任务拓展，能够熟悉促销活动的转化策略，掌握促销活动的设计内容，能够实现促销活动转化设计，提升促销活动转化的效果。

◆ 知识准备

4.3.1 促销活动认知

促销是 4P 营销理论的重要内容之一，是为了促进客户购买行为的产生，提高客户购买行为的可能性和频率而经常采用的营销手段之一。

1. 促销活动的含义

促销（Promotion）是指企业利用各种有效的方法和手段，将企业及其商品的信息传递给客户，使客户了解和注意企业的商品，激发客户的购买兴趣和欲望，并促使其实现最终的购买行为，从而扩大销售量的活动。

促销的本质是企业与客户之间的信息沟通过程，即企业作为信息提供者，发出刺激客户的各种信息，把信息传递给目标客户，以影响其态度和行为。在日常生活中，常见的促销形式有电视广告、报纸广告、商场优惠券、有奖销售活动、现金满减活动、会员卡折扣等。

2. 促销活动的作用

促销活动的作用如下：

（1）加强企业与客户的沟通。在现代市场经济活动中，不管是生产经营单位还是客户，都迫切地希望获得尽可能多的市场信息。对于生产经营单位而言，掌握客户对产品及服务环节的意见，有助于企业及时完善自身的不足，以便更好地满足客户需求，带动消费。客户希望获得商品的各种信息，以帮助自己在琳琅满目的商品中，做出称心如意的选择。促销活动能够将生产经营单位及客户良好地连接起来，增进双方的沟通和交流，使双方各取所需。

（2）加强客户对品牌的认知。很多新产品在进入市场初期，往往不能轻易吸引客户的注意，促使其尝试购买。首先，新产品在市场上鲜有人知，客户在选购产品时习惯性地直奔熟悉的品牌，从而使得新产品成为选购的“盲区”；其次，客户对已有品牌具有忠诚度，忠诚度越高，客户越不容易购买新品牌；最后，购买新产品存在一定的风险，如果新产品不符合客户需求，就会增加客户的重置成本。

通过促销活动对产品进行广泛宣传，可以增进客户对于产品的认知，改变一些客户的使用习惯。同时，一些免费试用、赠送的促销活动还可以降低或免除客户初次购买的成本，从而更加容易吸引客户的注意。

（3）刺激消费，扩大销量。一般来说，客户在初次使用产品以后，如果没有不满意的地方，那么就有可能再次购买，但是这种购买欲望一开始并不强烈。此时，企业可以通过促销活动来激发客户的购买欲望，培养客户对产品的兴趣，尽快将潜在的客户群体固定下来。

大多数客户比较容易受促销活动的影响，当促销价格或促销优惠让他们觉得有利可图的时候，就会驱使他们采取购买行动，增加购买数量。在现实生活中，容易囤积的产品，在商家采取优惠促销的情况下，其销量往往会大幅提升，比如洗衣粉、沐浴露等。除此以外，促销活动还有可能将客户的购买视觉扩大到卖场里面的其他商品，带动这些商品销量的提高。

4.3.2 促销活动转化策略

设计一个促销活动，首先应该选择适合企业当前状况和竞争环境要求的促销策略，并分析影响促销活动的基本因素，包括企业的各种可控因素和不可控因素。促销的基本过程，实际上就是运用“推”或“拉”两种方式，促使客户购买本企业的产品或服务。

1. 推式策略

推式策略是企业运用人员推销的方式，把产品推向市场，促销活动的推式策略如图 4-4 所示。

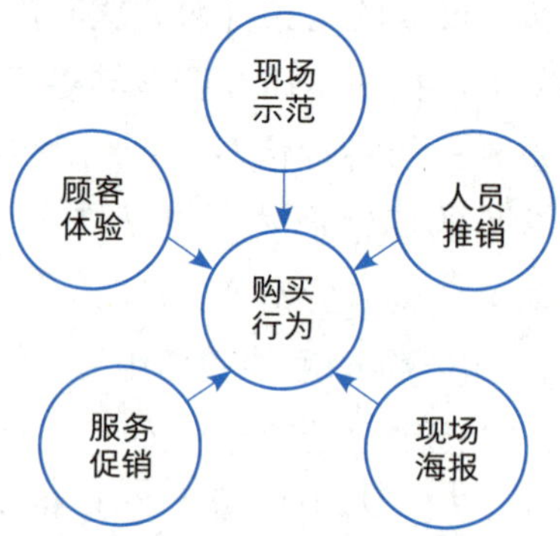

图 4-4 促销活动的推式策略

2. 拉式策略

拉式策略是企业运用非人员推销的方式，即广告、营业推广、公共关系等手段把客户拉过来，使其对本企业的产品产生需求，以扩大销售，促销活动的拉式策略如图 4-5 所示。

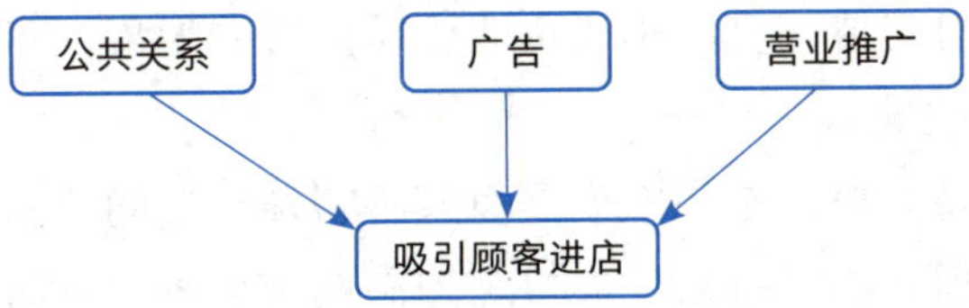

图 4-5　促销活动的拉式策略

3. 推拉策略

推拉策略也称混合策略，只是推式策略与拉式策略各自所占的比率不同而已。推拉策略的实质在于：拉式策略是尽可能在最广泛的范围内让目标客户知晓本企业和本次促销活动的内容，促使其产生兴趣，使之不管距离的远近，刺激其购物的冲动，使其来到本企业并进入店铺；推式策略是使客户来到之后，促使其产生购物行为的措施。

因此，使客户由远及近直至进入店堂称为“拉”，而以人员的方式使客户产生购买冲动和信赖感，称为“推”。推拉策略必须相辅相成，才能取得最佳促销效果。企业促销活动的推拉策略，如图 4-6 所示。

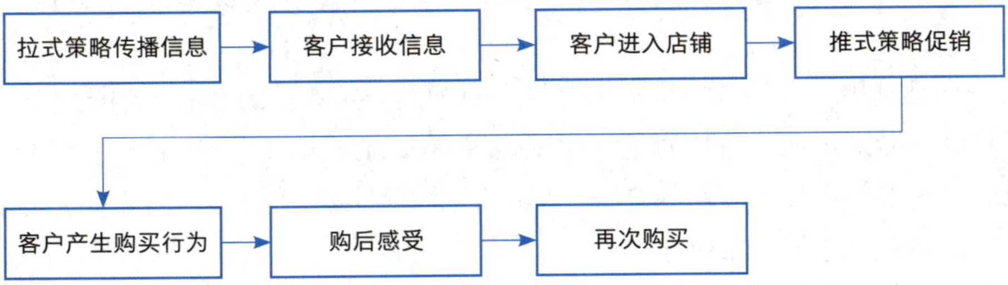

图 4-6　促销活动的推拉策略

4.3.3　促销活动设计

1. 促销商品的选择

动画：促销活动的设计

无论选择何种商品作为促销品，都应牢记三个基本要点：一是选择客户真正需要的商品；二是促销商品能给客户增添的实际利益；三是选择大品牌或促销力度大的商品。一般来说，促销商品有以下四种选择：

（1）节令性商品。企业可以根据季节变换适时地调整促销商品的种类。根据季节和时间的变换适时调整促销商品的类别、氛围和装饰等。节令性商品并不是到了某个节气才开始上架销售，而是会提前一两个月就开始进行促销活动。

（2）敏感性商品。一般来说，生活必需品的价格弹性较低，但也有些必需品具有较强的价格敏感性，挑选这些商品作为促销品可以有效拉动人气。

（3）高知名度商品。品牌知名度高、价格透明、市面上随处可见的商品比较适合进行促销活动，如某些化妆品、保健品、饮料、儿童食品等。选择此类商品作为促销商品需要供应商的大力支持，可以树立企业优质低价的形象，容易使客户产生物美价廉的印象。

（4）特殊商品。特殊商品是指人们具有某种特殊偏好的商品，选择该类商品开展促销活动可以准确地指向和吸引某一类特定的消费群，客户对商品价格非常熟悉，容易批量购买。如果一种特殊商品形成的市场规模过小，也可以同时选择几种特殊商品促销，以形成有效市场。

2. 促销时间的选择

（1）促销活动的延续时间。一般延续时间在 1 个月以上的促销活动称为长期促销活动，其目的是希望塑造企业的差异化优势，增强客户对卖场的向心力，以确保客户长期来店购物。另一类是短期促销活动，通常是 3~7 天，其目的是希望在有限的时间内通过特定的主题活动提高来店的客户数量，以达成预期的营业目标。

（2）促销活动所处的季节。不同的季节、气候、温度，客户的行为习惯和需求会有很大的差异，一个良好的促销活动计划应与季节、月份、日期、节令、天气、温度、事件等相互配合。

3. 促销活动的类型

促销活动的类型主要有：样品试用、优惠券、赠品、竞赛和抽奖、返现、折价促销等形式。

（1）样品试用。样品试用是指免费给客户赠送一定数量的产品，刺激其试购的一系列过程。样品试用通常被认为是产生试购最有效的方法。当一种新产品或新品牌进入市场时，可以使用样品试用的方式。样品试用也可以用于已推广的产品。为发挥样品试用方式的有效性，产品的选择要符合以下三个原则：

① 产品的单价较低，因此样品成本不会太高。

② 产品可以分割，这意味着它们可以被分为规格较小的样品，同时能向客户展示产品的特性和优点。

③ 购买周期相对较短，因此客户会考虑立即购买，或者下次购买前不会忘记该品牌。

（2）优惠券。客户之所以愿意使用优惠券，是因为通过使用优惠券，可以在购买成交过程中减少实际支付的金额，优惠券设置的流程如图 4-7 所示。

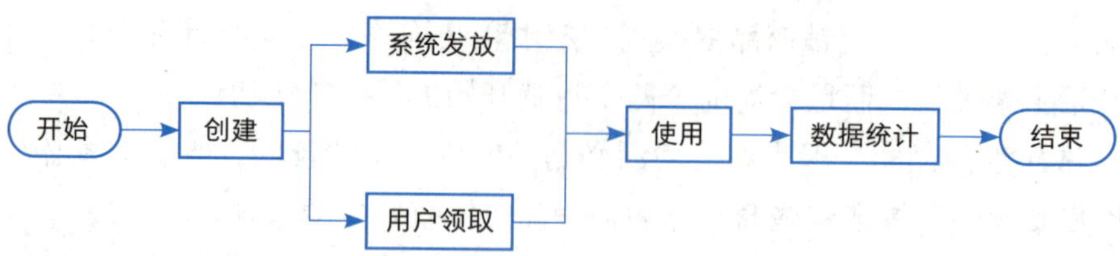

图 4-7　优惠券设置的流程

创建优惠券是搭建优惠券系统的起步阶段，基本规则要在此时想好。创建优惠券涉及的细节比较多，应尽可能覆盖业务涉及的所有场景，然后再结合实际业务做减法。目前，常用的优惠券种类有立减券、满减券、折扣券三种优惠券，这三种优惠券使用的侧重点有所不同。

① 立减券。立减券本质上是无门槛使用券，主要针对有购买意向但嫌价格太高的首单客户使用。

② 满减券。满减券是有门槛使用券，例如满 100 元减 20 元，便于合理控制活动成本。通过设定一些有获取门槛的优惠券，可以让那些原本可以接受高价的客户继续高价购买，而那些不能接受高价的客户，则可以通过优惠券的方式降低价格以满足他们的心理价格。

③ 折扣券。折扣券可设置有门槛和无门槛使用规则。有门槛打折券如满 100 元打 9 折，其中“满 100 元”就是折扣券的使用门槛，这类优惠券主要用来提升客单价。无门槛打折券主要用来提升销量。

（3）赠品。赠品是免费或低价向客户提供一项产品或服务，从而对购买者产生额外的激励。在商家和客户沟通的过程中，赠品本身是一种非常有效且应用广泛的促销方式。赠品的形式主要有买赠以及换赠。

① 买赠。即购买获赠。只要客户购买某一产品，即可获得一定数量的赠品。最常用的方式如买一赠一、买五赠二、买一赠三等。

② 换赠。即购买补偿获赠。只要客户购买某一产品，并再略做一些补偿，即可再换取到其他产品。如花一点钱以旧换新，再加 1 元送 ×× 产品，再花 10 元钱买另一个产品等。

（4）竞赛和抽奖。竞赛与抽奖活动最重要的特色之一，就是提供一个比实际支出金额更优惠的活动契机。竞赛是一种客户为了获得奖品和奖金，依靠技巧或能力进行比赛的一种促销活动。企业通过评价参赛者或确认哪个参赛者与预先设定的标准最接近来确定获胜者。需要注意的是，竞赛的门槛不能太高，否则可能会打击目标受众中那些关键潜在目标客户的参与热情。

抽奖是一种几乎全凭运气决定获胜者的促销活动。抽奖的形式多种多样，包括常见的大转盘、乒乓球号、砸金蛋等。抽奖通过概率性事件营造稀缺性，撬动客户的互动参与意愿，同时通过物质激励等方式持续刺激，或产生阶段性强刺激，从而保证客户转化。

（5）返现。返现是由商家做出的返还部分购买款项的承诺，通常是在客户提供一些购买证明之后。当然，在客户开始购买之前，也有助力返现的活动方式，客户通过将信息分享给好友并邀请其帮忙助力获得返现金额。客户通常对于返现承诺的响应度比较高，尤其是当节省了一部分购买成本以后。

（6）折价促销。折价促销又称价格折扣，是指企业通过降低商品的售价，促进客户购买的一种促销方式。折价促销是使用最多、影响力最大，也是最有效的促销武器，尤其是对短期销量的提升有立竿见影的效果。折价促销的方式有以下六种:

① 直接折价。直接折价是指企业直接给予客户的一种价格折扣方式。对于品牌知名度较高的商品，以及购买频率较高、客户关注度较高的日用消费品，直接折价的促销效果尤其明显。对于同质化程度高的商品而言，如果品牌知名度不高，即使采取较高的直接折价，也很难达到预期的促销效果。

② 减价优惠。减价优惠是指标明原价和现价各是多少的促销方式。这种方式在价格上不给客户任何选择的余地，但在款式及档次上给予客户充分选择的空间。

③ 数量折扣。数量折扣是对大量购买某种商品或服务的客户提供的一种折扣方式。通常是按照购买数量的多少，分别给予不同的折扣。购买数量越多，折扣力度越大。数量折扣的目的在于鼓励客户大量购买或集中购买，因此常用于购买频率较高、产品之间相关程度较大的日用消费品。

④ 加量不加价。加量不加价是在产品出厂之前，将赠送的产品装在包装内，在产品包装上标注“加量不加价”的优惠信息，让客户能够以同样的价格买到更多的产品。这种方式可以提高企业的销量，扩大市场份额。

⑤ 购物返券。购物返券是指在店购物满一定数量或金额的商品之后，凭购物凭证领取相应金额的购物券。购物返券相当于在原商品价格基础上打了一个折扣进行销售，但是延长了客户在店内的购物时间，提高了商品的销售额。

⑥ 套餐式折扣。套餐式折扣是将两件或多件相同或者不同的产品组合在一起，以低于单件产品价格之和的价格出售，以此来吸引客户成套购买的方式。这种方式适用于企业同时推出多种产品的情况。

◆ 任务演练

优惠券促销活动设计

1. 任务描述

型月是型格集团旗下的服装品牌，专注于年轻时尚的女装销售，该品牌一直追求强调个性化的设计，是将设计融合文化的时尚品牌，赢得超过 6 000 万名年轻女性的青睐。

适逢集团成立周年纪念日，型月官方旗舰店为了回馈新老客户的厚爱，准备开展一次优惠券发放的营销活动。营销人员根据优惠券活动的类型，设置了立减券、满减券、折扣券三种优惠券。同时，为了取得更好的营销转化效果，营销人员对三种优惠券的适用产品、时间及人群进行了设置，以期取得更好的销售业绩。

2. 任务分析

优惠券是持有者在购买某种产品时可免付一定金额的单据，在刺激成熟品牌的销售和鼓励新产品的使用方面效果较好。在进行优惠券活动设计的时候，需要确定活动的主题及目标，策划活动开展的基本内容，比如活动开展的时间、面向的客户、活动的商品等信息。

首先要根据优惠券促销活动的目标选择优惠券的类型，同时设计优惠券的使用规则和发放规则。优惠券的类型有三种，主要是立减券、满减券和折扣券。每种优惠券面向客户的侧重点不同：立减券主要用于新客户，给予其一定的优惠，吸引新客户购买商品；满减券主要用于高价值客户，对于达到一定成交金额的客户给予适当的优惠，以降低其心理价位；而折扣券的使用范围更广，在促进流量转化、实现商品销售等方面更具有吸引力。

优惠券的使用规则通常为：立减券适用于在店铺消费的客户，不适用于团体购买、批发等购买行为，优惠券不能兑换现金，每张优惠券仅能使用一次，不找零，不退换等。优惠券的发放既可以是店铺主动发放，也可以是客户自主领取，比如店铺对新客户发放一定金额的立减券，当新客户进店以后，主动弹出优惠券，无须点击，在购买时自动减免。而对于客户自主领取的方式，则需要客户到商品页面或店铺页面领取后才可以使用。

当优惠券活动结束后，要对活动的促销效果进行检验，对商品销量、优惠券领取数量、优惠券使用数量、参与客户数量等数据进行统计，分析促销活动设计的营销转化效果。

3. 任务操作

（1）根据任务描述，结合营销主题，策划优惠券促销活动的基本内容，完成表 4-13。

表 4-13　优惠券促销活动的基本信息

序号	项目	具体内容
1	活动主题	
2	活动目标	
3	活动时间	
4	活动商品	
5	面向人群	
6	物料准备	

（2）根据优惠券促销活动主题及目标，设置优惠券，完成表 4-14。

表 4-14　优惠券的设置

<table>
<tr><th>优惠券类型</th><th colspan="2">规则</th><th>具体内容</th></tr>
<tr><td rowspan="9"></td><td rowspan="4">使用规则</td><td>适用产品</td><td rowspan="4"></td></tr>
<tr><td>适用时间</td></tr>
<tr><td>适用人群</td></tr>
<tr><td>使用细则</td></tr>
<tr><td rowspan="5">发放规则</td><td>主动赠送</td><td rowspan="5"></td></tr>
<tr><td>自主领取</td></tr>
<tr><td>分享领取</td></tr>
<tr><td>关注领取</td></tr>
<tr><td>任务领取</td></tr>
</table>

（3）活动结束后，根据所收集的优惠券促销活动数据，确定分析指标，分析优惠券促销活动的营销转化效果，完成表 4-15。

表 4-15　优惠券促销活动营销转化效果分析

序号	指标	数据	分析
1			
2			
……			

4. 任务评价

本任务评价的具体内容见表 4-16。

表 4-16　优惠券促销活动设计

序号	评分项	评分标准
1	优惠券活动的基本内容	（1）活动主题明确 （2）活动营销转化目标明确、切实可行 （3）活动的各项内容设置合理
2	优惠券的设置	（1）优惠券类型设置全面合理 （2）使用规则设置详尽、可行 （3）发放规则设置合理、可行
3	优惠券活动营销转化效果分析	（1）优惠券活动效果分析指标明确、合理 （2）优惠券活动数据真实、准确 （3）优惠券活动营销转化效果分析精准

◆ 任务拓展

1. 抽奖促销活动设计

玉洁是这两年刚刚崛起的国货护肤品品牌，凭借“国潮风”的设计，受到了中国年轻客户群体的追捧。在短短两年内，迅速赢得了客户的青睐，在“双 11”期间进入了护肤品品牌的销量前十名，大大提升了国货在护肤品行业的地位。近日，玉洁推出一款具有较强抗衰老及抗氧化功效的精华水，为了促进新品的营销转化，营销人员计划设计一场抽奖活动，增加客户参与互动的意愿。同时通过奖品设置，给予客户一定的物质激励，以提高客户的转化率。

请参考优惠券促销活动设计操作流程，结合抽奖活动的特点和优势，完成抽奖促销活动的设计。

2. 折价促销活动设计

食客斋是中国食客服务有限公司旗下的品牌，主要从事以糯米食品为主导的食品研发、生产和销售。公司在传承民族饮食文化的基础上不断创新，形成以粽子为主，集月饼、汤圆、糕点、蛋制品、其他米制品等食品于一体的产品群。凭借美味的食品和亲民的价格，食客斋的销量逐年提升，并得到了“粽子之王”的美誉。

由于相关人员对市场的预估失误，端午节过后，食客斋的粽子礼盒还有较多剩余，营销人员为了迅速提升商品的销量，减少企业损失，计划针对这批粽子礼盒设计一场折价促销活动。

请参考优惠券促销活动设计操作流程，结合折扣促销活动的特点和优势，完成折扣促销活动的设计。

任务 4.4
体验式营销转化

体验式营销是一种新的营销方式，已经逐步渗透到市场营销的各个环节，其本质是通过客户体验实现销售产品、树立品牌形象的目的。体验式营销不是简单的情景式营销，更不是简单的免费试用，而是从产品还未与客户见面直到客户深层体验品牌内涵的全过程。

通过本任务的知识准备、任务演练和任务拓展，能够了解体验式营销的类型和流程，熟悉体验式营销的转化策略，掌握体验式营销转化设计的内容，具备实现体验式营销转化的能力，提升体验式营销转化效果。

◆ 知识准备

4.4.1 体验式营销认知

所谓体验式营销，是指通过看、听、闻、尝、使用、感受、参与等手段，充分调动客户的感官、情感、情绪等感性因素，同时调动客户的思考、联想、行动等理性因素，影响客户对产品的感受，从而达成交易的一种新型营销方法。

1. 体验式营销的特征

体验式营销主要具有以下三个特征：

（1）无形性。体验式营销中的无形性强调顾客所能感受到的一种使其难忘的、身临其境的体验，它是一种被感知的效果。

（2）个性化。在体验式营销中，由于消费者个体存在巨大差异，要吸引个体参与并实现互动，在体验式营销活动设计中必须体现较强的个性化。当然，顾客也乐意为所获得的体验价值承受相对较高的价格水平。

（3）延续性。顾客所获得的感受并不会因一次体验的完成而马上消失，而是具有一定的延续性，有时顾客事后甚至会对这种体验重新评价，产生新感受。

2. 体验式营销的核心

体验式营销的核心在于降低客户初次体验的门槛，降低客户购买的心理压力和决策成本。客户对于陌生事物往往是排斥的，通过免费体验的方式可以快速建立客户对于新鲜事物的认知，从而为企业构建良好的品牌形象，使客户对企业和品牌产生好感后形成营销转化。

3. 体验式营销的类型

体验式营销的重点在于体验。体验是指某件事给人们带来的感受，不管该事件是真实存在的还是虚拟的，只要给人们带来某种感受就属于体验。为了便于区分，可以将多样化和复杂化的体验分为以下几种类型：

（1）感官体验。感官体验是客户通过视觉、听觉、触觉、味觉、嗅觉等与外界互动所体会到的知觉体验。它是客户最基本的体验，如欣赏音乐、品味佳肴等。

（2）思维体验。思维体验是较为理性的，指通过启发客户的智力，以富有创意的方式引起客户的惊奇、兴趣、对问题集中或分散的思考，为客户创造认知和解决问题的体验。

（3）行动体验。行动体验是通过吸引客户的主动参与，让客户在整个过程中获得一种全新的体验，行动体验在某些情况下甚至可以引领客户获得一种全新的生活方式或生活体验。

（4）情感体验。情感体验注重客户的内在感情与情绪，其表现可以是温和、充满柔情的正面心情，也可以是欢乐、自豪的情绪，还可以是激烈的情感反应。

（5）关联体验。关联体验即通过实践实现自我改进，使别人对自己产生好感。它使客户和一个较广泛的社会系统产生关联，从而建立起对某种品牌的偏好。

行业洞察

从功能满足到情感共鸣：情绪消费创造消费新动能

2024 年年底的中央经济工作会议和 2025 年《政府工作报告》都把“大力提振消费、提高投资效益，全方位扩大国内需求”列为 2025 年重点任务之首。中央经济工作会议强调“创新多元化消费场景，扩大服务消费”。2025 年《政府工作报告》指出：“创新和丰富消费场景，加快数字、绿色、智能等新型消费发展。”2025 年中共中央办公厅、国务院办公厅印发《提振消费专项行动方案》，把“服务消费提质惠民行动”作为提振消费的一项重要工作。

消费作为经济增长的主引擎，其结构升级与模式创新对稳增长具有重要意义，服务消费具有消费频次高、乘数效应强、增长可持续等特点。在这一政策指引下，“情绪消费”作为服务消费的新形态快速崛起，特别是对年轻消费群体而言，情绪消费已成为其表达个性、建立社交认同的重要方式。

情绪消费的兴起反映了消费理念的深层变革。现代消费者不再满足于产品的基础功能，更追求精神层面的情感满足与身份认同。2025 年“五一”期间，沉浸式文旅体验、治愈系绿植等产品的热销，以及 AI 情感陪伴产品的普及，都印证了情绪价值的市场化变现潜力，这种转变既是居民生活水平提升的必然结果，也体现了数字经济时代消费形态的创新演进。

从经济社会效益看，情绪消费具有多重正向价值。其一，通过满足精神需求提升民生福祉；其二，创造新型就业岗位，如情感体验设计师、AI 陪伴训练师等；其三，促进供需良性互动，带动相关产业升级。

数字技术的赋能进一步放大了这一效应，人工智能等技术的创新应用不断丰富消费场景，推动情绪消费向多元化、个性化方向发展。然而，情绪消费的健康发展仍面临诸多挑战。部分企业存在产品质量参差不齐、过度营销等问题；数据隐私保护机制尚不完善；新业态的监管框架有待健全。针对这些问题，需要从三个维度构建促进体系：在供给端，通过政策引导支持产品创新，发展数字赋能的新型服务模式；在环境建设方面，完善标准体系与监管机制，保护消费者权益；在安全底线层面，加强数据治理与风险教育，引导理性消费。

情绪消费的蓬勃发展不仅标志着我国消费市场正在向更高层次的精神价值维度跃迁，更预示着数字经济与人文关怀深度融合的新经济范式加速成型。这一进程既需要市场主体以创新供给持续挖掘情感经济的潜力，通过数字技术精准对接个性化需求，以优质服务沉淀用户信任；更需要监管体系与时俱进，在鼓励业态创新与规范市场秩序之间构建动态平衡，通过完善数据治理框架，强化消费者权益保护，为情绪消费筑牢可持续发展的根基，最终实现经济效益与社会效益的有机统一。

4. 体验式营销的流程

体验式营销让客户通过体验感受到产品的优势或与其他产品的区别，从而激发购物动机，购买产品。随着时代的发展，体验式营销在企业营销中占据的位置越来越重要。比如，现在很多企业都推出了体验店，其目的就是提升客户体验，提高产品销量。体验式营销的流程如图 4-8 所示。

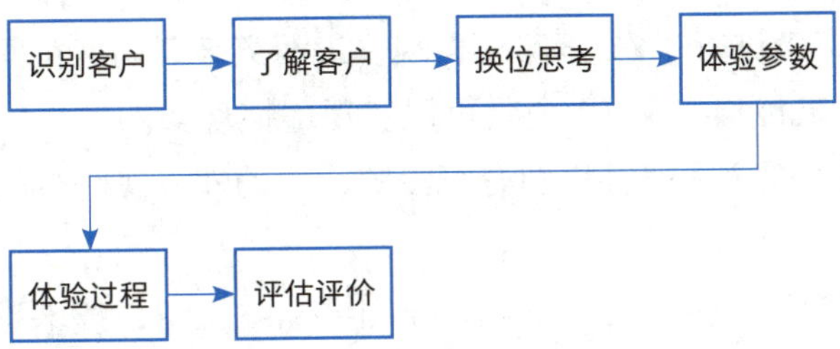

图 4-8　体验式营销的流程

（1）识别客户。企业通过一些技术手段，根据客户的特征、购买记录等识别目标客户，明确客户的范围，然后为其提供购物前的体验，这样做能够大幅降低营销成本。企业还可以对客户进行细分，将客户按照学历、年龄等划分为不同类型，提供不同的体验。

（2）了解客户。企业识别客户后，就要深入了解这些客户，了解客户的购物水平、需求、特点等，了解客户的痛点或有什么问题需要解决等，以便提供相应的体验来解决客户的需求、担忧或问题。

（3）换位思考。换位思考指的是营销人员站在客户的角度思考问题，找到客户的利益点，弄清客户的痛点，根据这两点来决定应重点向客户提供哪些体验。

（4）体验参数。企业应明确产品或服务的卖点，并形成多个体验参数，以便客户根据需要自行体验，从而提升客户体验。比如，服装颜色是否符合客户需要，服装风格是否是客户喜欢的风格等。设置多个体验参数能帮助客户从多个方面评价产品，也能帮助营销人员更精准地掌握客户需求。

（5）体验过程。营销人员提供产品或服务让客户体验，在这个过程中要密切关注客户的表情、语言等有关体验的部分，记录客户的体验过程，以便后续管理。

（6）评估评价。客户体验产品或服务后，营销人员还要对整个体验式营销进行评估。其评价主要从以下几个方面着手：客户体验效果如何，客户有什么抱怨或不满意的地方，是否解决了客户的问题，客户是否有购买倾向，客户有哪些建议等。

4.4.2 体验式营销的转化策略

1. VR/AR 虚拟营销

（1）VR 虚拟营销。虚拟现实（virtual reality，VR）技术是一种可以创建和体验虚拟世界的计算机仿真系统，它利用计算机生成一种模拟环境，使客户沉浸于该环境中。虚拟现实技术就是利用现实生活中的数据，通过计算机技术产生的电子信号，将其与各种输出设备结合，使其转化为能够让人们感受到的现象，这些现象可以是现实中真真切切的物体，也可以是人们肉眼看不到的物质，通过三维模型表现出来。

VR 虚拟营销，通俗地讲就是利用 3D 技术和 VR 虚拟现实技术推出的云端沉浸式展览展示服务平台，提供 VR 全景展示、策划、拍摄、制作、发布及分享服务，将企业、园区、酒店等实景进行 1∶1 真实化再现，进而突破时间、空间等条件限制，实现 24 小时不间断营销宣传推广。VR 全景可以实现虚拟现实的三维场景效果，水平或垂直的 360°全景，720°视角，使客户拥有沉浸式、互动性、实时性的线上体验，全面帮助企业进行营销宣传推广。

（2）AR 虚拟营销。增强现实（augmented reality，AR）技术是一种将虚拟信息与真实世界巧妙融合的技术，它广泛运用了多媒体、三维建模、实时跟踪、智能交互、传感等多种技术手段，将计算机生成的文字、图像、三维模型、音乐、视频等虚拟信息进行模拟仿真后，应用到真实世界中，两种信息互为补充，从而实现了对真实世界的“增强”。

AR 虚拟营销是把增强现实技术与营销相结合的一种全新的技术营销方式。例如，淘宝、天猫等电商平台推出了 AR 虚拟试妆，让客户直接对着手机摄像头就能体验产品上妆的效果。除此之外，AR 虚拟营销也是包装、服饰等行业常用的互动营销表现形式。

2. 情景营销

情景营销就是在销售过程中，运用生动形象的语言向客户描绘一幅使用产品后带来的美好画面，激起客户对这种情景的向往，并有效激发客户购买欲望的营销方式。情景营销是以生活情景的体验来达到营销目的。情景营销的基本假设是，客户在其日常生活中的某个“相似的瞬间”，更容易接受相同的宣传，而不论其年龄、性别、收入等是否存在差别。情景营销分为以下几类：

（1）场合情景。在不同的场合，会有不同的情景效果，情景营销十分注重场合，不恰当的场合会让营销效果截然相反。在营销过程中，一定要注意选择良好的场合情景，如果不分场合地盲目营销，势必难以让客户满意。

（2）时间情景。营销应该把握好时间情景。例如，当客户很忙的时候，尽量不要打扰；拜访时发现客户心情不佳，最好能够及时避开。这是因为在轻松愉快的氛围里，人与人之间更容易交流，也更容易达成共识。

（3）关系情景。一个陌生人往往很难得到别人的理解，而熟人之间很容易接近。如果营销人员和客户的关系比较好，就很容易营销了。销售人员在营销时，不妨充分利用好关系情景。

（4）主题式情景。主题式情景设计的关键在于抓住体验的氛围，不求说出产品的全部优点，而在于在最短的时间内让客户感知到产品感性化的差异点，进而引发其消费共鸣。

（5）引导式情景。根据消费心理学分析，客户决定购买有两个关键时刻：“买的时候”和“用的时候”，客户的购买行为直接由这两个时间点的“情感”所决定，因此，改善营销环境和增进产品本身带来的乐趣就是增加销售额的关键。

（6）流程式情景营销。流程式情景营销最大的特点在于能够确保成功的终端样板和优秀的导购经验在最短的时间内得到快速推广，减少不必要的环节，提高整体竞争力。

（7）邀请式情景营销。实施有效的邀请式情景营销的关键在于如何建立潜在客户资料库。如果缺少潜在客户资料库，营销人员很难根据客户的需求发出邀请，更谈不上后期的销售跟进问题。

3. 游戏互动营销

游戏互动营销是指借助游戏场景，将品牌融入游戏场景中，让品牌与客户直接沟通对话，通过有奖游戏提升客户的服务体验，让粉丝能够更加主动地分享传播，提高粉丝的互动性和主动传播性，强化企业的品牌形象，有效提升转化率，实现资源利用最大化的一种营销方法。游戏互动营销一般有以下三种方式：

（1）广告推进模式。与传统营销推广类似，广告推进模式是数字互动营销最常用的营销模式之一。通过在专业媒体、门户网站、视频网站等网络应用产品上投放广告，将游戏推送到目标玩家面前。

（2）渠道拉动模式。对游戏互动营销而言，典型的渠道是网络运营商。

（3）平台营销模式。大型网络企业每年都有若干款新产品推出，为了提高营销推广效率，让每次通过推广获得的新客户能够成为企业的忠诚客户，越来越多的企业开始构筑自己的平台。

4. 定制营销

定制营销，是指企业在大规模生产的基础上，将每一位客户都视为一个单独的细分市场，根据个人的特定需求来进行市场营销组合，以满足每位客户特定需求的一种营销方式。定制营销有以下四种方式：

（1）合作型定制营销。当产品的结构比较复杂，可供选择的零部件式样比较繁多时，客户一般会权衡后再做选择，甚至有一种束手无策的感觉。他们不知道何种产品组合符合自己的需要，在这种情况下可以采取合作型定制。企业与客户进行直接沟通，介绍产品各零部件的特色和性能，并以最快的速度将定制产品送到客户手中。

（2）适应型定制营销。如果企业的产品本身构造比较复杂，而且客户的参与程度比较低时，企业可采取适应型定制营销方式。客户可以根据不同的场合和不同的需要，对产品进行调整，通过变换或更新组装来满足自己的特定要求。

（3）选择型定制营销。在这种定制营销中，产品的用途对于客户来说是一致的，而且结构比较简单，客户的参与程度很高，从而使产品具有相同的表现形式。

（4）消费型定制营销。在这种情况下，客户的参与程度很低，他们一般不愿意花费时间接受企业的调查，但他们的消费行为比较容易识别。这时，企业可以通过调查，掌握客户的个性偏好，再为其设计好更能迎合其需要的系列产品或服务，这样便可以增加客户的消费数量或次数。

4.4.3 体验式营销转化设计

企业在营销中必须将客户体验放在首位，围绕客户体验来做营销，如果脱离了客户体验，那么营销只能以失败告终。

1. 围绕客户需求

体验是客户在使用、接受某种产品或服务的过程中受感性因素或理性因素影响而产生的一种感受。好的产品或服务应契合客户的实际需求，给客户带来新颖的体验。因此，企业应站在客户的角度思考问题，不盲目追求产品或服务功能的大而全，而是通过体验式营销把握客户需求，同时根据客户需求的变化改进产品或服务。

客户在消费时虽会进行理性选择，但也会有感情方面的追求，因此营销人员不能孤立地思考产品，而要通过各种方法为产品创造综合效应，丰富产品内涵，提升客户体验。

2. 体验主题先行

体验式营销应遵循主题先行原则，即整个营销过程都要围绕一个主题，产品或者服务都要以此主题为中心，当然也可以有“主题道具”。主题是营销人员在市场调查、收集客户资料等基础上设计出来的，应有严格的计划、实施过程、控制过程和后续管理等。

3. 提升客户参与感

人们都有自我表达的愿望，而自我表达往往以参与的形式体现，即客户参与产品或服务的研发设计，并从中获得切身体验，仿佛产品和服务都与客户产生了联系，从而激发了客户的购买欲望。因此，营销人员不能只考虑产品的特点和功能，还要考虑客户能否参与其中。

4. 注重客户沟通

沟通也是客户体验的组成部分。沟通是企业与客户拉近距离的最佳方法。因此，体验式营销应注重沟通，营销人员应注意沟通技巧，与客户形成有效互动。

◆ 任务演练

智能文旅体验式营销转化设计

1. 任务描述

乌镇作为中国最具代表性的水乡古镇，已被列入世界文化遗产预备名录。景区内完整保存着明清时期的建筑风貌，拥有木心美术馆、乌镇大剧院等现代文化设施。作为世界互联网大会的永久举办地，乌镇不仅承载着千年水乡的文化底蕴，更融合了最前沿的数字科技元素，实现了古典韵味与现代科技的共融共生。这里青石板路与5G网络并行，古宅院落中藏着智能物联网应用，摇橹船与无人机巡演共舞，形成了“科技赋能文化，文化滋养旅游”的独特生态。乌镇文旅投资运营者通过对景区的开发、经营和管理，将历史文化传承与旅游复合式可开发相结合，提供景区内全产业链业务服务，并持续丰富景区内涵，提升景区的综合服务能力，推动景区转型升级，精心打造高品质文化型旅游目的地。

本任务要求你作为文旅营销策划专员，基于乌镇现有的文化资源和数字化基础，设计一套能够强化游客参与感、互动性和记忆点的智能文旅体验式营销方案。

2. 任务分析

乌镇作为典型的历史文化景区，其体验式营销需要兼顾文化传承和现代体验的双重需求。OTA平台的相关调研数据显示，乌镇风景区游客呈现“纺锤形”年龄结构特征。核心客户群体集中在25–44岁的中青年群体，合计占比高达58.3%。其中，25–34岁的年轻白领（占比26.1%）和35–44岁的社会中产（占比32.2%）构成消费主力。这两个群体具有显著的共性特征：一方面具备较强的消费实力和品质要求，追求个性化体验；另一方面更注重文化内涵与服务品质。

值得关注的是，乌镇在两端年龄层展现出特殊吸引力：25岁以下的人群占比21.8%，高于周边景区的平均水平，反映出古镇对年轻文化体验者的独特魅力；45岁以上的人群合计占比20.8%，其中55岁以上的人群在周边3公里范围内的占比显著提升，凸显出江南水乡慢生活对成熟客户群体的适配性。这种多元化的客户群体结构要求体验式营销方案须实现三重平衡：既要满足年轻客户群体的数字化互动需求，又要保持中产阶层期待的文化质感，还要兼顾老年群体的易用性需求。

此次智能文旅体验设计方案应聚焦三个维度：首先是文化体验数字化，通过技术手段活化历史文化，重点设计具有社交属性的沉浸式体验。例如，通过AR实景解谜、非遗手作直播等创新形式，将古镇观光转化为可分享的文化体验。其次是个性化服务，基于游客特征提供定制体验。最后是互动社交设计，增强游客的参与感和分享意愿。在实施过程中，要注意技术应用的适度性和场景的适配性，避免过度科技化破坏古镇氛围。

3. 任务操作

（1）请结合乌镇景区的相关描述，识别并分析目标客户，完成表 4-17。

表 4-17　目标客户分析

序号	客户类型	年龄区间	兴趣特征	消费偏好	数字体验需求
1					
2					
3					
……					

（2）根据乌镇景区的目标客户分析，设计体验式营销项目，完成体验项目规划表，完成表 4-18。

表 4-18　体验项目规划表

分类	设计项目	所需技术	实施位置	预计成本 / 元
文化体验	例：古建 AR 探秘	例：手机扫码	例：主牌坊	
个性化服务				
场景化互动				

（3）结合设计的乌镇景区体验式营销项目，设计 3 个以上可量化的评估指标，并说明对应的数据收集方法和预期目标，完成表 4-19。

表 4-19　体验式营销转化效果评估

分析维度	分析指标	数据收集方法	预期目标

续表

分析维度	分析指标	数据收集方法	预期目标

4. 任务评价

本任务评价的具体内容见表 4-20。

表 4-20　体验式营销转化任务评价

序号	评分项	评分标准
1	方案完整性	是否包含文化体验、个性化服务和互动设计三个基本模块
2	创意可行性	设计的项目是否具有创新性且便于实施（不需要复杂技术支持）
3	目标契合度	是否明确针对各类目标客户群体设计，能够提升参与度
4	效果预估	是否设置 3 个以上可量化的评估指标

◆ 任务拓展

智能家居体验式营销转化设计

假设你是海尔智能家居的一位营销策划人员，公司计划在全国重点城市的品牌体验店推出“智慧生活体验官”活动。现需要你设计一套完整的沉浸式体验营销方案，充分利用现有的智能家电产品、U-home 系统及场景联动技术。该方案需要包含从进店引导到离店转化的全流程设计，重点打造厨房、客厅、卧室三大核心场景的智能联动体验。例如，在厨房场景中，展示智能冰箱的食材管理功能与烤箱的联动烹饪；在客厅场景中，体现智能空调、灯光和影音系统的环境自适应调节；在卧室场景中，突出睡眠监测与晨起模式的舒适体验。同时，要结合不同家庭结构进行差异化的体验式营销设计。例如，为年轻夫妻突出娱乐和安防功能，为有孩家庭展示学习模式和环境监控，为银发群体强调健康管理和便捷操作等。

在本次体验式营销设计中，体验时长要控制在 30~45 分钟，体验过程中要设置 3~4 个顾客可亲自操作的互动节点；转化设计需结合限时优惠、免费设计服务和会员权益等多重激励；效果评估需包含体验参与度、互动完成率和销售转化率等核心指标；整个方案要体现海尔“智慧家，生活＋”的品牌理念，保持科技感与生活化的完美平衡。

1 + X 证书知识训练

一、单项选择题

1. 以下选项中不属于福利营销的是（　　）。

A. 商品买一送一　B. 满赠活动

C. 发放商品优惠券　D. VR 体验

2. 客户按照一个固定路径走，即可完成一个目标行为，指的是（　　）。

A. 转化流程型路径　B. 商品销售型路径

C. 多位一体化路径　D. 客户成长型路径

3. 福格行为模型中的 M、A、T 分别代表了（　　）。

A. 动机、能力、触发　B. 需求、金钱、决策

C. 动机、权利、影响　D. 需求、能力、触发

4. 以下选项中属于定制营销方式的是（　　）。

A. 虚拟型定制营销　B. 情景型定制营销

C. 促销型定制营销　D. 合作型定制营销

5. 以下选项中属于体验式营销的特征的是（　　）。

A. 有形性　B. 个性化

C. 瞬时性　D. 单向性

二、多项选择题

1. 客户转化路径包括（　　）。

A. 转化流程型路径　B. 商品销售型路径

C. 多位一体化路径　D. 客户成长型路径

2. 以下选项中（　　）属于体验式营销的转化策略。

A. VR/AR 虚拟营销　B. 情景营销

C. 游戏互动营销　D. 口碑营销

3. 常用的优惠券种类有（　　）。

A. 立减券　B. 分期券

C. 满减券　D. 折扣券

4. 促销活动转化策略包括（　　）。

A. 推式策略　B. 拉式策略

C. 跳跃策略　D. 混合策略

5. 以下选项中属于直播营销要素的有（　　）。

A. 场景　B. 人物

C. 产品　D. 创意

三、判断题

1. 触发客户转化的行为可以分为刺激、激励和引导三类。(　　)
2. 体验式营销的核心在于降低客户初次体验的门槛，降低客户购买的心理压力和决策成本。(　　)
3. 抽奖是一种客户为了获得奖品和奖金，依靠技巧或能力进行比赛的一种营销方式。(　　)
4. 促销商品一定要选择价格高的商品。(　　)
5. 营销转化的影响因素主要有商品属性、购买心理和客户场景。(　　)

项目 5

数字化裂变营销

学习目标

素养目标

- 引导学生遵守网络文明公约，培育“网络空间命运共同体”意识和友善、适度的社交营销伦理。
- 坚守“技术服务于人”的理念，培养学生在数字化裂变营销中对保护用户隐私的自觉性与法律、职业意识。
- 树立学生的社会责任意识，培育“数据主权属于用户”的法律意识，培育“科技向善”的数字营销思维。

知识目标

- 掌握数字化裂变营销的三要素
- 熟悉数字化裂变营销传播中的分享动机
- 掌握口碑式裂变营销的五要素
- 了解社交式裂变营销的常见方式
- 掌握利益式裂变营销的常见方式
- 了解邀新分享类活动设计模型

技能目标

- 能够根据裂变营销的心理动因，结合裂变营销的策划技巧，完成裂变营销模式设计
- 能够根据口碑式营销的裂变要素，结合口碑式裂变营销的要素，进行口碑式裂变营销
- 能够根据社交式裂变营销的驱动力，结合社交需求和营销方式，进行社交式裂变营销
- 能够利用邀新分享类活动设计模型，结合用户特征和营销方式，进行利益式裂变营销

思维导图

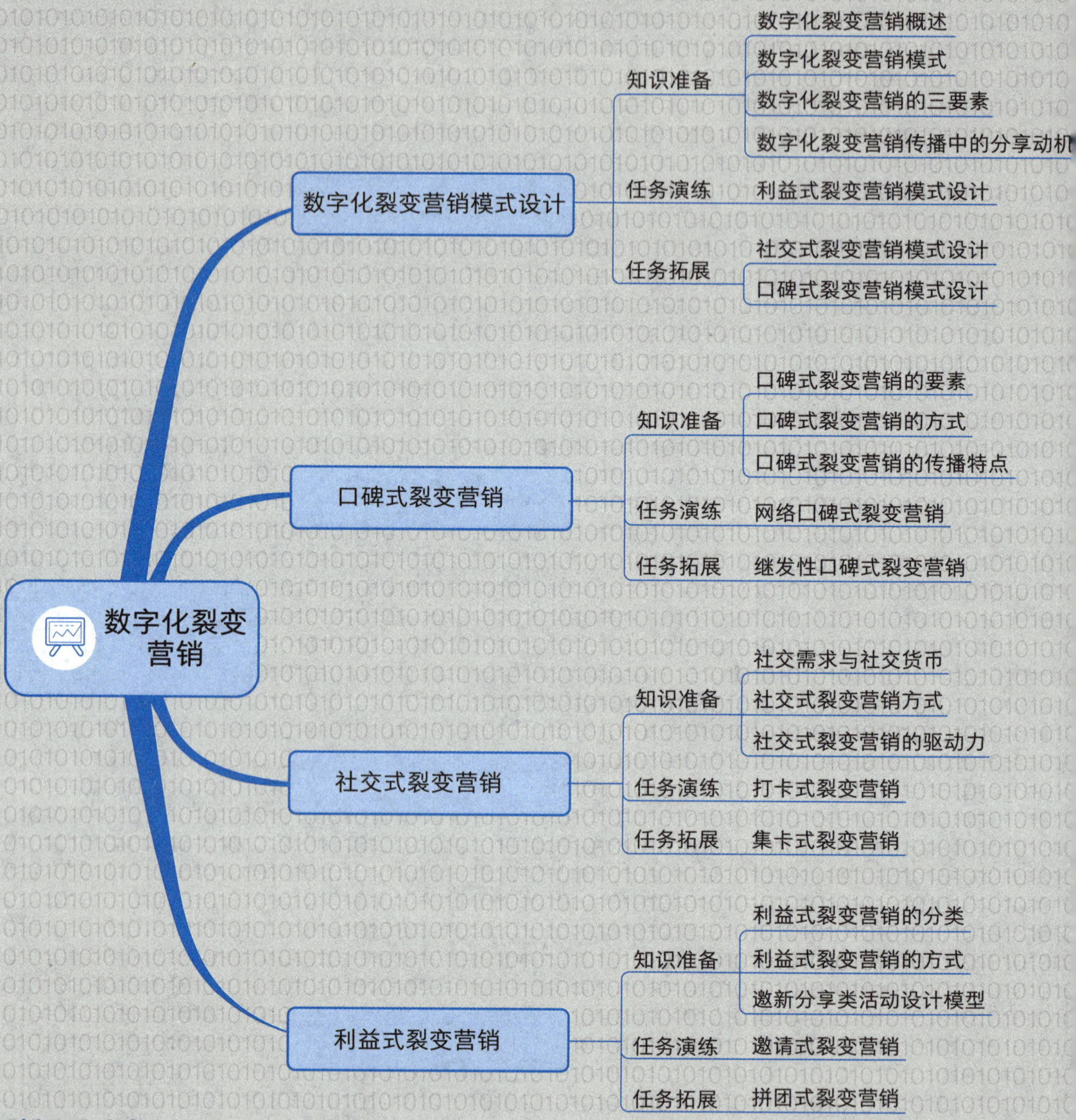

学习计划

素养提升计划

知识学习计划

技能训练计划

引导案例

当技术遇上“精神伴读”，声音经济用“技术＋情感”重构裂变营销新生态

在数字经济深度重构消费场景的时代，声音经济与情绪消费的共振催生营销范式的迭代升级。艾媒咨询数据显示，2024 年，我国在线音频用户规模达到 7.47 亿人，约占网民规模的 68%。声音经济产业市场同比增长 10.2%，规模达 5 688.2 亿元，预计 2029 年将达到 7 415.8 亿元。音频内容作为伴随性媒介，用户日均沉浸时长高达 141 分钟，正成为品牌构建情感连接的核心载体。

当人们在通勤路上用耳机构建私人空间，在深夜通过播客寻找情绪慰藉，音频早已超越信息载体的功能，成为现代人的“精神伴读”。这种独特的媒介属性，为裂变营销提供了区别于视觉传播的情感土壤，而情绪共鸣正是触发社交传播的核心动力。

同样，音频内容的情绪价值正在重塑品牌与用户的连接方式。用户将音频视为情绪充电站，企业可以将品牌理念融入专题音频内容，通过构建“声音即服务”的体验场景，打破生硬的广告植入方式，让用户在接受知识、获得情绪疗愈的过程中，自然接纳品牌传递的价值主张。这种场景化渗透在通勤、运动等碎片化时间中持续发生，润物细无声地完成品牌心智的长期建设。

在技术赋能的浪潮中，裂变营销的底层逻辑正在经历着从经验驱动到数据智能的跃迁。以喜马拉雅广告投放平台为例，平台通过引入人工智能技术深度学习并解析用户的行为数据，在提升广告投放效率的同时降低企业的获客成本。这些技术的突破不仅提升了素材的传播力，更重要的是让品牌能够基于实时动态的用户画像，为不同圈层定制差异化的传播策略，让营销触达从“广撒网”变为“精准滴灌”。2025 年 6 月，腾讯音乐娱乐集团与喜马拉雅控股及其他若干订约方签订并购协议，双方协同发展，通过“音乐＋音频”会员整合、AI 技术赋能内容生产（如腾讯 AI 算法＋喜马拉雅音色克隆技术），并拓展车载、智能家居等音频场景，打造“音乐＋有声书＋播客”的全场景音频闭环，构建“技术＋内容＋场景”音频新生态，以内容多样性提升用户黏性。

然而，技术驱动的裂变若缺乏信任基石，终将沦为流量泡沫。社交裂变的本质是信任关系的链式传导。仍以喜马拉雅为例，其“激励广告”通过游戏化设计，让用户主动点击广告换取会员权益。这种方式让广告不再打扰用户，而是融入用户娱乐场景的互动环节，以此破解品牌与用户的信任壁垒。

当裂变营销建立在智能匹配的精准与社交信任的稳固之上时，品牌便需要

从更长远的视角构建价值生态。企业可以将产品功能、用户需求与音频使用行为习惯深度绑定，让每次音频播放都成为品牌与用户生活方式的触点连接。通过持续的内容共创形成周期性的情感连接节点，让企业营销活动从单次裂变活动发展到持续价值输出。

在这个注意力碎片化与情感需求复杂化并存的时代，声音经济为情绪消费提供了天然的载体，而人工智能则赋予裂变营销穿透信息迷雾的能力。智能匹配解决了“如何精准触达”的效率问题，社交信任奠定了“为何愿意传播”的心理基础，长期价值构建了“怎样持续连接”的生态闭环。

引思明理：

腾讯与喜马拉雅的战略协同是中国音频行业从“规模竞争”向“技术生态竞争”跃迁的里程碑，标志着我国音频行业进入“技术驱动、生态共生”的新阶段，以喜马拉雅为代表的音频平台，通过技术创新与情感价值的深度融合，构建了“声音即服务”的新型消费生态，重塑用户音频消费习惯与行业竞争格局。

这一趋势不仅响应了《“十四五”文化产业发展规划》中“全面促进文化消费，加快发展新型文化消费模式”的战略部署，更是《关于推动文化高质量发展的若干经济政策》中“探索文化和科技融合的有效机制，支持利用互联网思维和信息技术改进文化创作生产流程，推动实现文化建设数字赋能、信息化转型”的重要体现，成为落实国家“数据要素 ×”行动计划的重要实践载体。在技术赋能与情感消费的双重驱动下，声音经济通过将声音的温度、技术的精度与信任的厚度有机融合，不仅助力企业实现了从流量过客到长期伙伴的蜕变，而且在国家文化强国建设中发挥了关键作用。

任务 5.1

数字化裂变营销模式设计

数字化裂变营销是一种低成本的获客方式，随着流量获取的成本越来越高，各大企业都在寻找低成本获取流量的方式，其中最有效的方式之一就是裂变。这种营销方式之所以能产生巨大的影响力，是因为在一个人的社交圈里会有很多潜在客户，而社交圈中的每个人都有自己不同的人际关系。如果每个人都传播开来，这些圈子里接受裂变活动的客户数量将成倍增长。目前，数字化裂变营销的渠道主要是网络社交平台，借助网络社交平台强大的客户群和社交人脉，企业可以设计在社交平台自发分享和推荐的口碑式裂变营销模式，以满足客户的社交需求和心理需求为目的的社交式裂变营销模式，以及利益式裂变营销模式。

通过本任务的知识准备、任务演练和任务拓展，了解数字化裂变营销的特点和优势，熟悉数字化裂变营销模式，掌握数字化裂变营销的三要素和传播中的分享动机，内化为数字化裂变营销模式设计的能力，提升数字化裂变营销的效果。

◆ 知识准备

5.1.1 数字化裂变营销概述

1. 数字化裂变营销的含义

裂变营销，顾名思义，就是像细胞分裂一样由最开始的一个迅速分裂成无数个的营销方式，这种营销方式在传统终端促销的基础上，借助终端市场客户的自发传播行为不断在社交圈内进行传播，由最开始的一个或者几个客户发展出成千上万个客户。裂变营销在最初必然有一批基础客户群体，通过这群客户的传播成功发展出更多客户，再复制这一过程，整个过程的特点是分裂由少到多，速度由慢到快，循序渐进，步步为营，最终成功实现推广目的。

数字化裂变营销就是将数字化手段运用到裂变营销活动中，借助互联网、计算机通信技术和数字交互式媒体，有效调动企业资源，开展市场活动，以实现裂变营销目标的一种营销方式。数字化裂变营销的精髓是精准，关键是互动。裂变营销的本质是终端市场的裂变，其核心是在一开始不全面铺开市场，而是精耕细作，围绕最初拥有的市场进行有针对性的突破，从而实现信息的裂变式传播，最终达到营销目的。由此可知，数字化裂变营销的核心在于触发客户的分享行为。

2. 数字化裂变营销的特点

数字化裂变营销的特点如下:

（1）由点到面，下沉扩散。数字化裂变营销从一个或多个点出发，需要有一定的过程。数字化裂变营销与其他营销方式的最大区别在于，它的效果实现具有一定的时效性。随着裂变过程的发展，裂变效应将被“复制行为”“分裂”成更大的规模，速度会因此加快，进而实现数据增长。

（2）精准出击，关系营销。在初始阶段，数字化裂变营销针对一个或几个客户，使企业能够根据客户的特点和需求，有效地进行精准营销。在获得客户的认可后，企业可以采用同样的方法对新的目标客户进行营销。其有效途径大多是通过关系网来实现的。从这个角度看，数字化裂变营销类似于精准营销和关系营销的结合。

（3）形式多样，操作简单。数字化裂变营销在丰富的网络世界中发展了许多不同的形式。企业可以根据自己的需要选择正确的方式，设计新颖实用的活动。数字化裂变营销在操作上相对简单，更容易吸引客户。

3. 数字化裂变营销的优势

数字化裂变营销具有以下优势：

（1）成本低。数字化裂变营销的成本较低。对于一两个种子客户，可以通过设计裂变过程吸引客户在传播圈中积极传播并带来新客户。

（2）影响大。数字化裂变营销之所以能产生巨大的影响力，是因为一个人的社交圈里有很多潜在客户，而社交圈中的每个人都有自己不同的人际关系。如果每个人都将信息传播开来，这些圈子里接受裂变活动的客户数量将成倍增长。

（3）效果持久。数字化裂变营销持久效果的优势主要体现在活动持续时间长。数字化裂变营销的效果会持续很长时间，对企业的后续营销活动产生影响。

4. 数字化裂变营销的应用场景

（1）社交电商平台。通过社交媒体熟人关系链的裂变，数字化裂变营销能够以较低的成本迅速获取巨大的流量。近两年的新兴品牌大多通过数字化裂变营销迅速获客。

（2）泛娱乐。数字化裂变营销以领取游戏道具、获取会员权益等利益，引导客户转发相关活动信息，配合排行榜、限时免费等激励方式，激发客户分享。

（3）自我提升。在自我提升领域的产品中，数字化裂变营销以打卡、领权益等方式不断激发客户分享。客户的分享传播不仅具有自我监督的作用，而且能够在朋友圈中产生社交货币。微信读书、KEEP 等产品都是典型代表。

（4）知识付费。知识付费是数字化裂变营销应用最成熟的行业，知识星球、三联生活周刊、新世相读书等都是其中的典型代表。

5.1.2 数字化裂变营销模式

在数字化裂变营销中，常见的营销模式主要有以下三种：

1. 口碑式裂变营销模式

口碑式裂变营销是一种省钱省力的营销模式。与一般的口碑式营销相比，口碑式裂变营销的突出表现为网络平台的传播和裂变式增长。好的口碑会让客户在社交平台上自动推荐，所以口碑式裂变营销不需要活动过程，只需要做好产品和服务，积累口碑就可以继续保留老客户，拉动新客户。

口碑式裂变营销要求产品本身足以吸引客户。例如，海底捞以其细致周到的服务，在业内树立了良好的口碑，成为受欢迎的餐饮品牌。很多人在体验之后，愿意在朋友圈、微博等社交空间分享和推荐。正是通过这些客户的传播，很多听说过海底捞的客户都很感兴趣。

口碑式裂变营销需要产品足够好，让原来的客户自发地推荐和“裂变”。与利益式、社交式裂变营销模式相比，口碑式裂变营销模式需要强大的推动力，实际操作中存在诸多不确定性。虽然企业会注意做好品牌，但这样的口碑式裂变营销一般是客户的自发行为。

2. 社交式裂变营销模式

没有人是社会中的孤岛，任何人都需要表达和交流，社交式裂变营销模式根据人们的社交需求及其在社交化过程中的从众、分享心理而形成，可以取得较好的效果。

社交式裂变营销模式主要包括年度集卡、打卡、游戏、测试等。比如，网易云发布了很多个性测试游戏。人们在社交领域的探索和表达很容易促使他们花几分钟做选择题，结果就会被比较和分享。当其他人得到这些信息时，他们可能会出于同样的心理进行测试和分享。社交式裂变营销充分利用了社交平台的优势和人们强烈的社交需求，基于人的心理设定营销方法和流程，最终达到不断裂变的效果。

3. 利益式裂变营销模式

利益式裂变营销模式是一种常用且简单的裂变营销模式。利益式裂变营销模式往往通过补贴、免费等形式进行利益转移，很容易引起客户的注意。一般来说，这种模式需要客户通过分享或邀请来获得一定的消费偏好。分享或邀请后，客户可以获得这一利益，而商家则可以进一步裂变。

例如，美团和饿了么都曾经运用此类模式迅速开辟市场。美团和饿了么会对客户进行补贴，并且每次客户点外卖前打开或者分享红包，都可以抵消一部分餐费。客户开始获得的补贴较为丰厚，有很多人甚至能够因此吃上免费的外卖。随着体验的深入，补贴力度逐渐变小，目前客户已经无法获得太多的补贴，尽管如此，很多人依然保持着打开红包或者主动分享的习惯。

5.1.3 数字化裂变营销的三要素

1. 种子客户

要想做好裂变营销，准备好第一批精准的种子客户非常重要。种子客户又称高忠诚度客户，他们一般对特定品牌的商品比较认可，因此更能在推广时表现出热情并感染别人，提高裂变的成功率。如果能找到精准的种子客户来发起第一波裂变，那么裂变效果将事半功倍。种子客户最好是垂直领域的客户。

例如，如果推广一个自媒体写作软件，那么最好的种子客户就是自媒体人，因为自媒体人有很多粉丝和做自媒体的朋友，裂变效果快。

2. 奖励激励

企业做裂变营销能否成功，很大程度上取决于奖励机制能不能得到客户的认同。有些电商平台会奖励主动分享商品链接的老客户，给他们一些实际优惠，例如购物券、小礼物、红包等，这些奖励会推动老客户主动宣传商品并实现拉新，能极大地调动客户参与裂变活动的积极性。

活动设置奖励时，如果产品本身具备付费或者规模差别，企业最好的做法是利用产品本身来做奖品。例如，销售水果的商家，可以多送水果。这样的赠品可以过滤掉一些对产品不感兴趣的人，最终赢得的都是精准客户，同时又能很好地控制成本。

3. 裂变机制

裂变机制在很大程度上决定了粉丝增长的数量，以及活动能否持续进行。因此，只有选定一套合理的裂变机制，才能推动客户传播，让整个系统运转起来。裂变可划分为实体裂变和软件产品裂变。

（1）实体裂变。实体裂变一般需要借助社交媒体来实现。例如，首先，扫码加客服；然后客服要求客户发二维码分享到朋友圈；最后，客服向客户发放实体奖励。

（2）软件产品裂变。软件产品裂变是指软件提供一种分享功能，客户分享出去的链接或者二维码是客户特有的。当该客户的朋友通过他的分享方式进入软件时，系统会自动识别并发送奖励。

博文约礼

抖音发布“违规蹭热不当获利”内容治理公告

2024 年 8 月 28 日，抖音发布了《关于更新“违规蹭热不当获利”内容治理规范公告》。该公告中提到，严禁利用“虚假身份”不当获利、严禁利用“虚假内容”不当获利、严禁利用“虚假营销”不当获利、严禁利用“虚假流量”不当获利。其中，严禁利用“虚假流量”不当获利的具体内容为：不得通过单个账号或多个矩阵类账号，批量发布无实质信息的同质低质甚至违法违规内容，诱导欺骗用户对账号及内容进行关注、点赞、收藏和分享，随后以此骗取流量，不当获利。对于违反规定的账号与内容，平台将严格处置。具体处置方式包括但不限于封禁账号、收回直播和营利权限、抹除账号不当获取粉丝，以及清退违规账号所属 MCN 机构等。情节严重者，平台将向公安机关报案。

在抖音生态中开展营销活动的企业，应务必摒弃通过虚假身份、内容、营销，以及流量来谋取不当利益的错误做法。要将精力聚焦于优质内容的创作，真实地展示产品与服务的价值，以合法合规、真诚可靠的方式与用户建立连接，积极塑造企业的良好形象。唯有如此，才能实现可持续的营销增长，收获客户的长期信任与支持，在健康的平台环境中稳健发展。

5.1.4 数字化裂变营销传播中的分享动机

1. 驱动消费者谈论品牌和产品的动机

驱动消费者谈论品牌和产品的动机主要分为四个层面：

（1）产品原因。产品的体验非常好、独特，或者足够新颖，让用户主动分享。

（2）自身原因。通过分享，让人们知道你是该产品的顾客之一，你有内部信息，以此来获得其他人的关注。

（3）信息原因。这个信息非常好或者很有趣，值得分享。

（4）其他原因。想要帮助别人，表达关心或者友谊。

2. 分享动机的分类

近年来，分享的渠道、方式、内容发生了巨大变化。可以将用户分享的动机分成以下五类：

（1）有用。将有价值、有启发意义和令人愉快的内容分享给他人。

（2）定义自己的线上人格形象。大约 70% 的参与调查者表示，他们分享信息是为了让自己在他人眼里看起来更好。

（3）培养和维护人际关系。分享能帮助人培养、加强人际关系，甚至创造新的人际关系。大约 80% 的人分享内容是为了保持联系，大约 75% 的人分享内容是为了联系与自己兴趣相同的人。

（4）自我满足。有的人通过把好的内容分享给自己关心的人来获得满足感，自己也从中得到认同。另有研究发现，人们分享内容后，会更喜欢这个内容。当他们得到评论、点赞等反馈后，会对分享有新期望。大约 69% 的人通过分享能更加感受到自己与这个世界的联系。

（5）借别人之口说出自己的想法。大约 80% 的人将分享作为自己支持某件事、某个品牌和理念的方式。

3. 分享动机的三维度理论

用最简单的目光审视分享：分享首先是“我（self）”的行为，“我”分享出去，就涉及“他（others）”，分享行为完成后可能会涉及“我”和“他”的互动。基于“我”“他”“我和他的互动”三个维度，可以把用户的分享心理动机进行划分，如表 5-1 所示。

表 5-1　用户的分享心理动机划分

划分标准	细分类别	说明
我	自我宣泄	处于纯粹的情绪表达来进行的分享。比如在朋友圈看见“蓝色好心情！”
	自我记录	对自己的生活状态或达成某项任务的记录。比如“完成背单词打卡 25 天”“第一次学会做菜，记录一下”
	自我获利	通过分享来向他人求助从而实现获利，比如“好友助力抢票加速”“歌唱比赛拉票”
	自我标榜	通过分享的内容来给自己贴标签，表明自己的身份、社会地位，彰显形象。比如，在朋友圈晒自己在高档餐厅的自拍
	自我实现	通过分享来弥补现实中的自我缺失，以此来暗示自己的状态。比如，健身爱好者分享健身成果
他	利他	分享的内容对他人有帮助，或者通过分享来支持、声援某个观点、品牌、事件。比如，分享一个学习资料给朋友，分享一篇科技发展前沿文章等
我和他的互动	培养和维护人际关系	分享的内容能够帮助分享者建立、加强与他人的人际关系，甚至创造新的人际关系。比如，分享一本图书给好友，一起 PK 答题

需要注意的是，很多时候用户的分享动机是复杂的。比如，在朋友圈分享跑步的运动轨迹，既是一种自我记录，也是一种自我标榜，不同的人这两种动机的占比可能会不一样。

◆ 任务演练

利益式裂变营销模式设计

1. 任务描述

茶百道是成都本土茶饮的连锁品牌，自 2008 年创立至今，全国门店已超过 5 000 家，品牌覆盖全国大部分城市。茶百道还将熊猫元素融入其中，憨态可掬的丁丁猫形象深入人心。该品牌的整体产品价位保持在 8~25 元，特色饮品加上特别的地方元素深受年轻人喜爱。

对于茶百道来说，“茶”有着特殊含义，它代表着一种生活方式。茶百道回到做好一杯饮品的本质上，用原料、工艺、创新精神来制作饮品。坚持原叶现萃，保证茶汤既去除涩味又保留茶香，通过茶、鲜果这些食材的组合创新，呈现出生活中值得期待的美味品牌。

在茶百道青岛万达广场台东店开业之际，为了快速积累店铺人气，门店准备通过拼团方式进行一次裂变活动。此次活动的营销目标是在确保纯利润不低于 2% 的前提下，通过“茶百道点单”小程序实现用户拉新 2 000 人，活动期间平均日销量 400 杯。

根据目标客户的分享动机，结合商品特点，制定拼团活动的使用条件和参与规则，完成利益式裂变营销模式的设计。

2. 任务分析

裂变的不同模式都需要以平台和载体为基础，通过不同的传播形式引发裂变。一次成功的裂变营销离不开吸引力、传播力、转化力。吸引力决定着客户是否愿意查看或打开营销内容；传播力是驱动客户主动分享的关键；转化力是裂变营销的终极目标，它决定当有大量客户涌入时，有多少客户能产生购买行为。

不同的裂变营销模式适用的人群、场景、商品有所不同，所以在进行裂变营销模式设计时，要充分考虑不同模式的优缺点及应用场景。对于客单价低、购买频率高的商品，可以倾向于利益式裂变营销模式，通过利益刺激消费者重复购买；对于客单价高、购买频率低的商品，可以尝试使用社交式裂变营销模式，通过商品的高品质满足这类目标客户的社交需求；立足于长期营销目标，进行品牌塑造的发展中小品牌，可以探索口碑式裂变营销模式。

3. 任务操作

（1）通过网络或其他方式查询茶饮行业的成本、费用、利润构成，为茶百道的成本、费用、利润估算做参考，完成表 5-2。

表 5-2　茶饮行业的成本、费用、利润构成

项目	原材料	人力成本	房租	利润
占比 /%				

（2）通过网络或其他方式查询门店的周边环境和商场人流量，分析目标客户特点，完成表 5-3。

表 5-3　外在因素及目标客户分析

分析内容	具体情况
门店周边环境	
商场人流量 / 日	
目标客户特点	

（3）根据分析结果，结合营销目标，进行裂变营销模式设计，完成表 5-4。

表 5-4　裂变营销模式设计

裂变营销模式	裂变营销模式设计理由

4. 任务评价

本任务评价具体内容见表 5-5。

表 5-5　裂变营销模式设计任务评价

序号	评分项	评分标准
1	成本费用分析	（1）成本、费用分析内容全面 （2）成本、费用分析符合行业现状
2	外在因素及目标客户分析	（1）门店周边环境阐述全面、合理 （2）目标客户特点分析全面、合理 （3）商场人流量描述全面、合理
3	裂变营销模式	（1）裂变营销模式选取合理 （2）裂变营销模式设计理由阐述充分

◆ 任务拓展

1. 社交式裂变营销模式设计

新茶饮是以年轻消费者为主要客户群体的茶饮品牌。目前，中国现制茶饮市场竞争激烈，市场参与者主要有三大梯队，分别是价格在 20 元以上的高端现制茶饮品牌、价格在 10~20 元的中端现制茶饮品牌，以及价格在 10 元以下的低端现制茶饮品牌。

面对茶饮行业的激烈竞争，茶百道想通过社交式裂变营销模式，迅速扩大品牌认知，提高品牌的好感度，提高老客户的忠诚度。

请参考利益式裂变营销模式设计的操作流程，根据营销目标，结合茶饮行业现状和目标客户特征，完成社交式裂变营销模式设计。

2. 口碑式裂变营销模式设计

基于长期的营销目标，好的口碑是品牌良好发展的保证。因此，茶百道品牌的营销人员准备策划一场以传播品牌口碑为主的裂变营销活动。

目前，茶百道的数字营销矩阵包括：茶百道官方微博、茶百道微信公众号、茶百道点单小程序、茶百道抖音账号、茶百道小红书账号、茶百道微信号、茶百道微信群等。营销人员计划基于以上社交媒体，制作适合不同渠道传播的裂变海报、视频、文案等内容，提高品牌的知名度和好感度。

请参考利益式裂变营销模式设计的操作流程，根据营销目标，并结合茶饮行业现状和目标客户特征，选取店铺口碑最好的一款单品，完成口碑式裂变营销模式设计。

任务 5.2
口碑式裂变营销

研究表明，大部分消费者更信任认识的人的推荐，更愿意购买朋友或家人推荐的新产品。由客户推荐而产生的新客户往往付费率高，有利于口碑的形成。口碑式裂变营销是每个品牌都希望自身具备的一种资源，通过口碑传播有利于客户简化决策流程，缩短做出购买决策的时间。

通过本任务的知识准备、任务演练和任务拓展，熟悉口碑式裂变营销的要素和传播特点，掌握口碑式裂变营销的方式，内化为口碑式裂变营销的能力，提升口碑式裂变营销的效果。

◆ 知识准备

5.2.1 口碑式裂变营销的要素

口碑式裂变营销即通过口碑营销的方式快速进行企业品牌或服务的传播。口碑式裂变营销的核心内容就是能“感染”目标受众的事件，事件威力的强弱则直接影响营销传播的效果。口碑的传播离不开五个“T”要素。

1. 谈论者

谈论者（Talkers）是口碑营销的起点。谈论者是指那些向别人谈论某企业的产品或品牌的人。他们可能是企业产品的发烧友，也可能是初来乍到的新客户。口碑传播的助力就是这群规模不等、身份不同的人。如果没有谈论者，口碑式裂变营销就成了无本之木。

企业需要考虑谁会主动谈论自己的产品，是产品的粉丝、客户，还是媒体。这一环节涉及的是角色设置。口碑式裂变营销往往都是以产品使用者的角色来发起的，以产品试用为代表。如果将产品放在一个较为宏观的营销环境中，还有很多角色可以成为口碑式裂变营销的起点，比如企业的员工和经销商。

一旦识别出这些谈论者群体，下一个挑战就是给他们提供一个其愿意议论的话题，用以促使他们展开谈论。

2. 话题

话题（Topics）指的是人们谈论的具体内容。口碑式裂变营销就是一个制造和寻找话题的过程，也就是给人们一个谈论的理由，这个理由可以是产品、价格、外观，也可以是活动、代言人等。任何口碑最初都源于一个有讨论价值的信息。这个信息可能是产品的性价比或者奇妙创意，也可能是优质的服务。该信息能引发人们的讨论兴趣，而且能在众人的脑海中形成一个比较容易记忆的印象。

一旦发现了足以激发口碑谈论者议论的话题，下一个挑战就是提供工具，推动话题讨论的进行。

3. 工具

话题就算再好，传播也需要有一定的推动，话题为口碑的传播提供了必要条件，但也需要工具的推动。工具（Tools）是指营销人员用来推动口碑传播的各种媒介、平台和技术手段，包括网站广告、社交媒体等。

发达的互联网让口碑传播的时间越来越短，传播的范围越来越广，话题影响力越来越大。营销人员需要对不同渠道的传播特点有全面的把握。此外，信息监测也是一个重要的环节，从最早的网站访问来源分析，到如今兴起的舆情监测，口碑式裂变营销的价值越来越需要一些定量数据的支撑。

对于已经创建了工具来加速口碑式裂变传播的企业，下一个挑战是保持沟通始终处于活跃状态，能够快速传播，其办法是营销人员自己也参与口碑式裂变传播。

4. 参与

参与（Taking Part）指的是营销人员加入谈论活动当中。它包括两层含义：第一层是指参与话题创造，主要针对 KOL 或者舆论引导者；第二层是指参与话题的讨论和传播，主要针对从众者。他们共同的特点就是置身其中。互联网中从来不缺少话题，关键在于如何寻找到与产品价值、企业理念相契合的话题，也就是接触点传播。

口碑式裂变营销的一大特征就是频繁的参与和互动，营销人员主动参与消费者的讨论，与其进行深入交流。这不仅是为了让口碑交谈话题能够延续下去，也是拉近企业与消费者关系的必要之举。一旦参加了对话，下一个挑战就是跟踪交谈，了解消费者正在谈论些什么。

5. 跟踪

有了优良的口碑式裂变营销推进工具，就能知道口碑式裂变营销是如何传播的。跟踪（Tracking）是指了解消费者正在说些什么，包括发现评论和寻找客户的声音，是一个事后监测的环节。企业需要跟踪了解的对象是那些正在谈论本企业的客户，目标是弄清楚他们具体谈论的内容和方向。这是企业收集客户反馈意见，评估口碑式裂变营销效果的必备工作。通过这项工作，营销人员可以根据实际情况调整原先的策略。

5.2.2 口碑式裂变营销的方式

1. 经验性口碑营销

经验性口碑来源于企业自身的硬实力和软实力，即企业产品和服务的质量。正面口碑和负面口碑对公司的影响是不一样的。当企业的产品或者服务符合客户心理预期时，客户很少赞扬企业，因为对于客户而言，企业行为符合心理预期是正常的事情，是应该要做的事情，所以不会表现出过多的情感；当企业的表现超出客户心理预期时，客户才会产生好感；当企业行为没有达到客户的心理预期时，客户就可能产生反感，甚至可能会转向另一个品牌。

2. 继发性口碑营销

继发性口碑营销主要是由企业的营销活动引发的口碑传播。对客户而言，这种营销方式的影响力远比广告的直接影响力强。对营销人员而言，在策划一场营销活动时，不仅需要考虑活动成本，还要考虑口碑的直接效应和传递效应。

例如，中华老字号品牌恒源祥赞助了 2021 年东京奥运会难民代表团的衣服，恒源祥官微对此回应称："体育是我们通用的语言，东京奥运会，我们比任何时候都需要'更团结'的奥林匹克精神，羊羊将一如既往地支持每一位热爱体育、勇往直前的奥运健儿！"。国内网友借用《觉醒年代》里辜鸿铭先生的台词评价道："中国人身上有其他任何民族都没有的难以言喻的东西，那就是温良。"恒源祥的奥林匹克精神不仅引起了国人的共鸣，也为品牌积累了良好的口碑。

行业洞察

从内容植入到生态治理：微短剧营销的合规突围与价值升维路径

微短剧作为数字内容生态的新形态，正以其独特的传播优势重塑营销格局。微短剧通过紧凑的叙事节奏和沉浸式观看体验，在短视频平台实现了流量与转化的双重突破，成为品牌内容营销的重要载体。

微短剧营销的核心价值在于其创新的内容融合能力。不同于传统广告的硬性植入，微短剧通过故事情节的自然展开，将品牌信息转化为剧情发展的有机组成部分。这种"内容即营销"的模式，既保持了艺术创作的完整性，又实现了商业信息的有效触达，显著提升了用户的接受度与品牌的记忆度。

在技术应用层面，微短剧充分发挥了数字媒体的交互特性。分支剧情选择、实时弹幕互动等功能，使用户从被动观看者转变为内容共创者。这种深度参与不仅延长了用户停留时间，更为品牌构建了精准的用户画像，实现了从曝光到转化的全链路优化。

这种具有交互功能的微短剧，其用户参与度可达传统视频内容的 3 ~ 5 倍。但随着行业的快速发展，微短剧营销也面临着重要的合规转型。国家广播电视总局近期出台的管理规定，明确要求微短剧内容需通过"三审三校"质量把关，确保价值导向正确。在商业推广方面，《互联网广告管理办法》强调必须显著标识广告属性，禁止任何形式的隐性营销。这些规定为行业设定了清晰的发展边界。

数据安全与特殊群体保护是另一个关键合规维度。根据《个人信息保护法》，微短剧营销中的互动环节也需要明确告知数据收集范围和使用方式，并获得用户授权。针对未成年人群体，平台必须严格落实内容过滤机制，防止不适宜信息的传播。特别是在医疗、金融等专业领域，营销内容更需要具备相应的资质证明。

当前，微短剧营销已进入高质量发展阶段。未来，随着 5G、VR 等技术的普及，微短剧有望在沉浸感与互动性上实现更大突破，为数字营销开辟更广阔的空间。

3. 网络口碑营销

网络口碑营销指的是企业运用互联网的信息传播技术与平台（如论坛、微博、相册和视频分享网站等渠道），为企业营销开辟新的营销方式，旨在通过这些网络平台分享的信息加强与客户的互动，从而开展口碑式裂变营销。

5.2.3 口碑式裂变营销的传播特点

1. 可信度高

口碑传播的主体是中立的，因此不存在利益关系，也更增加了可信度。一般情况下，口碑传播都发生在朋友、亲友、同事、同学等关系较为亲近或密切的群体之间。在口碑传播发生之前，他们之间已经建立了一种特殊的关系和友谊，相对于纯粹的广告、促销、公关、商家推荐等营销方式，口碑式裂变营销的可信度更高。这个特征是口碑传播的核心，也是企业开展口碑式裂变营销的最佳理由。

2. 传播成本低

口碑式裂变营销无疑是成本较低的信息传播方式，基本上只需要企业的智力支持，不需要其他更多的广告宣传费用。与其不惜巨资投入广告、促销活动、公关活动来吸引潜在客户的目光，产生“眼球经济”效应，不如通过口碑式裂变营销这样低成本而简单有效的方式来达到这个目的。

3. 具有团体性

不同的消费群体之间有不同的话题与关注焦点，各个消费群体构成了一个个相对独立的小阵营，每个消费群体都有相近的消费取向、相似的品牌偏好，只要影响了某个消费群体中的一个或者几个消费者，信息便会以几何级数的增长速度传播开来。这时口碑传播不仅是一种营销层面的行为，更反映了小团体内在的社交需要。需要注意的是，很多时候，口碑传播行为都发生在不经意间，比如朋友聚会时闲聊、共进晚餐时聊天等，这时候传递相关信息主要是基于社交的需要。

从以上口碑式裂变营销的三个传播特点可以看到，口碑式裂变营销不仅是一种经济学中的营销手段，更以深层次的心理学作为基础。口碑式裂变营销是构架于人们各种社会需求心理之上的，因此，它比一般的营销手段更加自然，也更加易于被客户接受。

◆ 任务演练

网络口碑式裂变营销

1. 任务描述

某化妆品公司在情人节来临之际，面向18~25岁的年轻人以“无法复刻的爱”为宣传主题，推出了与知名化妆品公司联名限量款SKY情人节香色浪漫礼盒。该礼盒为香水口红礼盒，口红为暖棕色，绝色动人；香水为白花西普调，炙热沉醉，甜美浪漫。在新品发布之前，该化妆品营销部门决定通过网络渠道，采用网络口碑式裂变营销的方式进行上市之前的预热。

2. 任务分析

在进行网络口碑式裂变营销时，可围绕口碑式裂变营销的“5T要素”，结合产品和社交媒体特性，确定每个要素的具体内容。对于化妆品行业，最适合的谈论者可以选择美妆领域的KOL，也可以选择产品的关键意见消费者（Key Opinion Consumer，KOC）；话题可以借势热点，也可以基于产品特色创造具有传播性的话题；传播工具可以选择小红书、抖音、微博、微信等裂变能力比较强的社交媒体渠道；通过评论、转发制造和传播新话题，维持话题的新鲜度；利用各社交媒体账号后台的数据分析工具及门店的客户销售管理工具对营销过程进行跟踪和监测。

3. 任务操作

（1）寻找KOL（谈论者）。利用网络和社交媒体收集部分社交媒体平台的KOL和KOC信息。第一波宣传以覆盖度为主，在时尚博主、官方媒体、娱乐明星、校园明星四个领域中各选择1位符合品牌定位和目标客户人群喜好的KOL和KOC，完成表5-6。

表5-6 各领域的KOL/KOC

领域	KOL/KOC名称
时尚博主	
官方媒体	
娱乐明星	
校园明星	

（2）创造营销话题。确定了KOL和KOC及其适合的传播渠道后，创造以客户为中心的营销话题，完成多渠道话题的传播，增强话题的热度。此次宣传的核心话题是“SKY情人节香色浪漫礼盒”，请围绕该中心话题，利用大模型、AIGC工具或者智能体工具挖掘时事热点，并结合核心话题策划适合图文传播、视频传播的营销话题，完

成表 5–7。

表 5–7　不同内容形式的营销话题

内容形式	营销话题	策划理由
海报		
长图文		
短视频		

（3）选择传播渠道。选出 KOL 或 KOC 之后，具体分析他们在各个社交平台上的传播力和影响力，以此作为传播渠道的评价标准，完成表 5–8。总体原则是四个 KOL 或 KOC 的渠道各不相同（四个渠道的粉丝数总和越大越好），目的是：① 在确保传播覆盖度的前提下，避免同一渠道中的粉丝反复看到相同内容而产生反感。② 在每个渠道选择传播力最强的 KOL 或 KOC，尽可能多地触达目标用户。

表 5–8　KOL 或 KOC 名称及对应的传播渠道

KOL/KOC 名称	传播渠道

（4）营销人员参与和互动。话题发酵一段时间之后，营销人员需要根据话题的讨论热度，通过各种传播渠道进行互动，引导舆论风向，激发话题的二次传播。请先利用大模型、AIGC 工具或者智能体工具挖掘各渠道话题内容讨论的情感倾向及主要关键词，然后为不同渠道设计二次话题的传播互动活动，完成表 5–9。

表 5–9　不同渠道的参与方式及互动内容

渠道	情感倾向	主要关键词	互动活动类型	互动活动内容
微信				
微博				
抖音				
……				

（5）跟踪网络口碑式裂变营销过程中产生的客户反馈。在各渠道网络口碑式裂变营销传播过程中，不同渠道或多或少地留下了客户的反馈。收集客户的反馈意见，并基于客户意见提出产品及服务的优化措施，完成表 5-10。

表 5-10　客户反馈意见归纳及网络口碑式裂变营销策略优化

客户反馈意见	优化策略
……	

4. 任务评价

本任务评价的具体内容见表 5-11。

表 5-11　网络口碑式裂变营销任务评价

序号	评分项	评分标准
1	KOL/KOC	谈论者选择合理、全面，具有代表性
2	营销话题	（1）不同内容形式话题选择符合品牌宣传需求 （2）营销话题具有创意
3	传播工具	传播工具选择合理，具有代表性
4	参与互动	参与方式和互动内容选择合理
5	跟踪反馈	（1）客户问题归纳清晰 （2）优化措施得当

◆ 任务拓展

继发性口碑式裂变营销

该化妆品公司在半年后又推出了粉底液系列新品，由于上一次网络口碑式裂变营销活动取得了较好的推广效果，公司决定这次营销推广仍然采用口碑式裂变营销来进行新品的推广促销。粉底液上新时间恰逢母亲节，该化妆品公司的营销部门准备从亲情、友情和爱情的角度出发，选取符合品牌定位的热门话题，作为此次口碑式裂变营销的题材，制作可以宣传品牌理念的传播内容。

请参考网络口碑式裂变营销的操作流程，结合继发性口碑式裂变营销的特点，使用打造战略性口碑营销的方法，完成继发性口碑式裂变营销。

任务 5.3

社交式裂变营销

营销最重要的是两件事：一是需求，二是流量。需求解决的是一个人为什么要买你的产品。流量解决的是他怎么知道你的品牌。社交裂变主要影响的是流量。社交式裂变营销是一种利益驱动的营销模式，通过人与人之间的社交促进产品的传播与销售。社交式裂变营销的核心是以社交需求驱动，借助客户的社交关系，激励客户实现产品传播和销售促进。

通过本任务的知识准备、任务演练和任务拓展，了解社交货币的概念和分类，掌握社交式裂变营销方式，熟悉社交式裂变营销的驱动力，掌握社交式裂变营销的策划与执行能力，提升社交式裂变营销的效果。

◆ 知识准备

5.3.1 社交需求与社交货币

1. 社交需求

马斯洛需求层次理论是从人类动机的角度提出的，该理论强调人的动机是由人的需求决定的。人的需求分成生理需求、安全需求、社交需求（情感和归属需求）、尊重需求、自我实现需求五个层次。需求是由低到高逐级形成并得到满足的，马斯洛需求层次理论如图 5-1 所示。

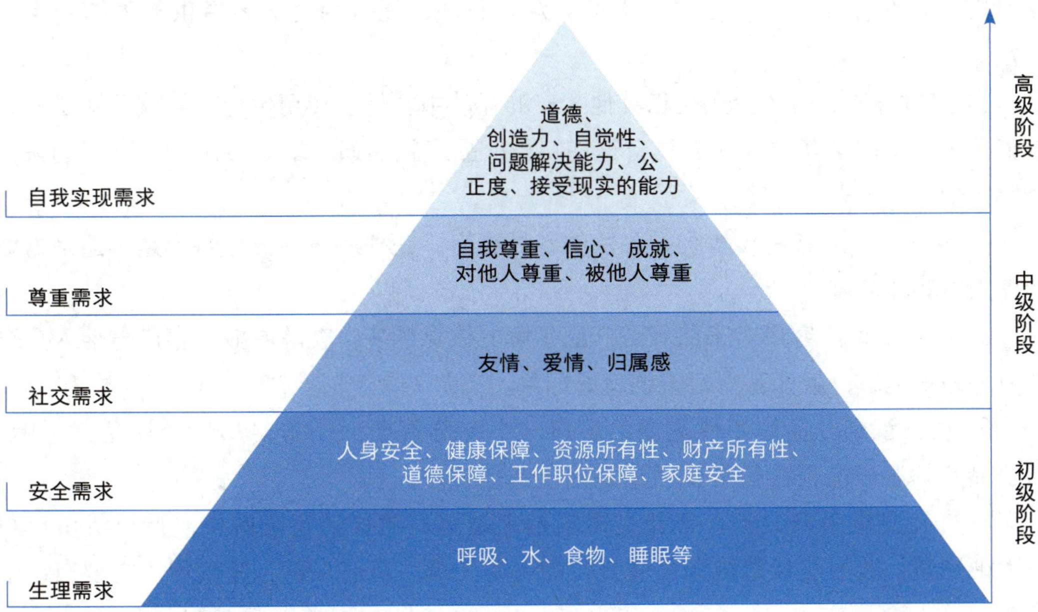

图 5-1 马斯洛需求层次理论

（1）社交需求的特征。社交需求属于马斯洛需求层次理论中的中级阶段。社交需求最主要的特征是：认同、认可、被需要、被看见。生活中个体与团体的融合过程中会有交集，会建立连接，找到彼此的共同点，进行知识交换。要进行沟通，就需要了解对方的需求，这种形式的社交较为高效。

基于社交需求，客户购买之后会将产品或服务分享到自己的社交圈。例如，发现好吃的食物会分享给朋友，或者带朋友去吃；学习中遇到好的课程，也会分享到自己的朋友圈，号召大家一起来学习。

（2）社交需求是生理需求和安全需求的进阶。通过社交，人与人之间的距离更短。社交需求要有归属、有认同、有相互展示的介质，社群就是其中一种典型的介质，用户会在社群中分享某个产品，传播某个品牌的动态。生理需求是一次变现，安全需求是二次变现，社交需求是三次触达。

2. 社交货币

社会中每个人都有与他人交往的诉求，即社交。在社交中，人们需要运用一定的方式或工具进行信息的传递和思想的交流，以达到某种目的。而这种方式或工具，就扮演着社交货币的角色。社交货币的概念来自社交媒体经济学，是社会中两个或多个个体为了获得认同感和联系感而对自身知识储备的“消费”。简单地讲，社交货币就是利用人们乐于分享的心理特质塑造产品或服务，实现口碑传播。

（1）社交货币的六个维度。社交货币可划分为六个维度：

① 归属感。企业需要主动为客户创造交流互动的机会和场景，去构建客户的归属感。

② 交流讨论。企业应关注客户中发起与品牌相关的热烈讨论的人数占比，以及该品牌出现在社交中，能否进一步推进双方互动，能否为交流者提供额外的观点和看法。

③ 实用价值。有多少人在和其他客户的互动中获得了实用价值？企业品牌是不是人们日常社交的必备要素？若具备这些特征，品牌就能通过增强客户的社交互动来创造实用价值。

④ 拥护性。是指有多少拥护品牌的铁杆客户。铁杆客户的典型特征是不遗余力地向他人推荐该品牌。

⑤ 信息知识。客户对于品牌或产品了解的信息越多，就越专业。客户与他人分享自己的知识见解，就能获得对方的良好印象。

⑥ 身份识别。品牌不仅需要给客户一个身份象征，还需要从这个视角来思考，自己品牌的客户能否在日常生活中识别出其他客户。

（2）社交货币的分类。在社交需求越来越强烈的移动互联网中，社交货币已经成为硬通货，成为流量思维和品牌宣传的主要工具。目前来看，社交货币主要有以下三类：

① 展示自我。展示自我的类型包括形象展示、能力与成就展示、行为与态度展示等不同的类型。通过社交网络展示自我的方式很多，将微信朋友圈定位到××景区，或者拍个精致的下午茶，都能彰显某种客户希望的格调。这些行为本质上都是在“制造”和“发行”社交货币，增加自己的价值。

② 寻找同类。围绕某个共同的热门话题营造参与感，或者企业给自己一个鲜明定位，靠“物以类聚”聚拢一拨人，这些都是同类的表达，只不过前者偏短期，后者偏长期。内容产业、文娱、资讯信息流等玩家引流大多数采用前者的方式。例如，“为发烧而生”的小米是社交货币运营的典型代表，通过发行只在粉丝圈内通行的社交货币，掌握了粉丝群体的“手机经济”大权。

③ 场景围合。场景围合主要以电商等为代表。它主要通过刚性的场景需求，即那些与产品或硬件无关的内容来发行社交货币，最典型的是特色电商，它们既能够使自己成为社交货币，又能够创造社交货币引发传播。

5.3.2 社交式裂变营销方式

1. 打卡营销

打卡营销是指通过客户打卡行为生成客户海报，并将其发布到社交平台上以实现品牌曝光的营销方式。这种营销方式不仅能够刺激客户分享，而且可以提升客户的黏性。设计打卡营销时需要充分考虑以下四个因素：

（1）满足客户的“自律”心理。打卡营销方式需要充分满足客户的“自律”心理，这可以从两个方面去理解。一是自我控制的肯定心理。总有一部分人对于自律意识持信任态度，坚信自我管理意识，肯定自我管理能力。这部分人对自己持之以恒的毅力不存在怀疑，因此，当只需要坚持便能获得利益时，他们便有很大可能参与其中。二是自我约束的怀疑心理。相较于前者，此类人群有着明确的相反特征，对于自身的自我约束能力充满不信任，需要借助外界的一些强制工具或手段，来辅助管理，矫正自律性差的缺点。在利益捆绑下，打卡便成为一种约束行为的方式。

（2）以“养成好习惯”为目标。打卡营销的特点之一是定位目标人群。例如，“极光单词”的目标受众主要定位为学习英语的人群。每天强制要求背诵满 15 分钟才可以进行打卡活动，无疑为想要背诵英语单词的人群养成良好的学习习惯搭建了平台。这种一举两得的方式既把握了客户心理，也掌握了客户需求。

“早起打卡群”清晰定位于“早起”人群，主打“养成早起的好习惯”。“早睡早起”一直是一种健康的生活方式。熬夜、赖床已成为很多人的通病。打卡能够迫使人们改变赖床的行为，养成早起的好习惯。这种一举两得的方式既把握了客户心理，也掌握了客户需求，因此，才从噱头转化为实际。

（3）满足客户形象塑造需求。在互联网时代，人与人之间的交互性和黏性增强。客户可以随时随地利用微博、QQ 空间、微信朋友圈等平台，与他人分享自己的生活，而这些对外展示出的内容，也能折射出客户的形象。尤其是彰显个性的青年人大部分都愿意展示出自身的良好形象，且对自身形象的维护极为重视，通过微信朋友圈打卡可以塑造出自我约束、自律的良好形象。

（4）便捷易操作的方式。以微信群打卡为例，只需加入相应的微信群，便可完成打卡任务。相较于必须下载 App 瓜分奖金的活动，打卡活动便捷性更高。大大减少手机 App 的使用，满足人们希望以简洁的方式得到更多利益的心理。

2. 集卡营销

（1）集卡营销的定义。集卡营销就是让客户以某种方式（如做任务、好友交换等）随机获得一种卡片，最终凑齐卡片后领取福利或者瓜分福利的营销方式。一个基本的集卡营销需要满足卡面、获卡方式、福利三个要素。集卡营销的本质是建立产品价值和客户需求的连接。一般来说，在品牌发展的不同阶段，集卡营销的目的包括拉新、品牌推广、推出新品、打造爆品、促销、清库存等。

（2）集卡营销的类型。集卡营销包括以下类型：

① 利益型集卡营销。利益型集卡营销侧重于满足利益导向型客户的需求。这类客户更关注结果，注重收益的获得感，希望能在互动中有所收获。因此，设计集卡互动时可加入丰富的收益类型，并给予明确的利益引导，强化客户的外在动机，通过多变的酬赏激励使这类客户持续参与。

② 趣味型集卡营销。趣味型集卡营销侧重于满足兴趣导向型客户的需求。这类客户更看重游戏的趣味性、挑战感和对未知的探索。因此，在考虑卡面、福利、获卡方式等要素的设计时，需要结合有趣、好玩、新奇等元素，加强客户的内在动机，给他们带来更多乐趣和惊喜。

③ 效率型集卡营销。效率型集卡营销侧重于满足效率导向型客户的需求。这类客户倾向于任务简单、耗时少的玩法，因此，设计集卡互动时需要适当降低任务难度，提高营销活动的参与效率，使这类客户轻松上手，简单高效地完成任务。

3. 游戏化奖章营销

游戏化奖章是给客户生成一个奖章，通过不断的交互行为使客户获取相应级别的营销方式。例如，有一些知识付费类产品，通过积累客户的学习时间或者评论数量等，给客户不同等级的奖章，这种营销方式不但能激励客户分享，而且能提升客户黏性。

（1）奖章分类。按照获取奖章的条件，可以将奖章划分为任务类奖章和指标类奖章。任务类奖章是定性的，客户只需要完成指定的任务即可获得，如注册、实名认证、完善个人资料等特定的一次性任务。指标类奖章是定量的，需要客户完成一定量的操作行为，并根据数据量划分不同的奖章等级，比如分享、评论、邀请等可以重复执行的操作行为。在设计奖章时，需要结合产品的营销目标或依据产品当前阶段的重点业务来具体设定，给予客户荣誉感，引导客户保持积极活跃，建设产品内容生态，最终达到增强客户黏性的目的。

(2) 等级划分与成长模型。任务类奖章可以按照先后逻辑关系或难易程度进行等级划分。指标类奖章需要按照量化指标划分等级，随着等级的提升，客户获取高等级的奖章越来越难。指标类奖章在设定等级及获取条件时，需要考虑客户的成长速度。经过细致的模拟推算，设定一套符合客户成长速度的科学成长模型，成长模型的设定需要遵循先易后难的原则，难度随等级呈现阶梯式增长。最高奖章的获取难度就好比网络游戏的等级上限，短期内客户无法达到。一般而言，低等级的新手奖章通常比较容易获取，这是为了降低参与门槛，使大部分客户的分享心理能够得到满足。

行业洞察

AI 驱动的用户需求洞察：社交聆听技术的变革与应用

在数字经济高速发展的背景下，人工智能技术正在深度重塑品牌与消费者的互动方式，基于人工智能技术搭建的社交媒体聆听平台，凭借其强大的智能化语境理解和情感分析能力，为品牌方提供了实时且精准的用户需求洞察利器，促使营销决策模式实现了从经验驱动向数据驱动的根本性转变。

先进的人工智能分析工具能够对品牌在社交平台上的内容传播效能与用户情绪反馈进行实时监测追踪。通过量化诸如讨论热度、情感极性[①]等关键声量指标，助力品牌动态且直观地把握自身与竞品在市场表现上的差异。这种监测不仅涵盖了显性讨论数据，更深入挖掘了潜在情绪倾向，从而为品牌竞争策略的动态调整提供客观、可靠的依据。

自然语言处理技术的重大突破，使得人工智能系统具备了对海量用户生成内容进行情感维度深度剖析的能力，并能够自动生成结构化的正负面观点摘要。借助这一技术，品牌能够迅速定位产品改进方向和服务提升空间，将分散的消费者反馈转化为切实可行的优化方案，显著提升客户体验管理的效率与精准度。

凭借实体识别与语义关联技术，人工智能平台能够自动提取社交媒体讨论中的核心对象和高频热词，助力品牌及时捕捉市场趋势的细微变化。同时，基于情绪突变检测与传播路径分析构建的预警机制，能够在负面舆情初现端倪时及时发出警报，为品牌赢得宝贵的危机应对时间。

当前，社交聆听技术已完成从基础数据监测到战略决策支撑的迭代升级。随着多模态分析技术的演进，特别是在图像语义解析、视频内容结构化处理等领域的突破，人工智能驱动的用户洞察体系正在朝着立体化、全景化方向纵深发展。这一转变不仅拓宽了数据采集的维度，而且推动了品牌对消费者行为与需求的理解从平面化描述转向多维度洞察。

① 情感极性是自然语言处理和文本分析中的一个核心概念，用于判断一段文本所表达的情感倾向是正面、负面还是中性。

企业在应用该技术时，需要构建系统化的能力矩阵：首先，通过搭建跨平台数据整合体系，打破数据孤岛，实现全域数据的标准化治理与关联分析；其次，培育具备人机协同能力的专业分析团队，既发挥人类在行业经验、创意洞察方面的优势，又依托人工智能的高效处理能力，形成互补型分析机制；最后，建立洞察结果与业务决策的敏捷响应链路，确保市场反馈能够快速转化为产品优化、营销策略调整等实际行动。未来，企业如何在严守数据安全与合规底线的前提下实现对消费者深层次需求的精准把握，将成为品牌构建数字化核心竞争力的重要分水岭。

5.3.3　社交式裂变营销的驱动力

1. 客户自传播

客户自传播是指客户认可产品的服务或价值，即便没有奖励，也会自发、自愿、主动分享给朋友。其重点在于在 App 或小程序各个场景中渗透分享功能，比客户先一步考虑到分享需求，只要产品的内容或服务具有价值，触及客户的实际需求，客户的自然传播也就水到渠成了。

（1）内容有趣、产品有用。社交类 App 一般右上角具有分享功能，当客户认为内容有趣或产品有用时，自然会产生分享需求，比如好商品、好音乐、好书籍等。此外，绝大部分核心页面也可以添加一个分享按钮，可以起到暗示作用，同时减少客户分享的思考成本和操作路径。也可以在内容或产品页面搭配奖励性质的文案或设计，能更好地激励客户分享。

（2）个性表达。盘点、测试类的分享内容基本以 H5 结合图片作为入口传播，主要触及客户的自我表达需求。例如，支付宝、网易云音乐一年一度的年终总结，从“账单”“音乐菜单”下手，触及“钱包、消费”和“音乐偏好”等因素。这种形式更多将品牌营销和趣味分享相结合。

（3）完成产品体验后分享。当客户完成产品体验后，往往会处于情绪的最高点，此时客户会比平时更乐意主动传播该信息，即使没有任何激励措施，在荣誉或分享心理的驱使下，只需要增加一个分享提示，客户实现自传播就是自然而然的事情。

（4）实时分享需求。这种属于客户刚需，例如腾讯文档、有道云笔记出于办公需求的协作功能服务被客户时时分享而广泛传播。如果产品有较强的动态服务能力，就可以考虑开发相关功能。

2. 推荐式分享

这种方式从流程上看，企业需要付出一定的成本用于激励，它属于单向奖励制，客户仅需要纯粹分享相关内容即可获得相应奖励。

（1）朋友圈打卡分享。号召并激励客户在微信朋友圈打卡或分享指定内容，激励手段主要有坚持多次分享送优惠券、物质奖励等，或者分享得奖章等精神奖励。这种方法集中在英语类、读书类等在线教育产品领域，主要是利用分享人的利益或荣誉驱使，让潜在客户因产生紧张感而加入。

（2）分享可得更好的产品体验。这种形式主要用于答题类产品，建立分享规则引导客户通过分享获得更多奖励或更好的产品体验。例如，打卡形式“每日首次分享得奖励”，以及微信游戏类小程序、答题类产品的“分享可得复活卡”。

（3）分享可得现金。这类客户分享的出发点不在于获得更好的产品体验，而在于现金奖励提现，是阅读类、资讯类产品常用的获客方法。分享要求一般为产品的某项功能或内容。为了防止“薅羊毛”行为，这种形式需要从设备唯一性、提现门槛等方面进行限制。

◆ 任务演练

打卡式裂变营销

1. 任务描述

青岛丹香食品有限公司是山东省的一家饼店连锁企业，公司在山东省多个地区拥有 200 多家专卖店，产品包括蛋糕、现烤面包、中西式点心、咖啡等。主要从事蛋糕、现烤面包、中西式点心、咖啡及节日食品（汤圆、月饼等）的生产与销售。公司现有 4 处生产基地和连锁门店 200 多家，服务范围包括青岛、潍坊、日照、烟台、威海、临沂、济宁、济南等地。“丹香”食品以严格的生产标准、考究的制作工艺、出众的产品口味、贴心细致的服务为理念。

丹香（青年路）店位于大学城内，主要客户群体为在校大学生，商品类别以生日蛋糕、面包、中西式点心为主。此门店开业 5 年来，积累了大量的学生客户，目前主要通过店铺微信群进行商品宣传和客户维护。新生开学之际，门店准备通过微信朋友圈打卡营销的方式，快速抢占新生这个客户群体。

2. 任务分析

在进行微信朋友圈打卡营销活动策划时，要充分考虑两个问题：一是什么主题是大学生群体乐于分享的；二是什么折扣或者奖品能够刺激大学生群体愿意坚持分享。基于这两方面的分析，确定活动的时间、主题及参与活动的优惠商品。当以上基本的内容确定了之后，根据大学生群体的消费特征及新生群体的潜在需求设置打卡机制。争取在有限的资金内，尽可能降低获客成本，提高宣传力度。

3. 任务操作

（1）在进行打卡营销活动策划之前，首先分析目标客户群体的特征，完成表 5-12。

表 5-12　目标客户群体的特征

目标客户	具体特征
社群内学生	
新生	

（2）根据目标客户群体的特征，结合店铺的商品特性，确定参与活动的商品，完成表 5-13。

表 5-13　确定参与活动的商品

主要商品	价格 / 元	活动商品
8 英寸生日蛋糕	98	□是　□否
奶香烤片 5 个	9.9	□是　□否
6 英寸生日蛋糕	69	□是　□否

注：1 英寸 = 2.54 厘米

（3）根据目标客户群体，从大学生宣扬自律的心理出发，设置主题活动，完成表 5-14。

表 5-14　主题活动内容

活动时间	
活动主题	
活动规则	
社群活动宣传文案	

4. 任务评价

本任务评价的具体内容见表 5-15。

表 5-15　打卡式裂变营销任务评价

序号	评分项	评分标准
1	目标客户分析	目标客户群体分析全面、准确、合理
2	活动商品选择	活动商品选择合理，能够推动打卡营销活动的宣传力度
3	主题活动内容	（1）活动时间长度设置合理 （2）活动主题具有正向引导意义 （3）活动规则符合打卡营销的逻辑 （4）活动宣传文案具有吸引力

◆ 任务拓展

集卡式裂变营销

丹香（青年路）店为了迎合学生线上挑选、购买的需求，自主开发了“丹香商城”小程序。该小程序除了具有线上选购、门店自提、快递配送等服务功能以外，还具备强化趣味性、互动性功能的设计。基于学生消费群体的特性，丹香（青年路）门店通过小程序准备策划一场集卡营销活动，从而增强客户黏性，吸引更多新客户。

请参考微信朋友圈打卡式裂变营销的操作流程，结合小程序的传播特性和集卡营销的策划技巧，完成集卡式裂变营销。

任务 5.4

利益式裂变营销

利益式裂变营销是使用频繁且简单的一种营销模式。常见的利益式裂变营销分为复利式裂变营销、众筹式裂变营销、共享式裂变营销三种，具体方式包括分享裂变、拼团裂变、邀请裂变、助力裂变等。一个成功的利益式裂变营销活动，需要充分考虑邀请者和被邀请者的利益。

通过本任务的知识准备、任务演练和任务拓展，了解利益式裂变营销分类，熟悉利益式裂变营销的方式，掌握邀请分享类活动设计模型，掌握利益式裂变营销策划与执行的能力，提升利益式裂变营销的效果。

◆ 知识准备

5.4.1 利益式裂变营销的分类

1. 复利式裂变营销

所谓复利式裂变营销，指的是参与裂变的双方互惠互利的营销方式，比如客户邀请朋友购买商品后，双方各得福利。根据互惠的逻辑，主要有以下两种方法：

（1）赠一得一。邀请好友购买或直接送给好友，自己就能得到和好友相同的福利，如瑞幸咖啡的“送 ta 咖啡”等活动。

（2）互惠裂变。与邀请的好友绑定，只要好友消费，双方均能获得收益，如神州专车的“U + 司机”招募等活动。

2. 众筹式裂变营销

所谓众筹式裂变营销，是指客户需要好友的帮助才能获取奖励，在好友帮助下完成邀请裂变的营销方式，即人人帮我。该方式包含了大部分付费裂变玩法，比如拼团、分销、解锁、砍价、个体福利、群体福利等。

（1）拼团。拼团是需要一定数量好友抱团付费或参与才能获取产品的玩法，是目前较适合熟人社交关系的模式。例如，拼多多等平台的拼团方式。

（2）分销。这是知识付费、社交电商最常用的玩法，客户只需要邀请好友购买产品即可获得收益。

（3）解锁。解锁也叫任务宝玩法，其基本逻辑是客户邀请一定数量的好友完成某一行为（如关注微信公众号、加个人微信号、付费等）即可获取奖励，是微信公众号常用的拉新方法。

（4）砍价。砍价是一种营销性质较强的裂变玩法，需要邀请好友以砍价形式获得优惠，其本质是“人人帮我”。

（5）个体福利。客户分享后免费获取福利，好友通过分享渠道（如邀请码等）也能免费获取福利。例如，喜马拉雅的分享免费听。

（6）群体福利。群体福利是个体福利玩法的升级版，是群体共同努力达成目标，共享福利。例如，群内每个客户购买满 99 元后，即可每人获得一个保温杯。

3. 共享式裂变营销

众筹式裂变营销是“人人帮我”，而共享式裂变营销则是“我帮人人”。这一类裂变营销方式利用的是客户的“利他心理”，虽然很少强调分享收益，但分享者如果也能得到利益的话会更有驱动力。常见的共享式裂变营销的方法有如下几种：

（1）主动推荐。客户购买产品后获得一些可用于分享给好友的权益、福利等，如果好友领取，分享者自身也可以得到其他激励。比如，混沌学园的“好友赠课”，不同数量的好友领课会使分享者得到不同数量的奖励。

（2）权益共享。是指客户的权益可以直接分享给亲友使用。比如，神州专车的亲情账户；也可以将自己购买并存储的虚拟产品主动分享给好友，比如瑞幸咖啡的咖啡红包。

（3）买给好友。客户主动购买产品送给好友，这是最基础的利用“利他心理”的玩法，比较典型的有樊登读书会的“送礼品卡”等。

5.4.2 利益式裂变营销的方式

1. 分享裂变

动画：分享裂变

（1）分享裂变的概念。分享裂变的方式比较简单，即分享后可获取产品或者服务，分享裂变比较常见的是社群裂变，在社群里通过一定的福利激励客户自发分享。例如，在线成人教育行业，在社群中发布并分享给好友可免费获取某种课程资源。分享裂变适用于奖励那些边际成本为 0 或者接近于 0 的产品。在线成人教育制作的课程被 1 个人领取，还是被 100 个人领取，并没有额外成本，这样就可以用资源免费的形式做大量的分享裂变。

（2）分享裂变的形式。

① 文字分享。淘宝、天猫的内容只能以口令形式在微信中传播，用户复制该段文字，再到 App 中打开，才能进入相关商品页面，这种形式是为了实现邀请者和被邀请者之间的层级关系绑定。目前，微信已经开始在朋友圈封禁口令码、识别码的外链形式。因此，口令码分享的传播有一定限制，可以改用图片二维码的方式在朋友圈传播。除了口令，邀请码也是常见的文字分享形式。

② 网页链接分享。网页链接分享是分享形式中较常见的一种，绝大多数网页分享实际上都是以 H5 落地页作为载体，只是展现形式不同。这种方式是承载信息最直接、

最全面的一种。H5 网页链接分享可以让客户从社交平台上点击分享页面，直接打开 App 进入该场景页，缩短流量的转化路径。

③ 图片分享。图片分享除了要保持视觉信息的完整性、在设计上要吸引眼球外，还可以植入二维码链接、App 名称、小程序名称、宣传语、logo 等元素。本质上二维码形式只是 H5 页面的延伸，只是改变了展现形态，客户的进入方式由点击打开链接变为扫码进入内容页。

④ 音频分享。音频分享要优选高价值片段并适配社交场景、内容调性，但往往存在平台适配的问题。以微信中的音频分享为例，虽然分享音频到微信中可以直接点击播放，但网页交互体验并不好，无法挂起页面继续收听，也无法查看完整的歌词，完整功能要打开 App 后才能实现。在展现形式上，音频分享页面与普通分享页面相比要窄一些，分享封面图上也有播放 CD 的图标，这些特征可以方便客户辨认。

⑤ 小程序分享。现在，越来越多的 App 都会在微信平台上开发小程序，在此基础上，App 分享页面会自动转化为小程序分享。用完即走、能与微信生态（比如微信公众号）互相跳转是小程序的优点。但小程序有限的体量导致它无法容纳过多的功能，只能满足特定场景下部分客户的需求，因此需要对客户使用小程序做好引导，力争引流至 App。

2. 拼团裂变

（1）拼团裂变的概念。拼团裂变，即客户通过发起拼团，借助社交网络渠道与身边的人以更低的价格购买到优质的商品，让客户“通过分享获得让利”。其优点在于把每个目标客户当成一个流量中心。这样的流量分发带来的新客户更加精准，而且参与拼团的客户是有自主购买意向和强烈购买需求的客户。

拼团裂变的客户行为路径是：客户在平台看到低价且商品品质不错的信息后，付款开团并分享至微信好友、微信群、朋友圈；新的客户在看到分享链接后，被物超所值且自己需要的商品激发兴趣后，完成购买并再次分享。

（2）拼团裂变的方式。拼团裂变的方式包括：

① 促销团购。促销团购是最常规、常见的一种拼团方式，即团长和团员以低于商品原价的价格组团购买商品，一般用于高频率购买或低客单价商品的大规模销售。当然，促销团购也用于低频率购买或高客单价商品。比如，原价 1 998 元的在线技能培训课程，采用 3 人拼团后仅需 998 元的促销方式，从而能够吸引更多客户加入。

② 阶梯团购。拼团的第二种玩法称为阶梯团购，是促销团购的升级。简单来说，就是按照成团人数阶梯定价，成团人数越多，单价就越低，常见于各种社交电商小程序。

③ 团购分销。团购分销的常见方式有两种：团长免单和团长分佣。

a. 团长免单。团长免单的逻辑很简单，只要开团且组团成功，团长即可免费获得商品，团员则没有这个权益。团长免单往往发生在一个拼团活动刚开始时，为了扩大传播率和购买率，可利用团长免单的形式吸引客户发起拼团，并且在自己的社交圈内快速邀请朋友参与拼团，以此来享受免单特权，这样可以让客户主动分享，提升商品曝光率。

b. 团长分佣。团长分佣可看作团长免单的升级版，因为团长除了免单开团，还可分享专属购买渠道给好友，好友参团且组团成功即可拿到佣金，是常见的分销模式。通过利益分享来刺激团长邀请更多人参团。邀请的好友越多，收益就越多。

3. 邀请裂变

（1）邀请裂变的概念。邀请裂变的逻辑是利用老客户的资源获取新客户。通过一定的奖励，吸引老客户拉新，在给予新客户奖励的同时，也会给予老客户奖励，邀请者和受邀者都能够获利。

（2）邀请裂变的关键要素。邀请裂变的关键要素包括：

① 明确邀请来的新客户的行为路径。企业要明确希望新客户在私域渠道做什么，是浏览文章赚取广告费，还是浏览商品产生购买行为，这种行为路径的设计对于转化至关重要。对于新客户行为路径的规划，要了解私域渠道所圈定的目标人群的习惯，在现有客户中寻找具有相同标签的客户，然后用漏斗法分析此类客户的全域路径图，挖掘背后的客户心理和产品使用习惯。

分析客户的行为路径，应观察每个路径的转化和损失，通过点击锁定损失客户，定位原因并筛选出可转化客户，在产品设计上勾勒分叉路径，对不同心理驱动因素“对症下药”。

② 分析邀请拉新的目标人群。知道了新客户的行为路径，接下来需要考虑的是由谁来邀请，即挑选客户。根据对产品的转化期许圈定邀请拉新的目标人群。也就是说，要依靠产品的商业模式，在 App 需求客户群中圈定某一部分人群。如果是购物平台，可能重点邀请对返利有倾向性意见的客户；如果是母婴产品社区社群，可能重点邀请家有婴幼儿的客户。

③ 选择利益点。客户群的重要性在于它直接决定利益点的形式。选择一个合适的奖品作为活动利益点，是整个活动的关键。如果选择的奖品不够吸引人，首批参与活动的种子裂变客户都不感兴趣的话，活动注定要以失败收场。选择利益点有以下四大基本要素：客户真正想要、与品牌产品相关、真实可提供、高价值低价格。给潜在客户一个相对有吸引力的利益点，配合较低的门槛，就会增强客户的裂变传播意愿。

④ 塑造分享的意愿。想要设计出满足客户心理价值的分享活动，最好的方式是分享在熟人圈子引起广泛分享的内容。社交是对美好愿望的需求，自发的分享心理来自情感链接和分享的自我需求。

⑤ 适配的邀请渠道。目前，邀请好友的来源路径主要有微信、QQ、微博等渠道。企业要加入平台偏好、平台政策、审核机制等，还要考虑邀请所用物料的形式。例如，分享到微信平台只能以链接或简单的图文形式展示，若有 VR 等形式的邀请物料，

需考虑适配性。

4. 助力裂变

（1）助力裂变的概念。助力裂变是指利用好友来帮助自己获取利益的裂变方式，其实现方式是通过分享好友，让好友通过一定的操作，使自己得到收益。助力裂变的关键在于设置助力的人数、商品或者服务的优惠价格，以及让客户可以达到的目标值，让客户觉得这个目标是可以实现的。

（2）助力裂变的方式。助力裂变的方式如下：

① 好友砍价。这种方式的核心是邀请好友帮忙砍价，从而拿到价格优惠的商品。客户邀请的人数越多，成功的概率就越大。但是需要注意的是，邀请的好友如果其本身就参加过这种裂变活动，那么砍下来的价格可能就会低一点。如果邀请的是新客户，那么砍价的金额就会很高，因此这种操作模式不仅让商家激活了客户，而且让新客户增速加快。

② 转发点赞。客户只需要将内容分享出去获得一定的点赞量即可获得相应的奖励。一般点赞有两种方式，一是微信朋友圈直接点赞，这种点赞方式的优点是商家可以让兑奖人添加微信或者关注才能领取奖励，从而变相地扩大了粉丝群体；二是通过投票等方式变相点赞，这是一种荣誉及物质性激励的方式，这种方式可以激发客户的热情，让他们积极参与进来，最后得到想要的商品。

5.4.3 邀新分享类活动设计模型

自传播（Refer）效果的好坏是利益式裂变营销成功与否的关键要素，而设计邀新分享类活动是提高自传播效果的重要方法。邀新分享类活动的设计也有自己的漏斗模型，包括邀请者端的 ECS 漏斗：活动曝光（Exposure）、活动点击（Click）、活动分享（Share）；被邀请者端的 ECU 漏斗：活动曝光、活动点击、产品使用 / 消费（Use），邀请分享类活动设计漏斗模型如图 5-2 所示。

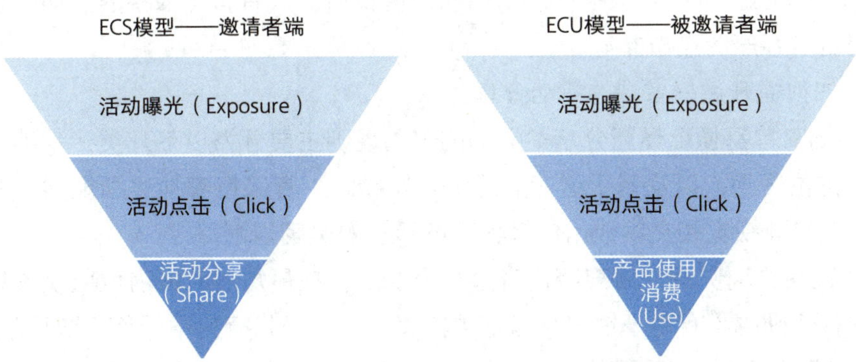

图 5-2 邀请分享类活动设计漏斗模型

图 5-2 中的两个漏斗相互独立又有所关联，但最终看的指标是获得多少新客户。

1. 邀请者端的 ECS 漏斗模型

（1）如何提升邀请者端的活动曝光。互联网产品可以分成两大类：一是节省时间导向的产品，比如高德地图、支付宝等；二是消耗时间导向的产品，比如优酷、抖音、知乎等。当然，这两者之间的界限不是绝对的。如微信本质上是节省时间导向的产品，但是客户会发现一天内很多时间都在使用微信，所以微信同时也成了消耗时间导向的产品。

① 节省时间导向的产品。一般来说，节省时间导向的产品多是满足客户吃、穿、住、行、购物、旅游等基本需求的工具型产品，客户在使用产品时多会有清晰的目标。对于节省时间导向的产品，客户“用完即走”，注意力较集中而有限。对于这类产品，邀新分享类活动要尽可能融入该次完整的操作任务流程，以取得最大量的曝光，保证漏斗顶端的客户基数。因此，可以进一步把客户的一次完整操作任务流程划分为“任务前—任务中—任务后”三个主环节，思考邀新分享活动可以切入的场景。

② 消耗时间导向的产品。消耗时间导向的产品多是满足客户娱乐、社交需求的产品，客户在使用产品时目标相对不那么明确，客户的行为轨迹相对复杂，更多样化。但是也会有主线操作任务流程。对于消耗时间导向的产品，除了产品的核心功能外，客户因为“闲逛”对周边非核心功能的使用概率相对大一些，这意味着除了主线任务流程场景外，有相对更多的可以挖掘的场景进行邀新分享活动设计。

（2）如何提升邀请者端的活动入口点击。企业可以通过以下三种方式提升邀请者端的活动入口参与数量。

① 易懂。要能够让客户在 3 秒内理解活动内容，可以通过交互视觉和文案两个方面的配合。

② 可信与激励足够。如今的互联网用户会计算参与活动的时间精力成本和预期收益，识别各种“陷阱”和“诱导”。因此，好的邀新分享类活动要做好可信与激励足够之间的平衡。

③ 独特有趣。客户对于各种活动已经司空见惯，只有新鲜独特的活动才能脱颖而出，获得更多客户的点击参与。

（3）如何提升邀请者端的活动分享。

① 规则简单易懂。邀新分享类活动的奖励规则主要分为以下几类：基础奖励、累积奖励和排位奖励，以及基于这三类的组合奖励。不管采用哪种奖励规则，都需要确保通过交互设计视觉和文案让用户轻松理解活动的奖励规则。

② 奖励可即时兑现。客户将内容分享出去后，在最短的时间内可以获得兑现使用奖励。这种奖励越是有助于客户从当下或即将发生的操作行为中受益，效果就越好。

③ 情感价值可提高。具体来说包括三方面：一是分享这个活动会给客户带来个人形象或标签的正面作用；二是这个活动最好有利他性，被邀请者能够从活动中获益；三是这个活动具有社交互动性，将活动分享后有利于与好友互动，促进情感交流。

2. 被邀请者端的 ECU 漏斗

（1）如何提升被邀请者的活动曝光。被邀请者活动曝光的实质就是活动的站外曝光，需要从分享渠道、分享内容和形式两个角度考虑。

① 分享渠道。提供尽可能多的分享渠道选择，包括微信、微博、QQ、抖音等渠道。

② 分享内容和形式。创造适合每个渠道的内容和形式。比如，适合微信朋友圈的图文分享内容形式、适合抖音的短视频分享内容形式。另外，可以同时设计多个分享内容形式（长图文、纯图片、短视频、小游戏），允许客户任意选择一个内容形式进行分享从而获得奖励。

（2）如何提升被邀请者活动点击参与。

① 易懂、可信。易懂、可信是活动设计最基本的原则。最好确保被分享出去的活动带有企业的 logo，让活动看上去权威可信。

② 激励。激励就是需要满足客户（被邀请者）的价值感，从这次点击参与中得到价值。这个价值可以是物质层面的，比如商品的代金券；也可以是情感层面的，比如满足其某种情感需求。

③ 相关。邀请者发起的分享活动，如果正好能够满足被邀请者的即时需求，邀新分享类活动就能得到较快推进；如果不能，则需要一些技巧，利用邀请者与被邀请者的关系进行关联，从而促进被邀请者点击。

（3）如何提升被邀请者使用或消费产品。想要让被邀请者使用或消费产品，保证良好的产品体验是基本前提，在此基础上需要引入激励机制，并且引入限时机制，最好要抓住机会让被邀请者付出一定的成本。

① 金钱。这是最直接、最有效的方式，比如让被邀请者花 5 元购买价值 20 元的月卡，销售月卡不是目的，目的是将被邀请者转化为新客户。

② 时间、感情等虚拟成本。比如，向被邀请者提供活动页面留言的功能。让被邀请者付出一定的成本，就意味着其与产品发生了某种更深的关联，然后利用“损失厌恶”心理，引导被邀请者最终成为产品的新客户。

◆ 任务演练

邀请式裂变营销

1. 任务描述

爱美斯艺术教育是全国连锁品牌，一直秉承着“尊重儿童自我体验，启发儿童感知能力”的教育理念，课程设置上坚持以儿童为向导，通过启发鼓励式教育与体验式教育的结合，进行儿童领域教育的探索与发展。

在爱美斯（济南）店成立 10 周年之际，营销部门准备借势周年庆，策划一场邀请式裂变营销活动。此次营销活动主要有以下两个目标：

（1）回馈广大老客户的厚爱，对于老客户拉新给予一定的福利回报，增强老客户的黏性。

（2）扩大新客户的规模，初步实现门店活动周期内获客 100 个，销售额突破 50 万元的目标。

此次营销活动经费 5 万元，既可用于购买福利奖品，也可作为推广费用。

2. 任务分析

邀请式裂变营销有三个主要参与对象，爱美斯、邀请者和被邀请者。对于爱美斯来说，首先要找到邀请者（种子客户）。获取种子客户可以通过门店的社群或客户管理系统等免费渠道，也可以通过信息流广告、搜索引擎推广等付费渠道。找到种子客户后，接下来要通过裂变营销机制的设计，激发种子客户的分享邀请欲望，发生一次裂变。

当种子客户完成分享后，接下来需要关注的是被邀请者。被邀请者相较于种子客户来说，对爱美斯的了解更少，所以信任度会较低。如何确保被邀请者能够完成转化并进行二次传播，完成二次裂变，是这一传播过程中重点考虑的问题。在整个邀请式裂变营销活动的设计过程中，要充分考虑邀请式裂变营销的关键要素以及此类活动设计时需要关注的各项内容。

3. 任务操作

（1）明确邀请来的新客户行为路径，完成表 5-16。

表 5-16　新客户行为路径分析

引流到私域渠道	□社群　□ App　□小程序
客户在私域渠道执行什么操作	□浏览　□购买　□关注
客户离开私域渠道的路径	□分享　□支付

（2）分析邀请拉新的目标客户，完成表 5-17。

表 5-17　分析邀请拉新的目标客户

目标客户	
利益点	
分享意愿	

（3）策划传播内容及传播渠道，完成表 5-18。

表 5-18　策划传播内容及传播渠道

内容形式	
文案	
传播渠道	

（4）设计邀请者端和被邀请者端裂变活动规则，完成表 5-19。

表 5-19　邀请者端和被邀请者端裂变活动规则

参与对象	活动规则
邀请者端	
被邀请者端	

4. 任务评价

本任务评价具体内容见表 5-20。

表 5-20　邀请式裂变营销任务评价

序号	评分项	评分标准
1	新客户行为路径分析	（1）引流渠道合理 （2）客户行为路径分析准确 （3）客户离开路径分析合理
2	目标人群分析	（1）目标客户分析全面 （2）诱饵设计合理 （3）分享意愿塑造准确
3	裂变内容策划	（1）文案具有吸引力 （2）商品选择合理 （3）传播渠道选择合理
4	裂变活动规则设计	（1）裂变活动规则合理 （2）裂变活动规则有效

◆ 任务拓展

拼团式裂变营销

绿源生鲜是一家全国连锁的生鲜超市，以连锁生鲜便利的形态，立足家庭厨房食材供应领域，依托绿源物流的农产品流通供应链，在为城市居民提供“一站式家庭生活”服务的同时，解决消费者的突发性需求。目前，绿源生鲜以直营模式和加盟模式进行业务扩张，业务形态包括以“绿源生鲜”为品牌名称的社区生鲜便利店及升级版的以“绿源生鲜·Neo”为品牌名称的商圈便利店。为了增强老客户的黏性，提高客户的活跃度，绿源生鲜小程序每周会选择一种时令水果或者蔬菜进行拼团营销活动。

请参考邀请式裂变营销的操作流程，结合拼团式裂变营销的特性，在春节前策划一场拼团式裂变营销活动。

1 + X 证书知识训练

一、单项选择题

1. “完成背单词打卡 25 天”“第一次学会做菜，记录一下”，这类分享动机属于（　　）。

A. 自我实现　　B. 自我记录

C. 自我宣泄　　D. 维护人际关系

2. 在口碑营销的五个“T”要素中，谈论的具体内容是指（　　）。

A. 谈论者　　B. 参与者

C. 话题　　D. 工具

3. 由企业的营销活动引发的口碑传播属于（　　）。

A. 网络口碑营销　　B. 继发性口碑营销

C. 数字化口碑营销　　D. 经验性口碑营销

4. 在邀请者端的 ECS 漏斗模型中，“E”是指（　　）。

A. 活动分享　　B. 活动转化

C. 活动曝光　　D. 活动点击

5. 以下属于马斯洛需求层次理论中的自我实现需求的是（　　）。

A. 呼吸　　B. 人身安全

C. 信心　　D. 创造力

二、多项选择题

1. 以下选项中（　　）属于数字化裂变营销的三要素。

A. 种子客户　　B. 奖励激励

C. 活动商品　　D. 裂变机制

2. 在马斯洛需求层次理论中，以下属于社交需求的有（　　）。

A. 食物　　B. 自我尊重

C. 友情　　D. 归属感

3. 以下选项中属于社交式裂变营销方式的有（　　）。

A. 集卡营销　　B. 打卡营销

C. 游戏化奖章营销　　D. 邀请式裂变营销

4. 一个基本的集卡营销需要满足的要素包括（　　）。

A. 卡面　　B. 金额

C. 获卡方式　　D. 福利

5. 以下选项中属于众筹式裂变营销的有（　　）。

A. 拼团　　B. 砍价

C. 解锁　　D. 分销

三、判断题

1. 裂变营销的本质是终端市场的裂变。(　　)
2. 参与者是口碑营销的起点。(　　)
3. 打卡营销主要是满足用户“自我宣泄”的心理。(　　)
4. 利益型集卡营销侧重于满足利益导向型客户的需求。(　　)
5. 众筹式裂变营销是“人人帮我”，而共享式裂变营销则是“我帮人人”。(　　)

项目 6

数字互动营销效果分析

◇ 学习目标

素养目标

- 恪守数据安全、用户隐私保护的底线
- 坚持创新引领，鼓励学生积极探索运用大数据、人工智能等新技术和新方法，提升数字互动营销评估的精准性和科学性
- 培养学生在数据应用中的责任担当，善于挖掘客户数据的商业价值，恪守数据伦理规范

知识目标

- 了解客户数据的类型及分析指标
- 掌握客户体验效果的衡量方法
- 熟悉数字营销内容的形式和分析指标
- 了解数字营销活动的分类
- 掌握数字营销活动效果分析的方法

技能目标

- 能够根据收集到的客户数据，结合相关数据分析指标，完成客户数据分析
- 能够根据数字营销的内容和平台特点，确定内容分析指标，完成数字营销内容效果分析
- 能够使用数字营销活动效果分析方法，参考数字营销活动效果评估流程，完成数字营销活动效果分析

思维导图

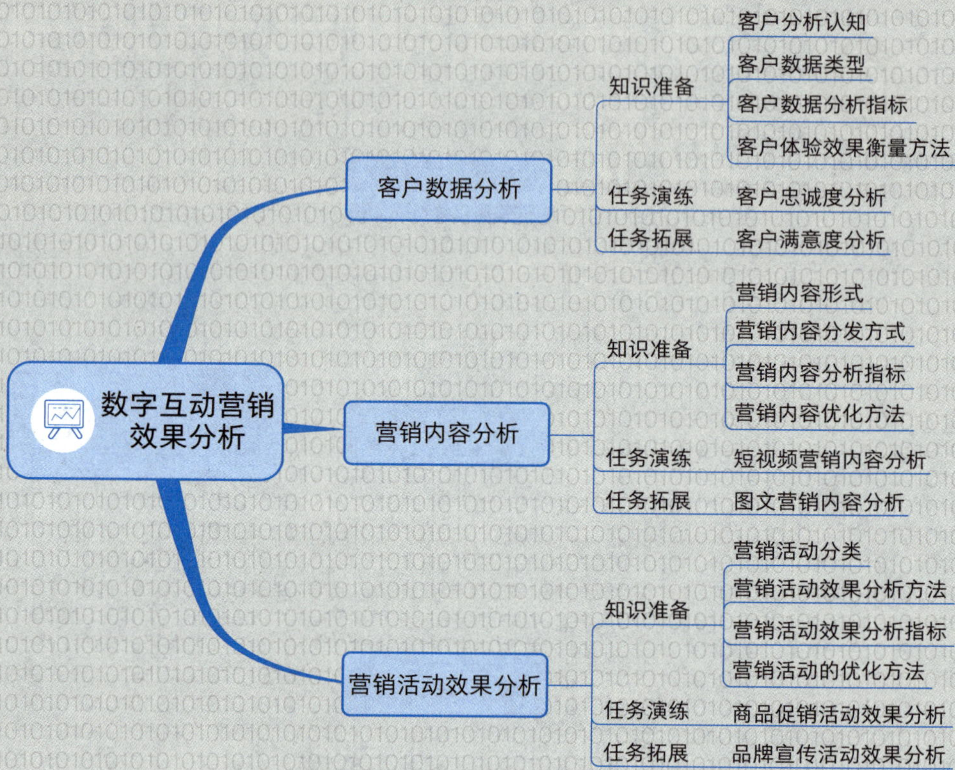

学习计划

素养提升计划

知识学习计划

技能训练计划

引导案例

数字经济“四化”体系下的营销重构

数字经济的发展经历了从数字产业化和产业数字化的“两化”体系，到在“两化”体系基础上增加数字化治理的“三化”体系，再到在“三化”体系基础上增加数据价值化的“四化”体系的生态演进。为贯彻落实《“数据要素 ×”三年行动计划（2024—2026 年）》，充分发挥数据要素乘数效应，赋能经济社会发展，国家数据局等有关部门在举办了 2024 年“数据要素 ×”大赛，充分展示各领域数据要素开发利用的典型经验做法，在全社会营造“治数、供数、用数”的良好氛围，并于 2025 年 1 月陆续展示典型案例。瓴羊天攻智投作为阿里巴巴旗下的数字户外营销平台，入围“商贸流通”领域数据要素典型案例。

瓴羊数字户外营销平台——天攻智投基于 AI 算法、隐私计算、可信数据空间等核心技术，安全融合户外广告、线下售点、电商行为等媒体方、广告主和商品侧数据源，使商贸企业营销决策有数可依，实现精准获客。该平台实现了以下创新：

1. 基于数据湖仓一体的技术治理体系，把数据要素加工为数据资产

将海量数据迅速清理、转换，用 AI 算法形成场景化应用数据集，为分析决策提供坚实基础。累计完成了 50PB 数据集的高效治理，加工成覆盖 191 个行业，300+ 分析指标的场景化数据集，基本实现了中国户外媒体和客流场景的全覆盖。

2. 构建数据服务能力，为行业解决方案提供积木式组件

瓴羊天攻智投围绕户外广告投放全流程痛点问题，基于 AI 技术研发了 20 多个户外广告场景的核心算法模型，构建了全套数字化服务。在户外广告投放阶段，通过商业分析洞察、潜客圈选、点位优选、预算分配、地图可视化、效果预估、投后分析等核心组件，帮助商贸企业用数据定位客户群体，用客户群体分布确定投放地区，并据此匹配最优媒体资源完成投放，实现成本效益最大化，使户外广告的投放效果提升了 41%。

3. 基于可信数据空间和隐私计算技术，在“数据可用不可见”的前提下，融合发挥多方数据价值

采用可信数据空间为不同商业实体提供“专数专用”的数据加工项目空间，基于密码学技术对各方数据进行加密处理和密文交互计算，完成不同主体间的数据融合、分析及建模等工作。在可信数据空间内，基于区块链技术提供安全防护、权限管理和审计机制，确保所有操作可溯源、可审计。

4. 加快解决方案复制推广，实现户外营销行业主体服务全覆盖

瓴羊天攻智投在零售、快消品、食品饮料、汽车、电子产品等 20 多个行业，沉淀了标准解决方案，并在长三角、珠三角等核心产业带完成复制。

5. 研制“自营 + 平台”双轨制盈利模式，多元收入渠道形成稳定可持续的盈利机制

瓴羊天攻智投构建起商贸企业与媒体主的智能化营销生态系统，整合多方资源，拓宽应用场景，加速户外营销数字化升级。面向商贸企业提供创新户外智能营销能力；面向户外媒体提供一站式媒体资源管理能力；面向 4A 代理等行业生态提供数据技术能力。基于多方服务形成多元收入渠道，实现可持续发展，实现稳定盈利。

引思明理：

瓴羊天攻智投的案例生动诠释了在数字经济“四化”框架下重构企业营销的核心路径：数字产业化背景下的数字技术解决方案供应商赋能企业，实现营销全链路数据闭环、全流程数字化深度改造及产业数字化转型；企业整合全链路、多场景的数据要素并纳入企业的核心资产，将数据要素转化为驱动客户精准触达、营销精准决策与评估的价值引擎，实现企业营销活动的降本增效及数据价值化；企业以数字化治理保障营销数字化过程中的安全合规，实现数字营销的健康、可持续发展，最终助力企业营销活动从经验决策到数据智能驱动的转变；各行业在营销过程中积极探索新兴数字技术，利用人工智能、大数据、区块链、云计算、网络安全等新兴数字技术提高营销效率，不断推动我国数字产业向更强大、更广阔的方向发展。

任务 6.1
客户数据分析

每一次互动营销活动都会为企业沉淀很多与客户相关的数据。这些数据类型包括客户基本数据、交互数据、行为数据、反馈数据等。企业收集到这些客户数据后，基于一定的数据分析目标，对收集到的数据进行清洗，然后选择合适的客户数据分析指标进行客户数据分析。通过客户数据分析，企业可以清晰地了解互动营销的客户拉新、留存、促活、转化效果。

通过本任务的知识准备、任务演练和任务拓展，了解客户数据的类型，掌握客户数据分析指标和客户体验效果评价方法，内化为客户数据分析能力，提高客户满意度和忠诚度，帮助企业在“以客户为中心”的市场中体现自身价值。

◆ 知识准备

6.1.1 客户分析认知

1. 客户分析的概念

客户分析就是根据各种关于客户的信息和数据来了解客户需求，分析客户特征，评估客户价值，从而为客户制定相应的营销策略与资源配置计划。通过合理、系统的客户分析，企业可以知道不同的客户有什么样的需求，了解客户消费特征与企业效益的关系，使营销策略得到优化；更重要的是，可以发现潜在客户，从而进一步扩大商业规模，使企业得到快速发展。企业可以从以下三个方面对客户进行分析：

（1）个性化需求分析。“以客户为中心”的个性化服务越来越受到重视。实施客户关系管理（Customer Relationship Management，CRM）的一个重要目标就是分析出客户的个性化需求，并针对这种需求采取相应措施，同时分析不同客户对企业效益的不同影响，以便做出正确决策。这些都使得客户分析成为企业实施 CRM 时不可缺少的组成部分。

（2）客户行为分析。企业可以利用收集到的数据，跟踪并分析每一个客户的行为信息，这样不仅知道什么样的客户有什么样的需求，而且能够观察和分析客户行为对企业收益的影响，使企业与客户的关系最优化、企业利润最大化。

（3）客户信息分析。利用客户分析系统，企业不再只依靠经验来推测，而是利用科学的手段和方法，收集、分析和利用各种客户信息，从而轻松获得有价值的客户信息。例如，企业的哪些产品最受欢迎，原因是什么，有哪些回头客，哪些客户是优质客户，售后服务有哪些问题等。客户信息分析将帮助企业充分利用其客户关系资源，从容地面对客户。

2. 客户分析的内容

在客户管理过程中，企业的生产、营销、服务及市场都是围绕客户进行的。客户分析成为成功实施客户关系管理的关键，帮助企业最大限度地提高客户满意度，同时有助于降低企业的运营成本，提高企业的运营效率。

（1）商业行为分析。商业行为分析是指通过产品分布情况、消费者保持力、消费者损失率等数据来分析客户情况。主要包括：

① 产品分布情况分析。分析客户在不同地区、不同时段购买不同类型产品的数量，可以获取当前营销系统的状态、各个地区的市场状况，以及客户的运转情况。

② 消费者保持力分析。通过分析详细的交易数据，细分那些企业希望保持的客户，并将这些客户名单发布到各个分支机构，以确保这些客户能够享受到相应的服务和优惠。细分标准可以是单位时间的交易次数、交易金额、结账周期等指标。

③ 消费者损失率分析。通过分析详细的交易数据来判断客户是否准备结束商业关系，或正在转向另一个竞争者。其目的在于对那些已经结束了交易的客户进行评价，寻找他们结束交易的原因。

④ 升级 / 交叉销售分析。企业可对即将结束交易周期、拥有良好贷款信用或存在其他需求的客户进行分类，以便企业识别不同的目标客户。

（2）客户特征分析。客户特征分析包括：

① 客户行为习惯分析。根据客户的购买记录识别客户价值，根据客户价值对客户进行分类。

② 客户产品意见分析。根据不同客户对各种产品所提出的各种意见，以及客户对各种新产品或服务推出时的不同态度来确定客户对新事物的接受程度。

（3）客户忠诚度分析。客户忠诚度是基于对企业的信任度、来往频率、服务效果、满意程度及继续接受同一企业服务可能性的综合评估值，根据具体的指标进行量化。保持老客户要比寻求新客户更加经济，保持与客户之间的不断沟通、长期联系，维持和增强与消费者的情感纽带，是企业间新的竞争手段。这种巩固客户忠诚度的竞争具有隐蔽性，竞争者看不到任何策略变化。

（4）客户注意力分析。客户注意力分析包括：

① 客户意见分析。根据客户所提出的意见类型、意见产品、日期、发生和解决问题的时间、销售代表和区域等指标来识别与分析一定时期内的客户意见，指出哪些问题能够解决，哪些问题不能解决，并分析原因。

② 客户咨询分析。根据客户咨询的产品、服务，受理咨询的部门，以及发生和解决咨询的时间来分析一定时期内的客户咨询活动，并跟踪咨询建议的执行情况。

③ 客户接触评价。根据企业部门、产品、时间段来评价一定时期内各个部门主动接触客户的数量，了解客户是否在每个星期都收到多个组织单位的多种信息。

④ 客户满意度分析与评价。根据产品、区域来识别一定时期内感到满意的20%的客户和感到不满意的20%的客户，并描述这些客户的特征。

（5）客户收益率分析。对每个客户的成本和收益进行分析，判断哪些客户能为企业带来利润。

6.1.2 客户数据类型

客户数据类型包括：

1. 基本数据

基本数据（企业信息和个人信息）是否完善和正确，决定了客户数据能否成为企业的有效资产。在很多客户管理系统中，这些数据都是通用的标准化字段，如客户的姓名、性别、年龄、联系方式等。可用于统计的联系人分类数据（如收入）或公司统计数据（如年收入或行业）也是基本数据。

2. 交互数据

交互数据对于在整个业务周期中了解客户非常有用。例如，因客户请求而在公司内部发起的流程、销售或客服的沟通记录、购买记录（订单数据）等都是常见的交互数据。

交互数据通常用于汇总生成更高级的数据报告，具有“向下钻取”以获得更多见解的能力。例如，统计一段时间内的客户优惠总额（从客户申请优惠的流程中统计）、客户请求产品演示的次数（从产品演示申请流程中统计）、销售或客服人员对客户的跟进或服务频率（从行动记录数据中统计）、销售报表和产品销售排行榜（从订单数据中统计）等。

3. 行为数据

行为数据可洞悉客户对企业实际产品、销售流程或服务的体验。交互数据和行为数据之间存在细微差别，具体取决于企业的业务和行业。行为数据通常是客户的主要联系人与企业发生业务往来的直观反馈。例如，主动申请试用注册（积极），主动沟通需求（积极），对产品提出合理的改进意见（积极），拒接电话（消极），预算减少（消极）等。

4. 反馈数据

反馈数据可帮助企业了解客户对企业或产品的看法。与其他三种类型的数据不同，反馈数据是客户表达实际想法的第一手资料。在线评论和满意度调查是反馈数据的重要来源。

但是，对待反馈数据存在一个问题：在表达对产品的意见时，某些客户比其他客户更为合理和中肯。企业要在重要的客户群中连续主动地收集反馈数据，以确保客户反馈数据的客观性。

6.1.3 客户数据分析指标

1. 网页访问数据指标

（1）页面浏览量或点击量（Page View，PV）。是指网页被访问浏览的次数，也可称为访问量或浏览量。在一定统计周期内，客户每打开或刷新一个页面就记录 1 次，多次打开或刷新同一页面则浏览量累计。

（2）独立访客（Unique Visitor，UV）。访问的独立客户终端（PC 端或移动端）为一个独立访客。统计 1 天内访问某站点的客户数，即为访问某网站的独立访客数量。

（3）地域分布。地域分布通常采用图表形式，直观地展示客户在全国各省市的分布，包括每个省份的用户数及占比。例如，某微信公众号用户地域分布如表 6-1 所示。

表 6-1　某微信公众号用户地域分布

地域	用户数 / 人	占比 / %	地域	用户数 / 人	占比 / %
广东省	3 263	16.94	广州	1 168	37.07
山东省	1 717	8.92	深圳	352	11.17
河南省	1 284	6.67	佛山	307	9.74
浙江省	1 064	5.52	东莞	263	8.35
江西省	939	4.88	中山	230	7.30
江苏省	912	4.74	惠州	107	3.40
河北省	866	4.50	珠海	94	2.98

（4）访问设备。访问设备是指客户访问产品或内容时使用的设备，通常以苹果和安卓两大应用系统来划分。例如，某 App 不同系统终端用户数及用户占比如图 6-1 所示。

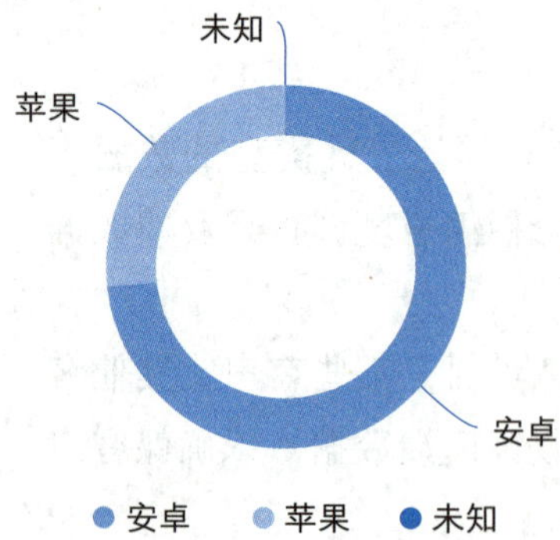

终端	用户数/人	占比/%
安卓	14 100	73.11
苹果	5 184	26.88
未知	2	0.01

图 6-1　某 App 不同系统终端用户数及用户占比

2. 用户活跃类数据指标展示

（1）注册用户（Registered Users，RU）。是指已完成注册的用户数，狭义上的数据应是经过有效验证激活的注册用户数，而广义上的数据则可以是提交注册信息的用户数。

（2）活跃用户（Active Users，AU）。是指某一个时间段内登录或使用了某个产品的用户。

（3）日活跃用户（Daily Active Users，DAU）。是指单日登录或使用某种产品的用户数（去除重复登录的用户）。通常付费网站会采用 DAU 的概念。

（4）月活跃用户（Monthly Active Users，MAU）。把 DAU 的统计周期拉长到一个月，即是 MAU 的数据。

（5）每日新增用户（Daily New Users，DNU）。即当日新注册并登录的用户数。

（6）平均同时在线用户数（Average Concurrent Users，ACU）。平均同时在线用户数通常采用 24 小时内每小时同时在线的用户数总和除以 24 小时。

（7）最高同时在线用户（Peak Concurrent Users，PCU）。如果希望数据表现较高，通常可采用一个小时内同时在线用户数的最大值；如果更严格，也可以统计某一秒钟同时在线用户数的瞬间峰值。

（8）用户平均在线时长（Time Spending，TS）。它是指所有在线用户总时长，除以该时段内的在线用户数。

（9）用户留存率（Users Retention Rate，URR）。它是指在新增用户中，在某一周期之后仍然活跃的用户占总新增用户的比例。

（10）用户流失率（Users Churn Rate，UCR）。它是与“用户留存率”相对的一组概念，指在新增用户中，在某一周期之后无登录使用等活跃行为的用户，其公式为：

$$\text{用户流失率}=(1-\text{用户留存率})\times 100\%$$

3. 用户付费行为数据指标

（1）付费用户（Paying User，PU）。它是指有付费行为的用户。该指标弱化了统计周期的背景，在数据统计中不常采用。

（2）付费转化率（Conversion Rate，CR）。它是指新增用户中，有付费行为的新用户除以新增用户总数。此公式与网购中的支付转化率指标类似。

（3）平均每用户收入（Average Revenue Per User，ARPU）。它是衡量一个时间段内某个付费产品或业务收入水平的指标，通常电信运营商等采用较多，而零售电商则采用较少，其公式为：

$$\text{ARPU}=\frac{\text{某一时段的总收入}}{\text{该时段的总活跃用户数}}$$

（4）平均每付费用户收入（Average Revenue Per Paying User，ARPPU），其公

式为：

$$ARPPU = \frac{某一时段的总收入}{该时段的总付费用户数}$$

（5）活跃付费用户（Active Payment Account，APA）。它是指统计周期内仍保持活跃的付费用户（活跃 PU）数，此处的用户通常以用户注册 ID 为准。需要排除曾经有付费行为但在统计周期内无任何活跃行为的静默付费用户（静默 PU）。

（6）用户付费率（Paying User Rate，PUR）。计算公式为：

$$PUR = \frac{APA}{AU} \times 100\%$$

它通常以特定统计周期内的活跃用户为统计前提。

（7）生命周期价值（Life Time Value，LTV）。它是指用户从第一次登录到最后一次登录的整个生命周期过程中，所贡献的全部经济收益价值总和。由于用户的生命周期通常难以统计，所以在实践中，更多采用“LTV_N”来统计新用户在首次登录后的 N 天内所贡献的价值总和。

职场透视

数据要素战略下的新职业风口

在北京大学重庆大数据研究院的智慧金融实验室内，一名商务数据分析师正在对数据做“实验”，她将对企业的各类数据进行抽丝剥茧，提取出有价值的商业信息，为企业决策做参考并向参观人员描述道：“商务数据分析是将信息技术与商业结合，基于数据，透过编程与算法，挖掘出数据背后的商业价值。与客户沟通进行需求梳理，针对不同业务场景进行流程设计，运用工具建模，优化流程并撰写指引报告等是我的日常工作内容。与单纯的数据分析工作不同的是，除了要掌握数据挖掘、机器学习、统计分析等手段，熟练操作各类编程工具之外，我还需要掌握一定的商业及市场知识，具备良好的沟通能力。”“我会对市场趋势、客户行为、财务数据等内容进行分析。比如，市场趋势会帮助企业了解行业的发展情况，包括客户的喜好和竞争情况等，从而帮助企业进行行业分析和市场定位；客户行为可以帮助企业更好地理解客户需求，从而有针对性地提供客户满意的产品和服务；财务数据分析可以帮助企业了解自身的财务状况。”

为了适应世界经济数字化转型趋势，我国政府、学术界和产业界对数据高度关注，数据不仅被确立为国家重要的基础性战略资源，而且成为最具时代特征的生产要素。随着数字经济的规模不断扩大，许多企业开始数字化转型，希望利用大数据来提升经营效益，为商务数据分析提供了广阔的舞台。人社部更是将“商务数据分析师”作为新职业。

商务数据分析师主要是指从事商务行为相关数据采集、清洗、挖掘、分析，发现问题，研判规律，形成数据分析报告并指导他人应用的人员。该职业就业前景呈现多维扩展态势，不仅在互联网巨头、电商平台持续高热，更向金融科技、智能制造、智慧城市等新兴领域加速渗透。从业者既可深耕数据统计、市场预测等专项领域，也能晋升至数据管理、商业智能分析等战略岗位。该职业常见的发展路径涵盖了数据分析经理、数据资产运营官、用户画像研究员、风控模型架构师及数字化营销顾问等多元化角色。随着企业加速数据资产化进程，该职业正从技术支撑角色向战略决策核心演进，成为数字经济时代企业价值创造的枢纽引擎。

6.1.4 客户体验效果衡量方法

1. 净推荐值

（1）净推荐值（Net Promoter Score，NPS）的含义。净推荐值又称净促进者得分，也称口碑，是一种计量某个客户将会向其他人推荐某个企业或服务可能性的指数。

当企业想知道客户对产品满意与否或有什么意见时，常常会通过客户调研的形式了解客户的真实感受。在客户调研中，一个常见的问题是：“您是否会愿意将 × × 品牌 / 产品推荐给您的朋友或者同事？” 这个问题调研的就是净推荐值。这是一个常见的客户忠诚度指标。

（2）NPS 的计算方式。根据客户愿意推荐的程度用 0~10 分来打分，0 分代表完全没有可能推荐，10 分代表极有可能推荐，然后依据得分将客户分为 3 组，NPS 计算如图 6–2 所示。

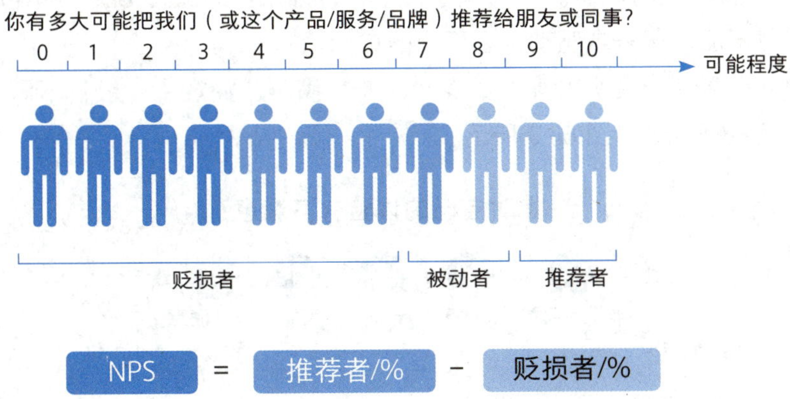

图 6–2 NPS 计算

① 推荐者（得分为 9~10 分）：他们是对产品忠诚的客户，会继续使用或购买产品，并愿意将产品推荐给其他人。

② 被动者（得分为 7~8 分）：他们是满意但不热心的客户，几乎不会向其他人推荐产品，并且他们可以被竞争对手轻易拉拢。

③ 贬损者（得分为 0~6 分）：他们是不满意的客户，他们对产品感到不满甚至气愤，可能会阻止身边人使用产品。

NPS 就是推荐者所占百分比与贬损者所占百分比的差额，即净推荐值（NPS）=（推荐者数 / 总样本数）× 100% –（贬损者数 / 总样本数）× 100%，净推荐值的区间为 –100%~100%。

一般来说，NPS 在 50% 以上被认为是不错的，如果 NPS 值为 70%~80%，则说明该企业已经拥有了一批高忠诚度的口碑客户。

（3）NPS 的影响因素。对于打算测量、分析 NPS 的企业来说，建立可靠可信的 NPS 测量机制是至关重要的，NPS 测量的质量可能受到以下三方面因素的影响：

首先，客户抽样方法的可靠性，即 NPS 测量能否获得目标客户较高的回应率。如果客户的回应率较低，可能会产生误导性的结果。针对互联网产品而言，线上问卷调查的客户填答率通常不高，有必要进一步对不填答者的客户行为数据或业务数据进行深入分析，并与填答者的数据进行比较，以避免客户抽样造成的 NPS 分值偏差。

其次，NPS 和客户行为之间的关系，即 NPS 是否反映了真实的客户行为，能否避免测量过程中的各种反馈偏差、作弊和人为操作等问题。因此，有必要在测量过程中定期对测量结果和真实的客户行为数据进行关联分析，确保客户行为与 NPS 相吻合。

最后，进行 NPS 测量时，是否选择了合适的分制，分制是否符合不同地区客户的打分习惯，以及是否能够确保客户理解正确。目前，从 0 分（完全没有可能）到 10 分（极有可能）的 10 分制标准是较为通用的选择。

2. 客户满意度

（1）客户满意度的概念。客户满意度（Consumer Satisfaction，CSAT）是一个用来衡量客户对产品、服务或互动满意程度的指标。

对 CSAT 的调查一般使用五点量表，即非常满意、满意、一般、不满意、非常不满意。客户满意度得分如图 6–3 所示。

图 6–3　客户满意度得分

通过计算选择 4 分和 5 分的客户所占的比例，得出最终的 CSAT 值，其公式为：

$$\text{CSAT} = \frac{\text{满意客户数} + \text{非常满意客户数}}{\text{总样本数}} \times 100\%$$

在分析结果时，必须考虑到深层原因。思考一下一个客户对产品或者服务满意或者不满意，是哪些因素造成的？这些因素之间的关系或权重分别是什么？以此可以得到企业需要关心的具体细节。

（2）CSAT 衡量指标存在的问题。首先，客户很容易在中等范围内回答问题，如果无法引导客户真正参与评分，样本结果很可能无法给企业带来真实反馈，这些反馈对进一步提升客户满意度完全没有作用。其次，即使在客户满意度很高的情况下，依然有可能遭遇客户拒绝继续购买。这是因为满意度并不直接与客户忠诚度相关联。

3. 客户努力度

（1）客户努力度的概念。客户努力度（Customer Effort Score，CES）是衡量消费者的欲望和需求得到满足而需付出努力的指标。测量 CES 值只需一个简单问题："企业让我的问题处理过程变得更简单"。企业可采用 7 分制给出对此表述的同意程度。例如，1 = 强烈不同意、2 = 不同意、3 = 有点不同意、4 = 中立、5 = 有点同意、6 = 同意、7 = 强烈同意。

根据相关研究，82% 的人把他们的购买经历描述为"花费太多的努力"，CES 背后的理论就是，应该想办法减少客户为了解决问题而付出的努力。CES 可以帮助企业找出可优化的方向，使企业更容易找到哪里需要改善，较低的客户努力度与客户续签直接相关，可以用来提高客户的生命周期价值。

一般情况下，首先利用客户满意度来衡量客户对产品或服务的体验反馈，当这套标准的价值到达临界点时，就应该尝试将 CES 作为客户满意度的扩充，更充分地评估客户体验情况。

（2）客户努力度的优势。客户努力度的优势包括：

① 客户努力度能够帮助企业找到自己产品和服务中需要客户"花费太多精力"的因素。它们都是影响客户体验的障碍和缺陷，企业需要尽可能地去消除这些因素，这样才能改善客户体验，留住客户。

② 相比其他指标，CES 更适合用来收集新客户的反馈。这是因为新客户对于产品和服务的熟悉程度不高，在使用产品和服务的过程中遇到问题的概率更大，借助 CES，企业可以找到一些平时难以注意到的、可优化的细节，让客户体验更好。

③ CES 对服务体验的评估效果显著，能够体现出客户对服务本身的直接感受，识别出客户在服务过程中愉快和不愉快的经历，帮助企业更加准确地预测客户的留存和流失。

（3）客户努力度的劣势。

① CES 虽然可以帮助企业衡量各个环节上的产品或服务表现，但是无法反映客户的整体体验。当企业需要了解客户的整体体验时，NPS 或许是更好的选择。

② 在衡量客户体验时，仅靠 CES 一个测量指标是不够的，最好是采取多指标协同的测量方法，才有助于全面测量客户体验。

◆ 任务演练

客户忠诚度分析

1. 任务描述

小熊美术 App 是为少儿提供系统性美术学习的智能学习平台，遵从孩子的天性，采用人工智能技术，在学习过程中充满互动性与趣味性，以提升孩子的兴趣和专注力为先导，让孩子用美术认识世界。

为了推广小熊美术 App 中新开发的面向 3~5 岁儿童的美术课程，小熊美术在儿童节时，通过朋友圈广告，做了一次 9.9 元享受 3 次体验课和送全套教具的营销活动。活动结束后，营销人员准备对参与此次体验课的客户进行客户忠诚度分析，全面了解客户需求及客户对产品的疑虑。

2. 任务分析

随着市场竞争的加剧，客户忠诚度成为影响企业长期利润高低的重要因素。客户忠诚度的基础在于持续的客户满意，这种客户满意是一种情感上的联系，而不是一种行为。忠诚的客户来源于满意的客户，但满意的客户并不一定是忠诚的客户。有些企业客户的满意度提高了，但销量并未明显增加。客户忠诚度的提高依赖于客户满意度的提高，更取决于客户对企业的信任度。从这层意义上说，建立并加强客户对企业的信任度更为重要。

在进行客户忠诚度分析时，首先要根据企业的营销目标，结合营销产品确定衡量客户忠诚度的指标，然后计算出客户的净推荐值。营销人员根据净推荐值的大小，完成客户忠诚度分析。

3. 任务操作

（1）通过在微信朋友圈投放广告，获取客户在参与促销活动时的基础性数据，完成表 6-2。

表 6-2 客户的基础性数据

客户数据	用途
……	

（2）对通过广告获取到的客户数据进行具体分析，结合具体调研目的，利用大模型、AIGC 工具或者智能体工具设计客户调查问卷问题，完成表 6-3。

表 6-3　客户调查问卷问题

序号	问题	分值
1		
2		
3		

（3）采集客户打分数据，使用 NPS 方法计算客户净推荐值，完成表 6-4。

表 6-4　客户净推荐值

客户分组	客户数量 / 人
推荐者	
被动者	
贬损者	
结论	
NPS	
客户忠诚度评价	

4. 任务评价

本任务评价具体内容见表 6-5。

表 6-5　客户忠诚度分析任务评价

序号	评分项	评分标准
1	客户基础数据采集	（1）客户基础数据采集指标设置合理 （2）客户基础数据采集指标设置全面
2	客户调查问题设计	（1）客户问卷调查问题设计合理 （2）各问题之间相互独立、互为补充 （3）问题设计能反映客户的忠诚情况
3	客户净推荐值计算及评价	（1）客户净推荐值计算正确 （2）客户忠诚度分析合理

◆ 任务拓展

客户满意度分析

小熊美术 App 是为 3~8 岁的少儿提供系统性美术学习的智能教育平台。作为一款面向小朋友学习美术的在线学习软件，它通过趣味动画教学和实景互动、专业的名师辅导、一对一点评，激发小朋友自主绘画的兴趣。岁末年初，营销人员准备对去年的线上客户进行满意度分析，深入了解客户需求，归纳产品存在的问题，为下一年营销策略的制定奠定基础。

请参考客户忠诚度分析操作流程，使用客户满意度分析方法，结合反映客户满意度的指标，完成客户满意度分析。

任务 6.2

营销内容分析

目前，营销内容的呈现形式主要有图文、音频、视频等，不同的内容呈现形式适用的场景和分析指标有所不同。在进行营销内容分析时，分析指标包括关键分析指标和自定义分析指标。关键分析指标主要是基于内容的呈现形式，能够反映营销内容效果的指标，如图文内容的转发量、视频内容的播放量等。自定义分析指标是根据企业特定的分析目标，结合营销内容形式而制定的有针对性的指标。通过对营销内容的分析，能够帮助企业全面了解什么样的内容更容易吸引客户的关注，以及客户通过内容营销折射出的潜在需求。

通过本任务的知识准备、任务演练和任务拓展，了解营销内容形式和营销内容分发方式，掌握营销内容分析指标，熟悉营销内容优化方法，内化为营销内容分析的能力，从而正确制定内容优化的策略。

◆ 知识准备

6.2.1 营销内容形式

传统的营销内容形式有报纸、杂志、书籍、电视、广播等，在互联网时代，出现了很多新的内容形式，比如 H5、短视频、直播、用户评价等，在营销内容中，企业需要更多关注这些新兴的内容形式。但万变不离其宗，这些新的内容形式从本质上来说都是传统内容形式的数字化。目前，营销内容形式主要有以下四种：

1. 图文内容

数字图文内容是最常见的内容形式，包括纯文字型、纯图片型、图文型等多种类型，可以出现在企业官网、微博、自媒体等诸多渠道中。为了达到更好的营销效果，企业应该策划系列文章，提高影响力。例如，方太官网下的“厨 FUN 研究所”就围绕方太旗下的各种厨房电器创作了系列推文。

2. 音频内容

随着移动设备的普及、汽车保有量的提升（促进了车载音频的发展），音频内容已经成为继传统电视、广播、报纸后品牌宣传和提升价值的重要形式和选择之一。音频传递信息的直观程度弱于视频和图文，但其有一个无法比拟的优势，即可实现解放双眼。随着音频控制技术的迅速发展，这种优势会被迅速放大。同时，在视频及图文的长期轰炸下，用户会出现视觉疲劳，转而投向音频内容的动机也会明显增强。

3. 视频内容

视频内容可以出现在电视、电影、视频平台、直播平台、自媒体等诸多渠道中，是近年来成长最快的内容类型之一，也是未来主流的内容形式。视频行业的分类非常广泛，按照投放渠道终端差异分类，可以分为传统视频和网络视频。在网络视频中，根据播放时长分类，可以分为短视频和长视频。视频内容分类如表 6-6 所示。

表 6-6　视频内容分类

<table>
<tr><th>分类</th><th colspan="4">概念界定</th></tr>
<tr><td>传统视频</td><td colspan="4">基于电视等传统渠道终端进行传播的视频内容形式</td></tr>
<tr><td rowspan="2">网络视频</td><td>短视频</td><td rowspan="2">基于 PC 端和移动端进行传播的视频内容形式</td><td rowspan="2">后期合成和播出分开进行的播出方式</td><td>播放时长小于 5 分钟</td></tr>
<tr><td>长视频</td><td>播放时长大于 5 分钟</td></tr>
</table>

4. 直播内容

直播营销是一种利用实时视频传输技术，通过直播平台直接向观众展示产品、服务或内容，并与观众实时互动的营销方式。这种方式结合了娱乐、购物和社交，有效提升了品牌曝光度、用户参与度和销售转化率，成为目前各行业领域广泛采用的营销手段。

6.2.2 营销内容分发方式

内容分发本质上要解决的问题包含两点：高效地连接人与信息；过滤出有价值的信息，让合适的人看到合适的信息。目前，各个平台的内容分发方式主要有社交分发和算法分发。

1. 社交分发

社交分发依托的是关系链机制，客户关注的对象决定了其能看到什么内容。一般社交类 App 或社交平台都会有专门关注的信息流，用以沉淀关注客户的信息。例如：微信的“在看”。

社交分发的好处有三点：① 通过朋友认识到世界的多样性，而不是永远陷在自己单一的喜好中；② 内容产品的基础是一批可以聚合用户的内容，客户的关系链基于内容建立，同时也反作用于关系链，基于朋友感兴趣的内容，客户之间更容易产生互动，从而加强关系链；③ 单个内容的影响力更容易被放大，当很多个朋友都在转发或评论同一个内容时，客户查看这个内容的可能性更大。

2. 算法分发

算法分发是基于程序，让机器学习用户的兴趣和偏好，然后给用户推送内容。主要有以下五种算法推荐：

（1）基于内容推荐。这是基于客户个人兴趣的推荐。根据客户个体的历史行为，计算对内容特征的偏好程度，进而推荐出与客户特征偏好匹配的内容。

（2）协同推荐。这是基于群体的推荐。基于客户的相似度、内容的共现度，以及人口特征，将用户聚集为不同群体来推荐。

（3）扩展推荐。基于客户兴趣点和内容类别等产生推荐。

（4）新热推荐。基于全局内容的时效性和热度产生推荐。

（5）环境特征。基于地域、时间、场景等产生推荐。

因为基于兴趣推荐，客户感兴趣的可能性更高，内容匹配的效率进一步提升。社交分发有一定的延后性，而算法分发实时性更强。算法分发的优点体现在客户更容易获得有价值的信息上，缺点是容易导致“信息茧房效应”①，使客户更容易陷入狭隘的世界观。客户喜欢什么，它就会生产什么。

博文约礼

从算法黑箱到透明治理：信息推荐算法合规化转型的实践路径

在数字经济与人工智能快速发展的今天，算法推荐技术已成为重塑信息传播、消费决策和社会治理的核心引擎。从新闻资讯的精准投送到电商平台的个性化推荐，从短视频内容的智能分发到出行服务的动态调度，算法推荐技术正润物细无声地渗透到社会运行的“毛细血管”中。

算法推荐技术的演进经历了从简单规则匹配到深度学习驱动的跨越式发展。早期基于协同过滤的推荐系统，主要依赖用户行为数据实现内容匹配；随着深度学习技术的突破，推荐算法开始融入自然语言处理、计算机视觉等多模态信息，形成了包括生成合成类、个性化推送类、排序精选类、检索过滤类、调度决策类等多元技术谱系。以抖音为例，其推荐系统综合运用协同过滤与深度学习模型，通过分析用户停留时长、互动行为等 150 余个维度特征，实现内容与用户兴趣的动态适配。然而，技术赋权的双刃剑效应也日益凸显：算法歧视、信息茧房、大数据杀熟等乱象频发，引发监管层的高度关注。中国通过《互联网信息服务算法推荐管理规定》《生成式人工智能服务管理暂行办法》等法律法规构建的制度框架，为算法推荐技术的健康发展划定了清晰的红线与路径。

为了规范网络信息传播秩序，2024 年 11 月 12 日起至 2025 年 2 月 14 日，中央网信办等部门联合持续开展“清朗 · 网络平台算法典型问题治理”专项行动，重点整治同质化推送营造“信息茧房”、违规操纵干预榜单炒作热点、盲目追求利益侵害新就业形态劳动者权益、利用算法实施大数据“杀熟”、算法向上向善服务缺失侵害用户合法权益等重点问题，督

① 信息茧房效应是指人们往往只注意自己关注的或使自己愉悦的信息，久而久之，就会将自己桎梏于像蚕茧一般的“信息茧房”中，每天看到的信息全是自己感兴趣的，却忽略了更广阔的“茧外”世界。

促企业深入对照自查整改，进一步提升算法安全能力。此次治理聚焦算法透明度提升、用户权益保障及内容生态优化三大核心领域，推动主流平台完成算法合规化改造，为数字内容产业的健康发展提供制度保障。

根据专项行动要求，2025 年 5 月，抖音、小红书、微博、快手、微信视频号、哔哩哔哩等平台围绕正能量内容加权推荐、用户自主选择权保障、推荐内容多样性优化、提升算法透明度等核心环节，系统性优化完善多项功能。例如，微信视频号采用“好友 + 算法”双推荐模式，建立低俗内容过滤机制；抖音上线热点当事人核实功能，防范虚假信息传播；快手则在算法中嵌入“正向内容”挖掘模型。

此次专项行动标志着我国算法治理进入深水区，平台需要将合规要求内化为算法设计准则，通过透明度建设、用户赋权与技术创新的三重驱动，构建兼具传播效率与社会责任的信息推荐体系。未来，算法服务提供者应当在保障用户权益的前提下，探索可解释、可干预、可审计的算法应用范式，推动数字内容生态健康有序的发展。

6.2.3 营销内容分析指标

1. 关键分析指标

（1）跳出率。跳出率是指在访问了某一个页面后就离开网站的访问量占该网站所产生的总访问量的百分比。其公式为：

$$\text{跳出率}=\frac{\text{访问某一个页面后离开网站的访问量}}{\text{总访问量}}\times 100\%$$

内容页存在跳出行为通常是两个原因导致的：一是内容页提供的内容与访客期待的内容不匹配，导致访客跳出；二是他们到达内容页之后发现内容页所提供的内容已经完全满足了他们的需求，所以跳出了。

（2）页面停留时间。页面停留时间是指客户在一个页面上的停留时间。对于内容营销人员来说，这个指标的价值在于可以显示出受众对该内容的喜爱程度。但是，这个指标在同一网站的类似页面之间做比较才有意义。

（3）页面浏览量。页面浏览量就是客户每次在某个网站上查看的页面数量，而不管有多少点击量的产生。较高的页面浏览量与独立访问量是一个很好的信号，能够体现读者的参与度，通常意味着他们会经常定期访问该网页的内容。此外，对于数字化内容来说，这也是一个很好的衡量指标，能够帮企业了解营销内容所获得的传播效果。

（4）点赞量。许多社交媒体及内容网站都有对内容设置“点赞”的方式。可能是一个竖起大拇指，一个赞成按钮，或其他形式。但其基本想法是，访客表示同意该内容。如果网站已经有这个功能，则需要对其数据进行统计跟踪。

（5）评论量。社交媒体的时代，企业在网络上发布的几乎所有内容都将成为双向沟通的话题。对于任何一种产品或服务来说，客户是最好的倡导者。如果他们能够公开讨论企业发布的内容，就意味着传播成功。通常来说，即便是负面评论，对于企业来说，也是一种很好的反馈，因为它们能够帮助企业深入了解其客户和潜在客户的态度和痛点。

（6）转发量。要想让企业的数字化营销内容吸引更多受众，最有效的方式就是人们在社交网络中进行内容的转发分享。即便是得到了为数不多的社交分享，内容的传播范围也能够以较快的速度传播开来。

2. 自定义分析指标

（1）平均阅读深度。其公式为：

$$\text{平均阅读深度}=\frac{\left(\dfrac{\text{文章总字数}}{400}\right)}{\text{页面停留时间}}$$

对于一般难度的文章内容，成年人平均每分钟的阅读字数约为 400 个字。企业可以通过将内容的字数（相对容易测量）除以 400，来估计平均阅读本篇文章内容所需的时间。如果人们停留在页面上的时间超过阅读该页面所需的评价时间，则可以认为人们阅读本篇文章的程度较深。

（2）访客热情程度。其公式为：

$$\text{访客热情程度}=\frac{\text{两个或两个以上页面 URL 的访问量}}{\text{至少一个页面 URL 的访问量}}$$

该指标可以用来衡量文章让读者渴望了解更多内容的程度。大多数流量统计平台都允许用户查看访客在网站的路径信息，用两个或两个以上页面 URL 的访问量除以至少一个页面 URL 的访问量，就可以得到访客的热情程度，从而了解到哪些页面能够让访客浏览更多的其他页面。

6.2.4 营销内容优化方法

1. 增强内容创意

内容质量在搜索引擎优化（Search Engine Optimization，SEO）中起着非常重要的作用。一般来说，内容创意越好，内容质量越高，网站的收录速度就越快。这是因为高质量的原创内容不仅能够有效激发客户的兴趣，给客户带来价值，而且能够给客户带来良好的体验。

动画：营销内容的优化方法

2. 撰写有吸引力的标题

标题是网页优化中的重要因素。一个页面标题可以告诉客户这个页面涉及什么内容。文章的标题不仅要包含文章的关键词，而且要有吸引力。这不仅可以激发客户的点击兴趣，而且有助于推动搜索引擎对其的收录。

3. 避免设置太多关键字

在网站优化中，一开始接触 SEO 的营销人员很容易陷入增加关键词密度就可以提高搜索排名的误区，以至于在网页优化中大量添加关键词。实际上，一篇文章最多可以优化出三个左右的核心关键词，而且关键词的布局应该合理，不能为了突出关键词而忽视客户的感受。

4. 内容长度适中

如果内容很短，虽然有利于保持关键词的密度，但是用户会认为文章毫无价值。如果内容太长，关键词就会很分散，且会给用户带来阅读上的压力。当用户看到的内容太长，就会直接关闭内容。因此，有必要使内容的长度适中，以为用户带来良好的阅读体验。

◆ 任务演练

短视频营销内容分析

1. 任务描述

鱼酷活鱼现烤（以下简称“鱼酷”）是国内一家连锁直营的烤鱼企业，自开业至今 10 多年以来，已经在全国 25 个城市开了 130 多家门店。鱼酷以“做更好吃的鱼和经营小资的小餐馆”为经营理念，传承并创意出 11 道口味的烤鱼菜品。近年来，鱼酷在各大商业综合体竞争中，已经具有了一定的知名度，深受时尚年轻人的喜爱。

鱼酷入驻济南万达广场店后，人气稍显不足。营销人员联合美食主播，通过门店抖音账号制作并发布了一则门店烤鱼制作过程的短视频，凡是在朋友圈转发分享此视频的客户，到门店可以免费领取 20 元的无门槛优惠券。

2. 任务分析

在此次鱼酷抖音营销短视频发布后，一方面可以通过抖音账号后台查看短视频数据；另一方面可以通过店铺优惠券数据获取此次营销活动的实际转化数据。后台获取的数据能反映出短视频的传播效果，门店获取的由短视频引流的客户属于实际转化的数据。在进行营销内容分析的时候，不仅要看短视频的传播效果，还要关注短视频的转化效果。

通过详细分析抖音后台的短视频数据，企业可以了解客户的兴趣点和作品的传播效果，为下一次短视频营销提供参考依据。通过门店获取的转化数据，企业可以了解客户的利益点，为以后的活动设置提供参考。

3. 任务操作

（1）通过抖音账号的后台数据中心，采集该短视频的基础数据，完成表 6-7。

表 6-7　抖音数据中心短视频数据

指标	数据	指标	数据
播放量		获赞数	
评论数		分享数	
观看者平均播放时长 / 秒		7 日内最高日播放量	
全部观看完人数占比 /%		7 日内最高日评论量	
同长度热门视频全部观看完人数占比 /%			
分析结论：			

（2）根据抖音账号后台数据，获取短视频评论内容，并利用大模型、AIGC 工具或智能体工具挖掘评论的情感倾向及主要关键词，基于此总结客户的兴趣点或需求点，完成表 6-8。

表 6-8　短视频评论数据分析

主要关键词	情感倾向	客户的兴趣点或需求点

（3）分析门店获取使用优惠券的情况，完成表 6-9。

表 6-9　门店获取使用优惠券的情况

分析项目	具体内容
领券人数	
使用人数	
领券人群特征	
使用优惠券的人群特征	
分析结论：	

4. 任务评价

本任务评价的具体内容见表 6-10。

表 6-10　短视频营销内容分析任务评价

序号	评分项	评分标准
1	短视频数据采集	（1）采集数据准确 （2）采集数据全面
2	短视频数据分析	（1）数据分析全面、准确 （2）数据分析优化策略合理
3	营销数据分析	（1）营销数据采集全面 （2）营销数据分析合理

◆ 任务拓展

图文营销内容分析

某美妆类微信公众号，拥有 400 多万名粉丝，在时尚类自媒体中，排名前 3 位。该公众号的自我定位是“一个不装的时尚号”，属于每日深夜推送时尚资讯的订阅号。它的主要用户群体是 18~24 岁的年轻女性，她们容易接受新鲜事物，追求美与潮流，拥有较强的消费潜力。公众号运营者 4 年写出了 1 500 多篇阅读量超过 10 万次的文章，请从中选取 2 篇阅读量超过 10 万次的文章，进行详尽分析。并关注其他美妆类微信公众号，自主找出两篇阅读量超过 10 万次的文章进行分析。

请参考短视频营销内容分析操作过程，结合图文营销的内容特性和营销目标，完成图文营销内容分析。

任务 6.3
营销活动效果分析

营销活动是企业进行营销的常规工作，营销人员如何通过数据判断活动效果，如何根据数据及时调整并优化营销活动至关重要。营销活动效果分析的常用方法有纵向对比法、横向对比法、综合对比法、目标对比法、投入产出对比法。利用这些方法，结合营销活动的关键分析指标或自定义分析指标，对营销活动效果进行整体分析，可以了解营销活动中存在的问题及营销活动给企业带来的效益。基于营销活动分析结果，企业可以积累营销活动策划实施的经验，并为下次营销活动的执行提供优化方向。

通过本任务的知识准备、任务演练和任务拓展，了解营销活动分析方法，掌握营销活动效果分析方法和分析指标，熟悉营销活动优化的方法能够将所学知识内化为营销活动效果分析的能力，能够对营销活动效果进行全面、客观的分析，并针对分析结果提出营销活动优化建议。

◆ 知识准备

6.3.1　营销活动分类

从营销活动的载体出发，可将营销活动划分为以下三类：

1. 以产品为核心的营销活动

在市场环境中，单纯以销售产品为核心的营销活动屡见不鲜，这种营销方式最直接。但它对企业发展的促进作用相对较小，甚至会因为长时间进行营销活动而破坏原有的品牌形象。产品营销策略的核心是通过优惠的方式吸引受众。例如，“新品上架”“加 1 元得两件”“第二件半价”“卖多少免费送多少”等都是以产品为核心的营销活动。

2. 以品牌为核心的营销活动

以品牌为核心的营销活动简单来说就是通过营销活动来打造更加清晰的品牌形象，以利于后续的品牌传播。比如，网易云音乐做过一个“音乐加油站”的营销活动，用户可以免费试用音乐播放设备，试听该平台的音乐，而且音乐播放设备可以直接拿走，不需要实名登记，只需要用户在使用完之后，将设备放回原处。此次营销活动将网易云分享音乐积极向上的品牌形象完美地植入用户心中，最终使网易云音乐的分享理念逐渐被广大受众所认可。

3. 以环境为核心的营销活动

以环境为核心的营销活动是较高级的营销方式，简单来说，就是企业以环境为核心策划活动，通过为大众提供一个平台，让更多企业参与进来的营销形式。这类营销活动的影响力较大，而且效果可以延续。电商传奇活动“双 11”全网狂欢大促就是环境生态构建的典型代表。

6.3.2　营销活动效果分析方法

1. 纵向对比法

纵向对比法是通过对营销活动前和营销活动后指标变化的对比，判断营销活动是否有效果。

例如，某企业做了一次提升复购率的营销活动，该企业可以将活动后一周的平均复购率和活动前一周的平均复购率进行对比，如果营销活动后的平均复购率显著高于营销活动前，那么这次营销活动很可能是有效果的。

但要注意，纵向对比法一定要保证活动前后除运营活动外，其他的影响因素都是稳定或相同的；另外，在营销活动的周期上，一定要跨满一个周期。

2. 横向对比法

横向对比法是通过将对照组和控制组的数据进行对比，判断营销活动是否有效。

例如，某企业计划在春节期间在上海做一次营销活动，评估一下营销活动提升销售额的效果。这时，如果用纵向对比法，就很难看出营销活动前后的差距，这是因为春节期间即使不做促销，销售额也会提升。

这时就可以利用横向对比法进行评估。企业可以在上海随机抽取两组客户，针对一组客户做促销活动，另一组客户不做促销活动，通过两组客户人均购买金额的对比，判断促销活动是否有效果。

3. 综合对比法

综合对比法结合了横向对比法和纵向对比法，用以判断营销活动是否有效果。这种方法也叫 DID（Difference in Difference）方法，既考虑到了纵向对比法的差异，又考虑到了横向对比法的差异。

例如，某企业开展了一次提升购买率的活动，随机抽取了两组客户分别作为对照组和实验组，这时采用 DID 方法评估，不同分析方法的对比如表 6-11 所示。

表 6-11　不同分析方法对比

项目	活动前购买率 /%	活动后购买率 /%	差异 /%
实验组	2.0	5.0	3.0
对照组	1.8	3.5	1.7
差异 /%	0.2	1.5	1.3

从表 6-11 中可以看出，如果仅采用纵向对比，那么得出的结论是：这次营销活动使购买率提升了 3.0%。

如果仅采用横向对比，那么得出的结论是：这次营销活动使购买率提升了 1.5%。

如果采用 DID 方法，那么得出的结论是：这次营销活动使购买率提升了 1.3%。

4. 目标对比法

目标对比法是和营销活动设定前的目标进行对比，判断营销活动的效果是否达到了预期。

每个营销活动在开始的时候都应该设定一个目标，判断营销活动效果最直接的方法就是看活动是否达成了目标。当然，效果会与目标的设定有较大的关系，尤其是新的营销活动，可能存在营销人员对新的营销活动认识不足的情况而导致其设定的目标过高或过低的问题，从而影响营销活动效果的评估。因此，营销活动目标的设定也要做到合理、科学、严谨。

5. 投入产出比法

投入产出比法是利用投入产出计算投资回报率，判断投入产出比是否合理。

例如，某企业做了一次拉新活动，获取一个新客户的成本是 5 000 元，这个客户 1 年内在企业平台上消费了 20 000 元，也就是为企业贡献了 20 000 元的收入，则投资回报率为 4，投入产出比是合理的，这说明这次拉新活动是有效果的。

6.3.3 营销活动效果分析指标

1. 关键分析指标

（1）活动成本。活动成本是指与营销活动有关的各项费用支出。活动成本直接影响企业的营收利润。因此，在进行营销活动分析时，活动成本是必须要考虑的分析指标。具体来看，活动成本包括活动物料费用、活动设备费用、活动人员费用、活动优惠费用等。

（2）活动转化率。对于结果导向的营销活动而言，活动转化率是企业关注的重要指标之一，甚至很多企业都将活动转化率作为首要关注的指标，这是因为企业的营销活动，大多数都是为了最终转化而设置的。

活动转化率是营销活动结果的展示，根据活动类型的不同，最终的活动转化率可以理解为产品成交率、App 安装率、小程序注册率等。

（3）客户渠道来源。随着营销渠道的多元化和差异化发展，企业在开展营销活动时往往不会局限于单一渠道，而是采取多渠道、全覆盖的策略。因此，分析活动渠道来源尤其重要。

企业需要分析客户参与营销活动的渠道。通过对客户渠道来源的分析，企业可以观察客户流量的入口，了解客户的渠道偏好，有助于企业为以后的营销活动选择合适的渠道。

（4）新增客户数。新增客户数是分析营销活动效果的核心指标。新增客户可以进一步被分为自然增长的客户和推广增长的客户，自然增长的客户可以是通过客户邀请、客户搜索等带来的客户，而推广增长的客户是营销人员通过营销活动带来的客户。

（5）活动参与率。活动参与率被用于衡量营销活动的整体参与情况。比如，某次活动的参与人数（活跃数）是多少？有多少老客户参与了这个活动？有多少新增客户是因为这次活动而来的？传播类活动分享数据如何？活动中各个流程的转化情况如何？活动带来了多少新订单？

好的营销活动应该机制化，将其融入产品的功能机制中，比如饿了么的红包活动，从营销活动逐渐变成了一种营销机制。

活动机制化意味着要分析营销活动的数据指标，发现问题并改进问题，然后将其生成常态化报表。比如，今天使用了多少红包，今天的营销活动有多少新增客户等。

2. 自定义分析指标

（1）营销活动的PV/UV，详见6.1.3中的相关介绍。企业通过比较PV或者UV的大小，可以看到客户喜欢参与的营销活动类型，从而根据客户行为来优化营销活动。

（2）活动分享次数。企业通过活动分享次数的分析，能够直观地看出活动传播的效果，营销活动的页面一般都会内嵌分享功能。对于内容型平台或者依赖传播的产品来说，活动分享次数是较为重要的指标。活动分享渠道又可以细分为微信好友/群、微信朋友圈、微博等。值得注意的是，在进行数据统计时，只能知道客户转发与否，而转发给谁是无法跟踪的。因此，对于产品促销类活动，用物质激励客户分享时要当心被“薅羊毛”。

（3）活动留存率。客户在某段时间参与活动，过了一段时间后，仍旧参与该活动的客户被称为留存客户。留存率的计算公式为：

$$留存率=\frac{仍旧参与的客户量}{当初的总客户量}\times 100\%$$

在互联网行业，活动留存率是比新增和活跃客户比率更为常用的指标，这是因为客户越来越难获取，竞争越来越激烈，留住客户比获得客户更重要。

假设产品某天新增参与活动的客户有1 000个，第二天仍旧活跃的参与活动的客户有350个，那么次日的活动留存率是35%，如果第七天仍旧活跃的参与活动的客户有100个，那么7日留存率为10%。

6.3.4　营销活动的优化方法

1. 基于产品和用户设计营销活动

从产品和用户的角度出发，考虑营销活动流程是否符合用户习惯，产品设计是否满足用户需求，用户体验是否流畅便捷等。产品和用户是基础，所有的营销方案都是基于用户和产品的。只有充分了解产品和用户，营销活动才能更有针对性和有效性。

2. 投放前进行小范围测试

营销活动方案出来后，不应该立即大量投放，而是先进行小范围测试——测试用户反馈如何、转化流程有没有问题、哪个投放渠道更好等，然后根据测试结果做出调整，最后才能大量投放，从而获得满意的营销效果。例如，在选择精准客户群时，可以根据活动进行测试分组，选择效果最佳的客户群或者剔除效果最差的客户群，从而节省营销成本。很多营销活动的方案很好，但最后还是失败了，其主要原因之一就是在缺少测试的情况下就大量投放了。

3. 运用渠道组合开展营销活动

不同的渠道会产生不同的营销效果，了解客户的渠道偏好可以提高营销活动的曝光率。无论是开展新业务、留住客户还是传播品牌意识，只有这些渠道之间相互合作，团队之间互相配合，才可能实现预期的业务目标。例如，一个潜在客户访问某企业网站，看到首页的线下活动后，注册并报名参加了该活动，他在参加的线下活动中访问了企业的展位，并请求进行产品演示。在这个示例中，潜在客户在转变为销售机会前经历了多个营销接触点，而每个营销接触点都在转化潜在客户的过程中发挥了作用。

4. 选取更有吸引力的权益

权益是针对客户而言的，即客户为什么要来参加营销活动，是因为有趣，还是因为利益点，或是两者兼而有之。简单来讲，营销活动是平台和客户之间的利益置换。权益是需要产品经理和运营人员共同确认的，如果是营销活动预期通过权益引导客户参与，那么平台能够提供什么权益内容，这些权益内容是否有足够的吸引力就是至关重要的。

◆ 任务演练

商品促销活动效果分析

1. 任务描述

爱莎是爱莎国际旗下的时尚鞋履品牌，以“时尚、优雅、美丽、百变”为品牌精神，倡导每个人不断追求内在和外在的美丽，为广大消费者提供时尚、优雅、容易搭配的鞋履产品。

爱莎秋冬系列产品既融合了经典、流行等多元的创新元素，又兼顾了产品的舒适感。爱莎女鞋 App 做了一场为期一周的过季商品促销活动。夏款女鞋一双 7 折，两双 5 折。活动结束后，营销人员通过 App 后台，导出此次活动的全部数据，并对此进行详尽分析，总结成功经验，为下一次促销活动提供参考。

2. 任务分析

对于商品促销活动效果分析，首先要根据商品特性，结合营销目标，确定分析指标。分析指标确定之后，要结合商品的实际情况，设定判断的标准，找到影响结果的过程，并基于过程进行详细分析，进而总结出活动中存在的问题及解决方法。

3. 任务操作

（1）确定此次商品促销活动分析指标，完成表 6–12。

表 6–12　商品促销活动分析指标

活动类型	分析指标

（2）根据获取到的商品促销活动数据，采集分析数据，完成表 6–13。

表 6–13　商品促销活动数据

指标	指标数据

（3）商品促销活动数据采集完成后，对活动效果进行评价，并提出活动优化建议，完成表 6-14。

表 6-14　商品促销活动效果评价及优化建议

商品促销活动效果评价	
活动优化建议	

4. 任务评价

本任务评价的具体内容见表 6-15。

表 6-15　商品促销活动效果分析任务评价

序号	评分项	评分标准
1	商品促销活动分析指标	（1）指标选取合理 （2）指标选取全面
2	商品促销活动数据	（1）商品促销活动数据采集准确 （2）商品促销活动数据全面
3	商品促销活动效果评价	商品促销活动效果评价客观、准确
4	活动优化建议	（1）活动优化建议合理 （2）活动优化建议具有实际指导意义

◆ 任务拓展

品牌宣传活动效果分析

凯乐是以年轻消费者为主要客户群体的新茶饮品牌。该企业的产品有以下“三新”的特点：一是新鲜食材，在凯乐茶饮的产品中，会使用新鲜的牛奶、水果、芝士、坚果、木薯等丰富的食材；二是乐于采用新技术，在加工制售过程中，重视数字化和新技术应用，实现人机高效合作；三是用新的视角呈现品牌价值，重视顾客体验，特别重视顾客对品牌的认同感。

该企业产品的主要品类有水果茶、冷萃茶、花果拼配茶，均采用茶叶现萃工艺制作，而奶盖茶也使用鲜奶而非奶精调制。与传统茶饮相比，凯乐茶饮形态更丰富，外观更时尚，口味更多元；与奶茶比，凯乐茶饮则更加注重天然和健康，以及更好的消费体验。

凯乐作为一个新的中高端茶饮品牌，为了快速获得品牌认同，策划了一场传播“健康生活，凯乐相伴”的活动，宣传绿色、健康等品牌理念，通过微信、微博、抖音等多渠道联动宣传。活动结束之后，营销人员对品牌宣传的效果进行分析。

请参考商品促销活动效果分析的操作流程，结合社群营销渠道的特性和营销目标，完成品牌宣传活动效果分析。

1+X 证书知识训练

一、单项选择题

1. （　　）是一种计量某个客户将会向其他人推荐某个企业或服务可能性的指数。

A. 净推荐值　　B. 客户满意度

C. 客户费力度　　D. 客户忠诚度

2. 以下选项中关于客户满意度（CSAT）的计算公式正确的是（　　）。

A. $CSAT=\frac{不满意客户数}{总样本数}\times 100\%$

B. $CSAT=\frac{一般满意客户数+满意客户数}{总样本数}\times 100\%$

C. $CSAT=\frac{非常满意客户数}{总样本数}\times 100\%$

D. $CSAT=\frac{满意客户数+非常满意客户数}{总样本数}\times 100\%$

3. 基于客户兴趣点和内容类别等产生推荐，这是（　　）类型的算法推荐。

A. 基于内容推荐　　B. 协同推荐

C. 新热推荐　　D. 扩展推荐

4. 企业随机抽取两组客户，针对一组客户做促销活动，另一组客户不做促销活动，通过两组客户人均购买金额的对比，判断促销活动是否有效果，这种分析方法是（　　）。

A. 纵向对比法　　B. 横向对比法

C. 综合对比法　　D. 目标对比法

5. 下列属于客户交互数据的是（　　）。

A. 购买记录　　B. 年收入

C. 姓名　　D. 性别

二、多项选择题

1. 下列选项中属于客户基本数据的有客户的（　　）。

A. 姓名　　B. 性别

C. 年龄　　D. 联系方式

2. 下列选项中属于网页访问数据指标的有（　　）。

A. PV　　B. UV

C. AU　　D. RU

3. 为了提高营销效果，营销内容的优化方法包括（　　）。

A. 增强内容创意　　B. 内容长度越长越好

C. 尽量多添加关键字　　D. 撰写有吸引力的标题

4. 下列选项中，(　　　) 属于以产品为核心的营销活动。

A. 加 1 元得两件　　B. 网易“音乐加油站”

C. 淘宝“双 11”活动　　D. 第二件半价

5. 下列选项中 (　　　) 属于营销活动的优化方法。

A. 基于产品和用户设计营销活动　　B. 投放前进行小范围测试

C. 运用渠道组合开展营销活动　　D. 选取更有吸引力的权益

三、判断题

1. 综合对比法结合了横向对比法和纵向对比法，用以判断营销活动是否有效果。(　　)
2. 页面停留时间是指客户在一个页面上的停留时间。(　　)
3. 相比于其他指标，CES 更适合用来收集老客户的反馈。(　　)
4. 营销内容形式主要有图文内容、音频内容、视频内容和直播内容。(　　)
5. 以品牌为核心的营销活动简单来说就是通过营销活动来打造更加清晰的品牌形象，以利于后续的品牌传播。(　　)

◆ 参考文献

［1］ 王鑫，张晓红．数字营销基础［M］．2 版．北京：高等教育出版社，2025．

［2］ 苏朝晖．客户关系管理［M］．4 版．北京：高等教育出版社，2024．

［3］ 王永贵，马双．客户关系管理：“ABCDE 新时代”动态竞争制胜之道［M］．2 版．北京：清华大学出版社，2021．

［4］ 马宝龙，李晓飞，姚卿．客户关系管理：数字时代的客户运营［M］．北京：清华大学出版社，2023．

［5］ 施襄，杨嘉伟．裂变增长：快速创造规模化用户［M］．北京：清华大学出版社，2019．

［6］ 谢涵博，陈松月．从流量到留量：让你的产品实现低成本持续增长［M］．北京：电子工业出版社，2020．

［7］ 刘仁燕．用户运营全解：数字化时代如何经营用户［M］．北京：电子工业出版社，2023．

［8］ 汪雪飞．用户运营方法论：入门、实战与进阶［M］．北京：机械工业出版社，2022．

［9］ 徐小磊．运营之路：数据分析＋数据运营＋用户增长［M］．北京：清华大学出版社，2022．